COURS ÉLÉMENTAIRE

DE

ZOOLOGIE

LIBRAIRIE FÉLIX ALCAN

OUVRAGES DE SCIENCES NATURELLES

POUR LES CLASSES DES LYCÉES

Cours de zoologie, par M. BELZUNG, docteur ès sciences, professeur agrégé des sciences naturelles au lycée Charlemagne :

1° *Cours de sixième*. 1 vol. in-12 avec 370 gravures..... 2 fr.

2° *Cours de philosophie*. (Anatomie et physiologie animales.) 1 vol. in-8 avec 500 gravures dans le texte; broché... 6 fr.
Cartonné.. 7 fr.

Cours de botanique, par M. LE MONNIER, ancien élève de l'École normale supérieure, professeur de botanique à la Faculté des sciences de Nancy, agrégé de l'Université :

1° *Cours de cinquième*. 1 vol. in-12 avec 251 gravures, 5e édit.; cart.. 2 fr.

2° *Cours de philosophie*. (Anatomie et physiologie végétales.) 1 vol. in-8 avec 170 gravures, 2e édit.; broché........ 3 fr.

Géologie (*classe de cinquième*), par M. GEIKIE, professeur de géologie et de minéralogie à l'Université d'Edimbourg. 1 vol. in-32 de 190 pages, avec gravures dans le texte. Broché, 0 fr. 60; cartonné à l'anglaise.. 1 fr.

Histoire naturelle élémentaire (zoologie, botanique, géologie), à l'usage des candidats au baccalauréat ès lettres et au baccalauréat ès sciences restreint, par le Dr LE NOIR. 1 vol. in-12 avec 255 gravures dans le texte, 2e édit................. 5 fr.

Notions d'histoire naturelle des terrains et des pierres (*classe de septième*), par M. LEFEBVRE, ancien élève de l'Ecole normale supérieure, professeur agrégé de physique au lycée de Versailles. 1 vol. in-12 avec 85 grav. dans le texte, 3e édit. cart. 1 fr. 50

Zoologie générale, par M. H. BEAUREGARD, professeur à l'Ecole de pharmacie de Paris, aide-naturaliste au Muséum. 1 vol. in-32 de 190 pages, avec gravures dans le texte. Broché... 0 fr. 60
Cartonné à l'anglaise.. 1 fr.

Premières notions sur les sciences, par M. Th. HUXLEY, membre de la Société royale de Londres. 1 vol. in-32 de 190 pages. Broché, 0 fr. 60; cartonné à l'anglaise.................. 1 fr.

AUTRES OUVRAGES POUR LA CLASSE DE SIXIÈME

Notions élémentaires d'arithmétique, accompagnées d'exercices de calcul mental, pour les classes de 8e, 7e, 6e et 5e, par M. P. PORCHON, ancien élève de l'Ecole normale supérieure, professeur agrégé de mathématiques au lycée de Versailles. 1 vol. in-12 cartonné avec figures dans le texte, 556 problèmes ou exercices, et questionnaires........................ 1 fr. 50

Histoire ancienne des peuples de l'Orient, par M. Charles NORMAND, docteur ès lettres, professeur au lycée Michelet (Vanves). 1 vol. in-18 avec 60 gravures dans le texte, et 5 cartes coloriées hors texte, cart.................................. 2 fr. 50

COURS ÉLÉMENTAIRE

DE

ZOOLOGIE

CONFORME AUX DERNIERS PROGRAMMES

POUR LA CLASSE DE SIXIÈME

L'ENSEIGNEMENT SECONDAIRE SPÉCIAL (1re ANNÉE)

ET L'ENSEIGNEMENT DES JEUNES FILLES

PAR

Er. BELZUNG

Agrégé des lycées pour les sciences naturelles
Professeur d'histoire naturelle au Lycée Charlemagne
Docteur ès sciences.

Avec 370 gravures dans le texte

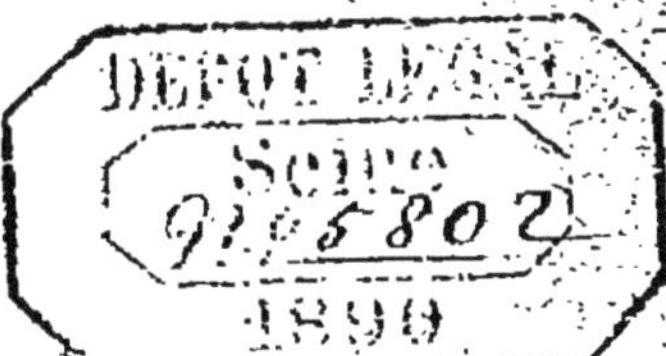

PARIS

ANCIENNE LIBRAIRIE GERMER BAILLIÈRE ET Cie

FÉLIX ALCAN, ÉDITEUR

108, BOULEVARD SAINT-GERMAIN, 108

1890

ZOOLOGIE

DÉFINITION ET DIVISIONS DE LA ZOOLOGIE

La *Zoologie* est la science des animaux. Elle représente l'une des trois branches en lesquelles se divisent les sciences naturelles, savoir : la *Zoologie* ou science des animaux, la *Botanique* ou science des plantes et la *Géologie* ou science de la terre.

La Zoologie comprend quatre parties :

1° La *Zoologie proprement dite* ou description de l'extérieur des animaux.

2° L'*Anatomie animale* ou étude de la conformation des organes, comme le cœur, les poumons, etc.

3° La *Physiologie animale* ou étude des fonctions, c'est-à-dire du rôle des divers organes, en un mot, de la *vie* du corps.

4° La *Classification zoologique* ou groupement des différents animaux en espèces, genres, familles, etc. (voyez page 69), d'après les caractères fournis par la Zoologie proprement dite, par l'Anatomie et même par la Physiologie.

On ne peut donc faire utilement de la Classification qu'après avoir étudié les autres branches de la Zoologie.

Divisions de l'ouvrage.

L'étude qui va suivre se trouve naturellement divisée en deux parties.

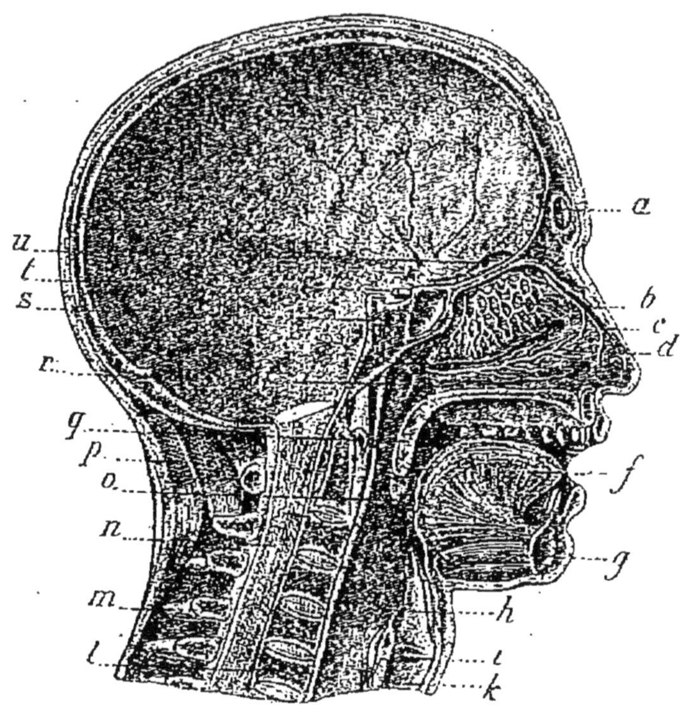

Fig. 1. — Anatomie de la tête. *a*, os frontal; *b*, *c*, *d*, nerfs du nez; *f*, langue; *k*, trachée; *l*, colonne vertébrale; *n*, moelle épinière; *s*, sphénoïde; *u*, nerfs olfactifs.

La première comprend des notions sur l'anatomie et la physiologie de l'Homme; la seconde est consacrée à l'étude des différents groupes zoologiques qui composent le Règne animal.

PREMIÈRE PARTIE

ANATOMIE ET PHYSIOLOGIE DE L'HOMME

CHAPITRE PREMIER

NOTIONS PRÉLIMINAIRES

Sommaire. — ÉLÉMENTS CONSTITUTIFS DU CORPS : Cellule. — Énumération des fonctions et appareils du corps. — Position des principaux organes dans le corps.

Éléments constitutifs du corps : cellules. — Quel que soit l'organe que l'on considère, on peut dire qu'il est formé d'un nombre considérable d'éléments très petits, visibles seulement au microscope et nommés *cellules*.

Les cellules ont les formes les plus diverses : dans la

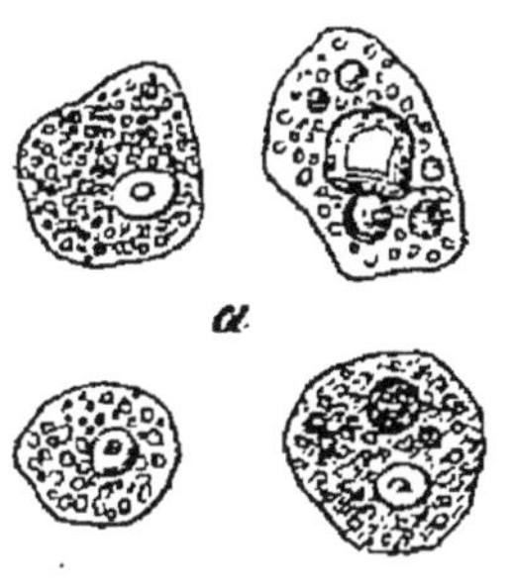

Fig. 2. — Quatre cellules du foie ; ($0^{mm},02$).

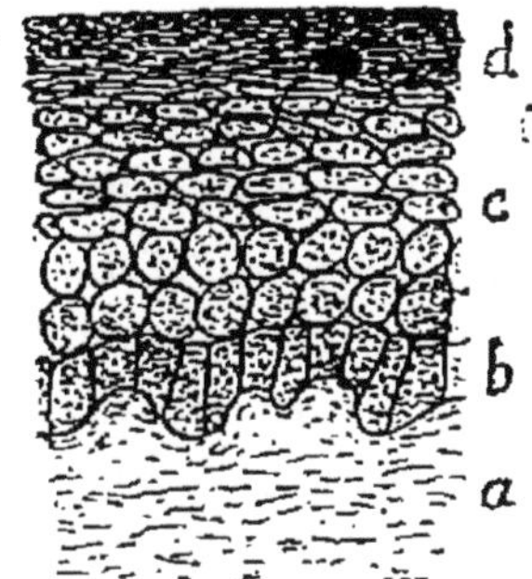

Fig. 2 *bis*. — Peau. *a*, derme ; *b*, *c*, *d*, cellules de l'épiderme.

peau, dans le foie (fig. 2 et 2 *bis*), elles sont ordinairement arrondies ou ovales ; dans le cerveau (fig. 3), elles sont étoilées. Leur taille moyenne est de quelques centièmes de millimètre.

Dans les os, les cellules sont séparées les unes des autres par une matière minérale calcaire, très abondante, qui donne à ces organes leur grande dureté.

Certains organes sont formés de cellules allongées en filaments très déliés, nommés *fibres* (fig. 4). On distingue deux sortes de fibres : les fibres musculaires et les fibres nerveuses. Les premières forment les muscles, c'est-à-dire la chair ; les secondes constituent les nerfs.

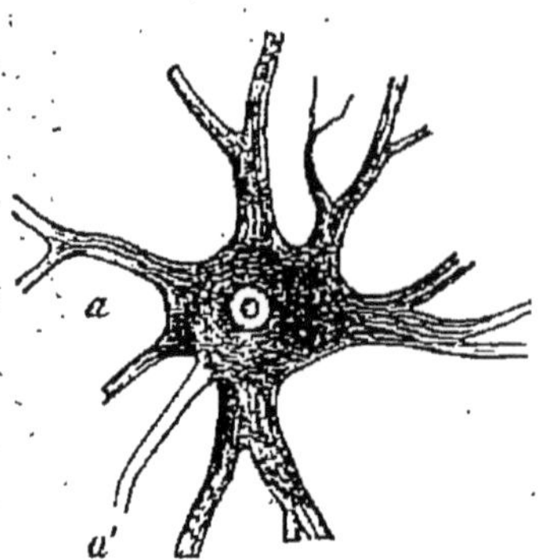

Fig. 3. — Cellule nerveuse ; (0mm,02).

Toute cellule ou fibre est essentiellement constituée par une substance gélatineuse, nommée *protoplasme*, qui est la matière vivante du corps.

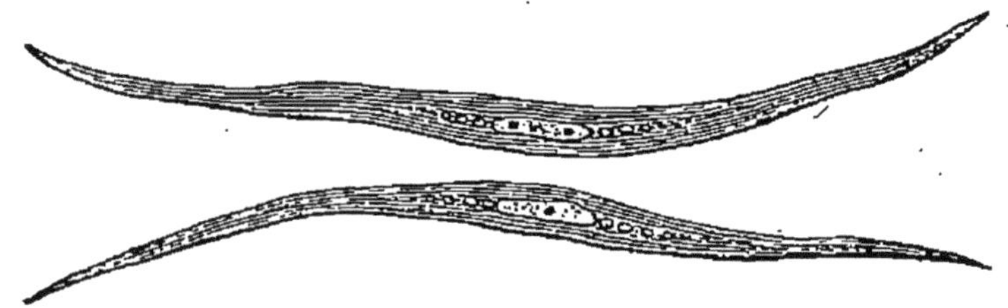
Fig. 4. — Fibres musculaires ; (0mm,2).

Énumération des fonctions et appareils du corps. — Les fonctions qui s'accomplissent dans notre corps sont de deux sortes principales :

1° Les unes ont pour but de nourrir le corps, c'est-à-dire d'entretenir la vie de chacune des cellules qui le composent : ce sont les *fonctions de nutrition.*

2° Les autres servent à mettre le corps en relation avec le monde extérieur, c'est-à-dire avec les objets qui l'entourent : ce sont les *fonctions de relation.*

I. Fonctions de nutrition. — Elles sont au nombre de sept principales, savoir : la *digestion*, l'*absorption*, la *circulation*, la *respiration*, l'*assimilation*, la *désassimilation* et la *sécrétion.*

1° La *digestion* est une sorte de liquéfaction des matières alimentaires. Cette fonction s'accomplit dans un ensemble d'organes, tels que l'estomac et l'intestin, appelé *appareil digestif* (fig. 5). Ce n'est que lorsque les aliments sont digérés qu'ils peuvent se répandre dans le sang pour nourrir ensuite les organes.

2° Une fois digérés, les aliments doivent filtrer au travers de l'intestin qui les contient, pour se répandre dans les vaisseaux sanguins : cette filtration est la *fonction d'absorption*. Elle s'exerce par l'*intestin*.

3° Le sang n'est pas immobile ; il circule constamment dans tous nos organes : de la sorte, les matières nutritives qu'il contient sont facilement amenées dans ces derniers. La *fonction de circulation*, ainsi définie, s'accomplit grâce à un ensemble d'organes spéciaux (cœur, artères, veines), nommé *appareil circulatoire*.

4° Une quatrième fonction de nutrition est la *respiration*, qui consiste essentiellement en l'absorption de l'oxygène de l'air et en son transport par le sang jusque dans les organes, où il exerce son effet. C'est par *l'appareil respiratoire* (poumons,...) que s'exerce cette fonction.

5° Grâce à la circulation du sang, les matières alimentaires sont apportées à toutes les cellules du corps. Celles-ci s'en emparent, s'en nourrissent, c'est-à-dire les transforment en nouvelle matière vivante. C'est là la fonction d'*assimilation*, qui a lieu indistinctement dans toutes les cellules. L'assimilation a pour conséquence de faire grandir le corps.

6° L'oxygène introduit dans nos organes par la respiration a pour but de détruire lentement, dans chaque cellule, les matières alimentaires précédemment assimilées. Cette fonction de destruction, nommée *désassimilation*, se traduit par la formation de déchets organiques, c'est-à-dire de substances nuisibles au corps, et qui doivent par conséquent être rejetées dans le milieu extérieur. Parmi ces déchets, le plus abondant est l'acide carbonique, gaz impropre à la vie, qui se dégage à chaque instant de nos poumons.

La désassimilation est accompagnée d'un dégagement incessant de chaleur, grâce auquel notre corps se maintient à la température constante de 38 degrés.

7° On nomme *sécrétion* la production des liquides utiles du corps, comme la salive, le suc gastrique, et *excrétion* la production des liquides nuisibles, comme l'urine, qui est rejetée au dehors par les reins; la bile, etc. Ces deux fonctions sont accomplies par des organes, appelés *glandes*, comme les glandes salivaires, les reins, etc.

II. Fonctions de relation. — Elles sont au nombre de deux principales : la *sensibilité* et le *mouvement*.

1° La *sensibilité* consiste en la production des diverses sensations (sensation de la vue, de l'ouïe, etc.), qui nous renseignent sur les propriétés des objets qui nous entourent. C'est grâce aux *organes des sens* (œil,...) et au *système nerveux* (cerveau,...) que s'accomplit cette importante fonction. Ainsi, lorsque l'œil est impressionné par la lumière, l'impression se rend au cerveau, et c'est là seulement qu'elle se tranforme en une véritable sensation lumineuse.

A la fonction de sensibilité se rattache étroitement la fonction d'*intelligence*, qui comprend le travail mental, la mémoire, etc.; elle a pour siège exclusif le *cerveau*.

2° La fonction de *mouvement* comprend non seulement les mouvements de locomotion (marche, course), qui nous mettent directement en rapport avec le monde extérieur, mais les mouvements intérieurs nécessaires à l'accomplissement des fonctions de nutrition, comme les mouvements du cœur, qui règlent la circulation du sang, les mouvements de l'estomac, qui sont nécessaires à la digestion, etc...

Les mouvements sont dus aux contractions des *muscles*; mais il ne faut pas oublier que l'ordre des mouvements vient du système nerveux, principalement du cerveau.

Position des principaux organes dans le corps.— Le corps de l'Homme est divisé naturellement en trois parties : la *tête*, le *tronc* et les *membres*.

La *tête* renferme, comme organes essentiels, les organes des sens et le cerveau, en un mot l'appareil de la sensibilité et de l'intelligence.

Le *tronc* comprend deux parties : le *thorax* ou poitrine et l'*abdomen* ou ventre; ces deux parties sont séparées l'une de l'autre par une sorte de voûte musculaire, nommée *diaphragme* (fig. 5, *i*). Dans le thorax sont logés le cœur et les poumons; dans l'abdomen, l'estomac, l'intestin, le foie et les reins.

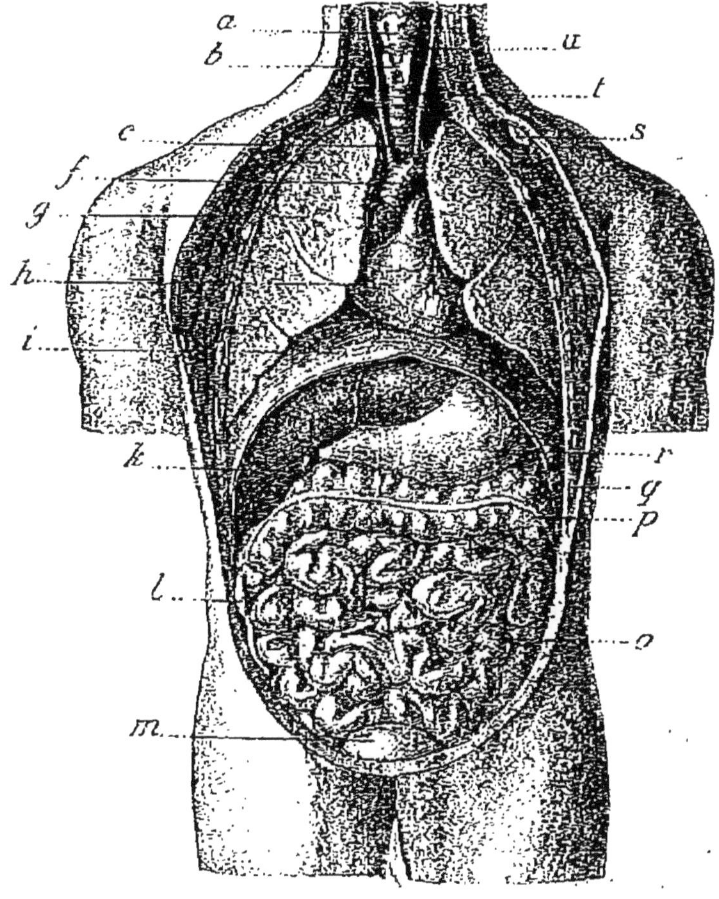

Fig. 5. — Principaux organes du tronc. (Le devant de la poitrine a été enlevé.) *g*, poumons; *h*, cœur; *i*, diaphragme; *k*, foie; *m*, vessie; *op*, intestin; *r*, estomac.

Enfin les *membres*, au nombre de quatre, contiennent les principaux muscles nécessaires à la locomotion.

SECTION I

APPAREILS ET FONCTIONS DE NUTRITION

CHAPITRE II

APPAREIL DIGESTIF

Sommaire. — Tube digestif : bouche, dents, pharynx, œsophage, intestin, péritoine. — Glandes annexes : glandes salivaires ; foie ; pancréas. — Digestion : aliments ; action des sucs digestifs sur les aliments. — Absorption intestinale : vaisseaux chylifères et veines intestinales.

Définition. — L'appareil digestif est l'ensemble des organes dans lesquels s'effectue la digestion des aliments.

Il se compose de deux parties : 1° le *tube digestif*, formé lui-même de la bouche, du pharynx ou arrière-bouche, de l'œsophage, de l'estomac et de l'intestin ; 2° les *glandes annexes*, dépendances du tube digestif, qui produisent des liquides nécessaires à la digestion ; ce sont : les glandes salivaires, le pancréas et le foie.

1° *Tube digestif.*

1° Bouche. — La bouche est une cavité irrégulière, limitée en haut par la voûte du palais, en bas par la langue, en avant par les lèvres, et sur les côtés par les joues ; en arrière, elle communique directement avec l'arrière-bouche.

A l'extrémité postérieure de la voûte palatine s'attache une lame charnue, nommée *voile du palais* (fig. 6, *d*), qui se relève contre les arrière-narines au moment du passage des aliments et empêche ceux-ci de pénétrer dans le nez.

Dans la bouche se trouvent les parties libres des deux mâchoires, qui portent les dents. Il est à remarquer que la mâchoire inférieure seule est mobile ; par ses extrémités renflées, nommées *condyles* (fig. 38), elle est articulée avec l'os temporal, un peu en avant du trou de l'oreille. La mâchoire supérieure est soudée au crâne et par conséquent immobile.

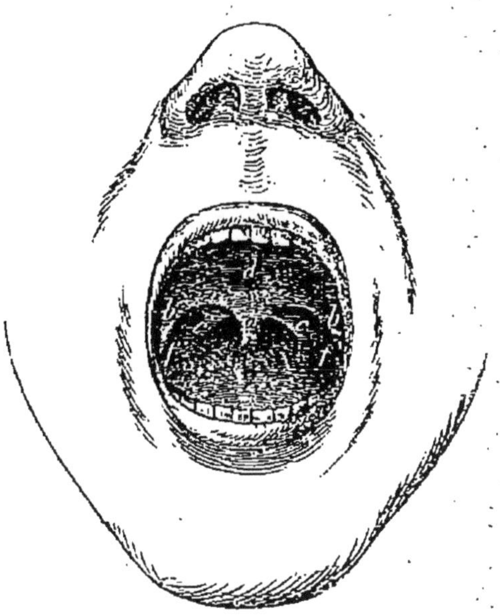

Fig. 6. — *d*, voile du palais; *a*, luette.

Divers muscles, les uns élévateurs (fig. 13, *m*), les autres abaisseurs, mettent en mouvement la mâchoire inférieure au moment de la mastication des aliments.

Dents. — Les dents sont logées dans les alvéoles des mâchoires. Elles présentent chacune deux parties (fig. 7) : la *couronne* ou partie externe, limitée par la gencive, et la *racine* ou partie interne, implantée dans l'alvéole.

Considérons successivement la dentition de l'adulte, la dentition de lait, puis la structure des dents.

1° La *dentition de l'adulte* (fig. 8) se compose de 32 dents, savoir, à chaque mâchoire : 4 *incisives*, à couronne large et tranchante, et à racine simple et droite ; elles servent à inciser les aliments. — Viennent ensuite 2 *canines*, placées de chaque côté des incisives; leur couronne est pointue, leur racine simple et un peu recourbée à son extrémité ; ces dents servent à déchirer les aliments. C'est

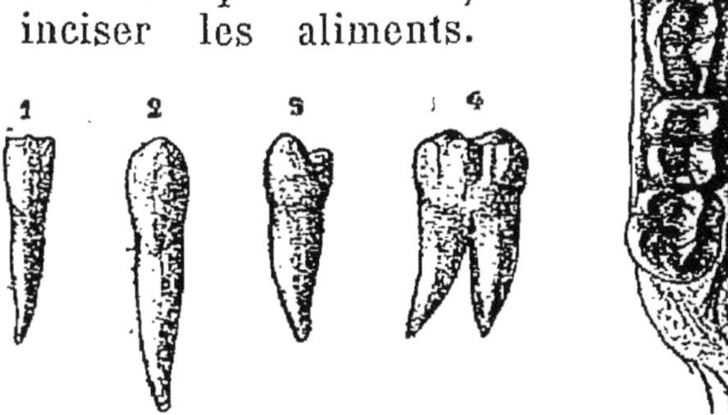

Fig. 7. — 1, incisive ; 2, canine ; 3, prémolaire ; 4, mâchelière.

Fig. 8. — 1, incisives ; 2, canine ; 3, 4, molaires.

chez les Carnassiers, comme le Chien, le Tigre, que les canines atteignent leur plus grand développement. — A la suite des canines, on trouve 10 *molaires*, cinq de chaque côté; leur couronne est large et mamelonnée; leur racine, double ou triple. Les molaires servent à broyer les aliments; elles agissent un peu à la manière d'une meule : de là leur nom.

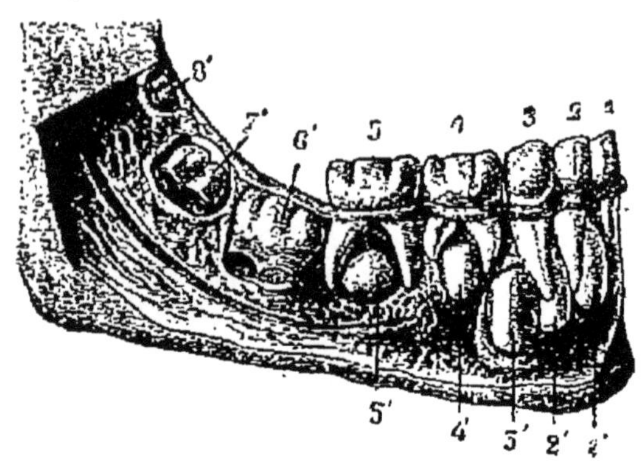

Fig. 9. — Dents de lait (1-5) et germes des dents définitives (1'-8').

Les deux premières molaires de chaque côté sont plus petites et appelées *prémolaires;* elles n'ont que deux racines. Les trois dernières, plus fortes, s'appellent *mâchelières;* elles ont trois et quelquefois même quatre racines.

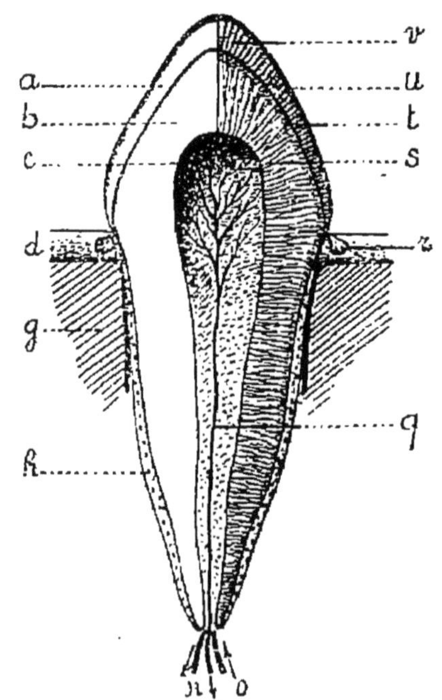

Fig. 10. — Coupe d'une dent. *a*, émail; *b*, ivoire; *c*, pulpe; *d*, gencive; *h*, cément.

La dernière mâchelière n'apparaît souvent au dehors que très tard, entre vingt et trente ans; on lui donne le nom de dent de sagesse.

2° La dentition de l'enfant ou *dentition de lait* ne comprend que 20 dents (fig. 9), savoir, à chaque mâchoire : 4 incisives, 2 canines et 4 prémolaires; il n'y a pas de mâchelières. Les dents de lait tombent vers l'âge de sept ans et sont remplacées par les 32 dents définitives, qui poussent un peu au-dessous d'elles (fig. 9, *1'-8'*).

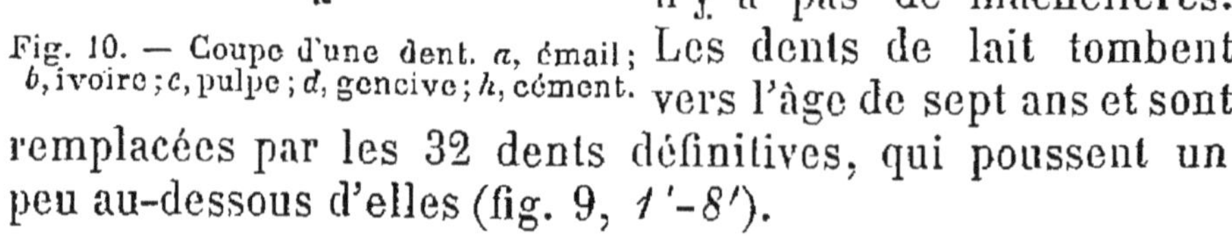

3° Pour connaître la *structure des dents*, scions une incisive en deux longitudinalement; nous distinguerons alors quatre parties (fig. 10) : 1° l'*ivoire* (*b*), partie la plus volumineuse, qui forme le corps de la dent; 2° la *pulpe dentaire* (*c*), tissu mou et vivant, contenu dans la cavité centrale de l'ivoire; cette cavité se prolonge jusqu'au bas des racines par un canal qui donne passage à une artère et une veine (*o*, *m*), ainsi qu'à un filet nerveux très sensible (*n*) dont l'irritation provoque les maux de dents; 3° l'*émail* (*a*), substance très dure mais fragile, qui forme une couche mince sur la couronne et la préserve contre l'usure; 4° enfin le *cément* (*h*), matière peu consistante qui recouvre les racines.

2° **Pharynx.** — Le pharynx ou arrière-bouche (fig. 1, *h*) est une cavité irrégulière, communiquant en haut avec les fosses nasales par les arrière-narines, en avant avec la bouche, en bas avec l'œsophage, qui en est la continuation directe, et enfin avec la trachée-artère (*k*), conduit qui mène l'air aux poumons et qui est placé en avant de l'œsophage.

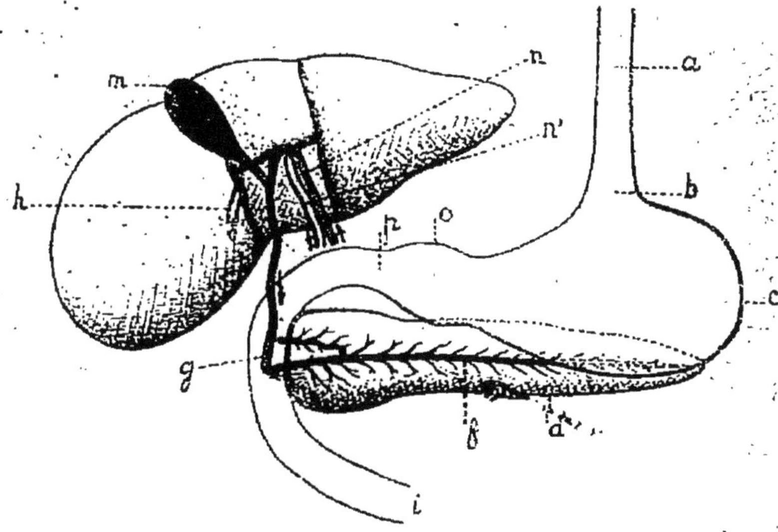

Fig. 11. — *a*, œsophage; *c*, estomac; *d*, pancréas; *g*, canal biliaire; *h*, foie.

3° **Œsophage.** — L'œsophage est un tube vertical (fig. 11, *a*), long de 20 à 25 centimètres, qui relie le pharynx à l'estomac. Il est compris entre la trachée et la colonne vertébrale. La paroi de l'œsophage contient de nombreux muscles en forme d'anneau, qui se contractent de haut en bas pour faire descendre les aliments dans l'estomac.

4° **Estomac.** — L'estomac (fig. 11, *c*) est situé sous le diaphragme; sa partie gauche est renflée et communique avec l'œsophage par l'orifice appelé *cardia* (*b*); sa partie droite, plus rétrécie et couverte par le foie, se continue avec l'intestin par l'orifice nommé *pylore* (*p*).

La paroi de l'estomac contient trois couches de muscles entrecroisés, grâce auxquels cet organe peut se contracter dans tous les sens, de façon à bien mêler les aliments au suc gastrique qui doit les digérer. On trouve aussi dans la paroi de très nombreuses petites glandes en grappe produisant le suc gastrique, liquide digestif que ces glandes déversent dans l'estomac.

5° **Intestin.** — L'intestin (fig. 5, *o*, *p*) est un tube d'environ 10 mètres de longueur, replié un grand nombre de fois sur lui-même et occupant une bonne partie de la cavité abdominale. Sa surface interne est hérissée d'une infinité de petits prolongements, nommés *villosités*, d'environ 1 millimètre de longueur. C'est par les villosités que les matières digérées sont absorbées.

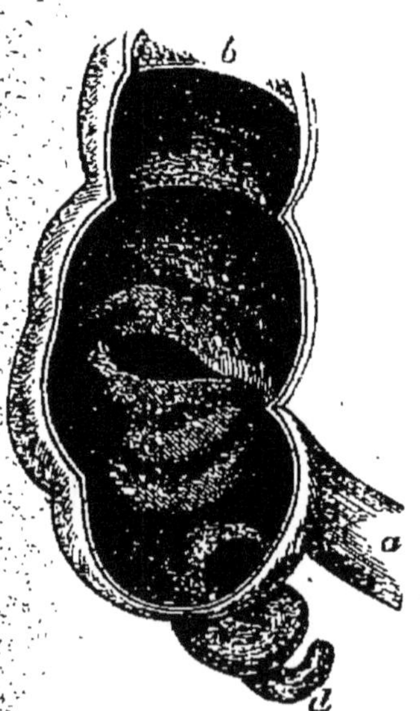

Fig. 12. — *a*, intestin grêle; *b*, gros intestin; *c*, cæcum et son prolongement *d*.

L'intestin comprend deux parties : 1° l'*intestin grêle*, très flexueux et long de 7 à 8 mètres; sa partie initiale, qui porte le nom de *duodénum*, reçoit la bile et le suc pancréatique (fig. 11, *i*); 2° le *gros intestin*, plus court et plus large que le précédent, est disposé en manière de cadre autour de l'intestin grêle; il se divise en trois parties : le *cæcum*, partie très courte et munie d'un petit prolongement (fig. 12, *d*); le *côlon*, qui fait le tour de l'intestin grêle (*b*); enfin le *rectum*, qui se termine à l'anus.

Péritoine. — Il est important que les diverses anses de l'intestin ne se compriment pas mutuellement, surtout quand elles sont remplies d'aliments. A cet effet l'intestin est enveloppé par une membrane très compliquée, nommée *péritoine*, qui se rattache en arrière à la colonne vertébrale. De la sorte, l'intestin est efficacement soutenu et ses différentes parties peuvent glisser les unes sur les autres, pendant leurs contractions, sans se nuire ni se déformer.

2° *Glandes annexes du tube digestif.*

1° **Glandes salivaires.** — Il y a trois paires de glandes salivaires : 1° les *glandes parotides* (fig. 13), situées un peu au-dessous et en avant de l'oreille; leur salive est versée dans la bouche par un canal qui débouche près des grosses molaires de la mâchoire supérieure; 2° les *glandes sous-maxillaires;* 3° les *glandes sublinguales* (fig. 14).

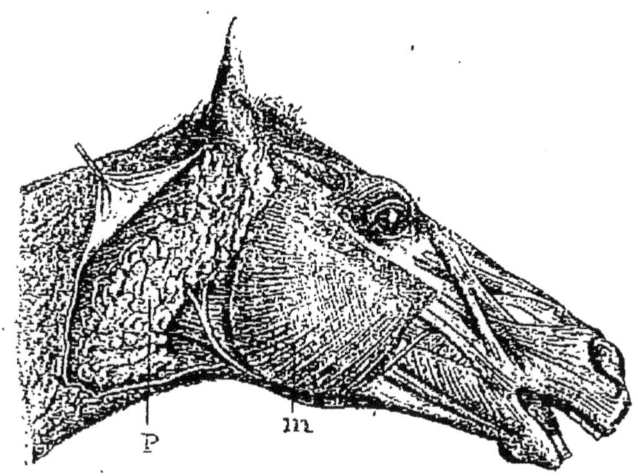

Fig. 13. — *p*, glande parotide ; *m*, muscle masséter.

Ces deux dernières paires ont à peu près la taille d'une amande et sont logées sous la langue, dans le plancher de la bouche; la salive qu'elles produisent est assez épaisse.

2° **Pancréas.** — Le pancréas (fig. 11, *d*) est une glande d'un blanc rosé, longue d'environ 12 centimètres et logée en arrière de l'estomac. Le liquide que sécrète le pancréas est conduit par un canal (*f*) dans le duodénum ; il est très important pour la digestion des aliments.

3° **Foie.** — Le foie (fig. 5, *k*) est le plus gros des organes de l'abdomen. Il pèse jusqu'à 2 kilogrammes. C'est dans la partie droite de l'abdomen qu'il est situé, touchant en haut le diaphragme, recouvrant à gauche l'estomac.

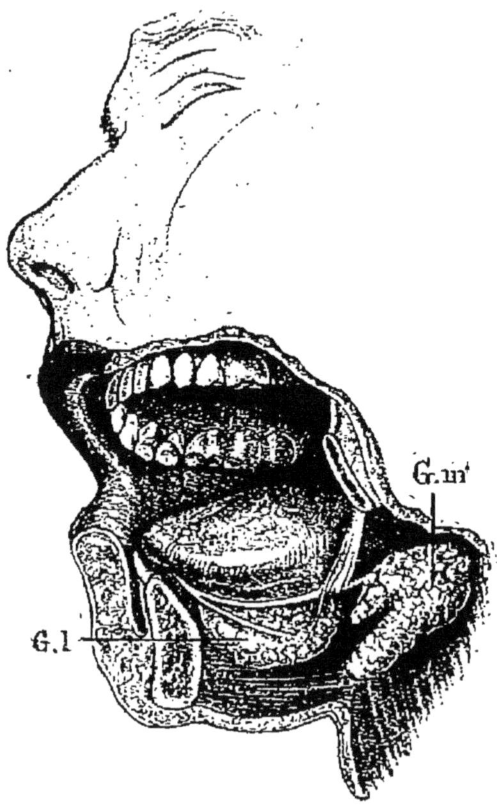

Fig. 14. — *Gm*, glandes sous-maxillaires ; *Gl*, glandes sublinguales ; (15 millimètres).

La face inférieure du foie est concave et montre les différentes artères et veines qui se ramifient dans l'organe (fig. 11, *n*, *n'*, *h*).

On y voit aussi le *canal cholédoque* (*g*), par lequel la bile, excrétée par le foie, est déversée dans l'intestin. Sur le trajet de ce canal se trouve greffée une petite poche dans laquelle la bile s'accumule, avant d'être conduite dans l'intestin : c'est la *vésicule biliaire* ou vésicule du fiel (*m*).

3° *Digestion des aliments.*

On appelle *digestion* la transformation des aliments, par les sucs digestifs, en substances liquides susceptibles d'être absorbées par l'intestin, puis assimilées par nos organes.

Etudions successivement les aliments, puis l'action qu'exercent sur eux les sucs digestifs.

1° **Aliments.** — Les aliments sont les substances nécessaires à l'entretien de nos organes et à la croissance du corps. Nous savons déjà que nos organes perdent à chaque instant, à cause de la désassimilation, diverses matières nuisibles, comme l'acide carbonique, qui les amoindrissent; ce sont précisément ces pertes que les aliments doivent réparer, faute de quoi les organes dépérissent, comme cela arrive à la suite d'un jeûne prolongé.

Les principaux aliments sont : l'*eau*, les *matières féculentes*, *sucrées*, *grasses*, *albuminoïdes* et enfin les *sels*.

L'*eau* est absolument indispensable à la vie; elle entre pour environ les deux tiers dans la masse totale du corps.

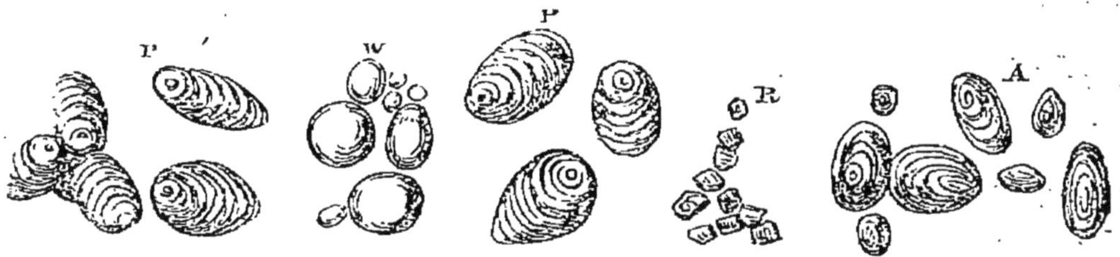

Fig. 15. — Diverses sortes de grains d'amidon ; (P = 0mm,02).

Parmi les *matières féculentes* ou amylacées (fig. 15), on peut citer la fécule de pomme de terre, l'amidon du blé, du riz; parmi les *matières sucrées*, le sucre de canne, le sucre de fruits ou glucose; les *matières grasses* comprennent le beurre, les graisses, les huiles. Toutes ces substances forment la catégorie des *aliments ternaires*, ainsi appelés parce qu'ils ne renferment que trois corps simples, le carbone ou charbon, l'hydrogène et l'oxygène.

Fig. 16. — Globules gras du lait; (0mm,02).

Les substances alimentaires les plus importantes, comme la viande, le blanc d'œuf ou albumine, sont appelées *aliments quaternaires*, parce qu'elles résultent de la combinaison de quatre corps simples, le carbone, l'hydrogène, l'oxygène et l'azote. On les appelle aussi *aliments azotés*, à cause de l'azote qu'eux seuls contiennent, ou encore *aliments albuminoïdes*, parce que le principal d'entre eux est l'albumine.

Parmi les *sels* utiles à notre organisme, le plus important est le sel de cuisine ou chlorure de sodium, dont l'homme ne saurait complètement se passer.

Les aliments, tels que nous les mangeons, sont ordinairement formés chacun de plusieurs des substances précédentes. Ainsi le pain contient non seulement de l'amidon, mais du gluten, matière azotée très nourrissante ; l'œuf renferme à côté du blanc ou albumine les matières grasses du jaune.

2° **Action des sucs digestifs sur les aliments.** — Les principaux *liquides* ou *sucs* à l'aide desquels s'effectue la digestion sont : la *salive*, le *suc gastrique*, le *suc pancréatique* et la *bile*.

Action de la salive : digestion des féculents. — En même temps que les aliments sont soumis à la mastication, ils sont intimement mêlés à la salive. Le rôle digestif de la salive consiste à transformer lentement les féculents en une matière sucrée, le glucose, qui est soluble dans l'eau et capable d'être absorbée par l'intestin.

Lorsque le bol alimentaire arrive dans le pharynx (fig. 1, *h*), il ne ne peut s'engager que dans l'œsophage, car les fosses nasales sont fermées à ce moment par le voile du palais, et la trachée (*k*) par l'épiglotte.

On donne le nom de *déglutition* au passage des aliments de la bouche dans l'œsophage. Grâce aux contractions successives des muscles circulaires de ce dernier organe, les aliments cheminent rapidement jusque dans l'estomac.

Action du suc gastrique : digestion des matières azotées. — Lorsque la masse alimentaire arrive dans la cavité stomacale, des gouttelettes de suc gastrique perlent de tous côtés et l'imbibent peu à peu, aidées en cela par les mouvements lents de l'estomac.

Le suc gastrique contient une substance active, appelée *pepsine*, qui a la propriété de rendre liquides les matières azotées ; c'est ainsi que la viande et le blanc d'œuf cuit sont complètement digérés au bout d'environ deux heures. Le suc gastrique n'attaque ni les matières grasses, ni les matières féculentes.

On peut montrer directement, par une expérience, que le suc gastrique digère les matières azotées. On recueille d'abord une certaine quantité de ce liquide. Pour cela, on entretient dans les laboratoires de physiologie, des Chiens (fig. 17) qui portent sous le ventre un petit ballon, en communication avec l'estomac par un tube d'argent; c'est dans ce ballon qu'on recueille le suc gastrique au moment du besoin.

Fig. 17. — *a*, ballon pour recueillir le suc gastrique.

Lorsqu'on ajoute au suc gastrique quelques fragments de viande dégraissée et qu'on abandonne le tout dans une étuve à la température d'environ 40 degrés, au bout de quelques heures toute la viande est dissoute : elle a été digérée par la pepsine du suc gastrique et transformée en une nouvelle matière, appelée *peptone*, apte à être absorbée par l'intestin.

Action du suc pancréatique : digestion des matières féculentes, azotées et grasses. — Lorsque la masse alimentaire arrive dans le duodénum, elle subit l'action du suc pancréatique et de la bile.

Le suc pancréatique est le plus important des sucs digestifs. En effet, non seulement il digère les matières azotées qui n'ont pas été attaquées par le suc gastrique, et les matières féculentes qui ont échappé à la salive, il agit encore sur les matières grasses : il divise celles-ci en une multitude de gouttelettes, tellement fines qu'elles peuvent passer au travers de l'intestin pour se répandre dans le sang. On donne le nom d'*émulsion* au mélange de suc pancréatique et de matières grasses : il rappelle un peu le liquide qu'on obtient en agitant de l'eau avec un peu d'huile.

Action de la bile : digestion des graisses. — La bile sert, comme le suc pancréatique, à digérer les matières grasses. Mais elle remplit encore un autre rôle; en se mêlant dans l'intestin aux résidus de la digestion, elle les empêche de se putréfier.

Contrairement aux autres liquides digestifs, la bile contient différentes matières nuisibles au corps, ce qui exige qu'elle soit rejetée au dehors avec les résidus de la digestion.

ABSORPTION DES PRODUITS DE LA DIGESTION.

L'*absorption* est le passage des produits de la digestion dans le sang. Elle se fait par l'intestin.

Veines intestinales et vaisseaux chylifères. — Lorsqu'on examine la face postérieure de l'intestin, on voit cheminer, dans le péritoine qui le soutient, deux sortes principales de vaisseaux : les veines intestinales et les vaisseaux chylifères.

Les *veines intestinales* (fig. 18, *g*), qui se ramifient dans les villosités en branches très fines, sont chargées d'aspirer surtout les peptones, le glucose, etc. Elles se réunissent toutes en un seul tronc, la *veine porte*, qui pénètre dans le foie (fig. 11, *h*), s'y ramifie abondamment, puis en sort (en *o*, fig. 18) pour se jeter dans la veine cave inférieure, laquelle se rend au cœur.

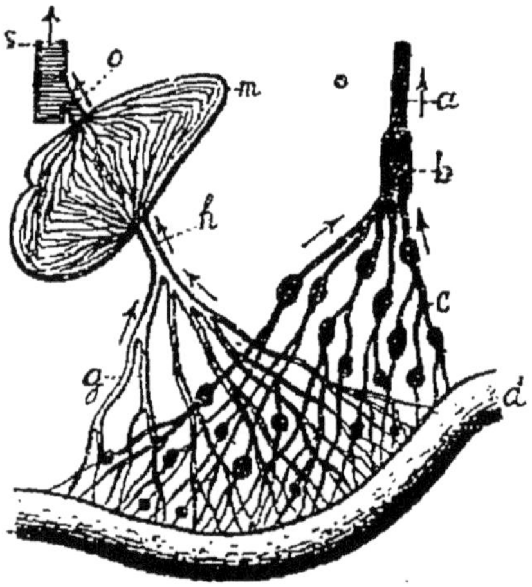

Fig. 18. — *a*, canal thoracique ; *d*, intestin ; *h*, veine porte ; *m*, foie ; *s*, veine cave inférieure.

Les *vaisseaux chylifères* (fig. 18, *c*), entremêlés avec les veines, sont irréguliers et munis de distance en distance de petits renflements. Ils s'unissent aussi en un canal unique, le *canal thoracique* (fig 19, 1), qui monte le long de la colonne vertébrale et se jette dans la veine sous-clavière gauche (veine du bras gauche) (fig. 19, 2); celle-ci se rend elle-même au cœur.

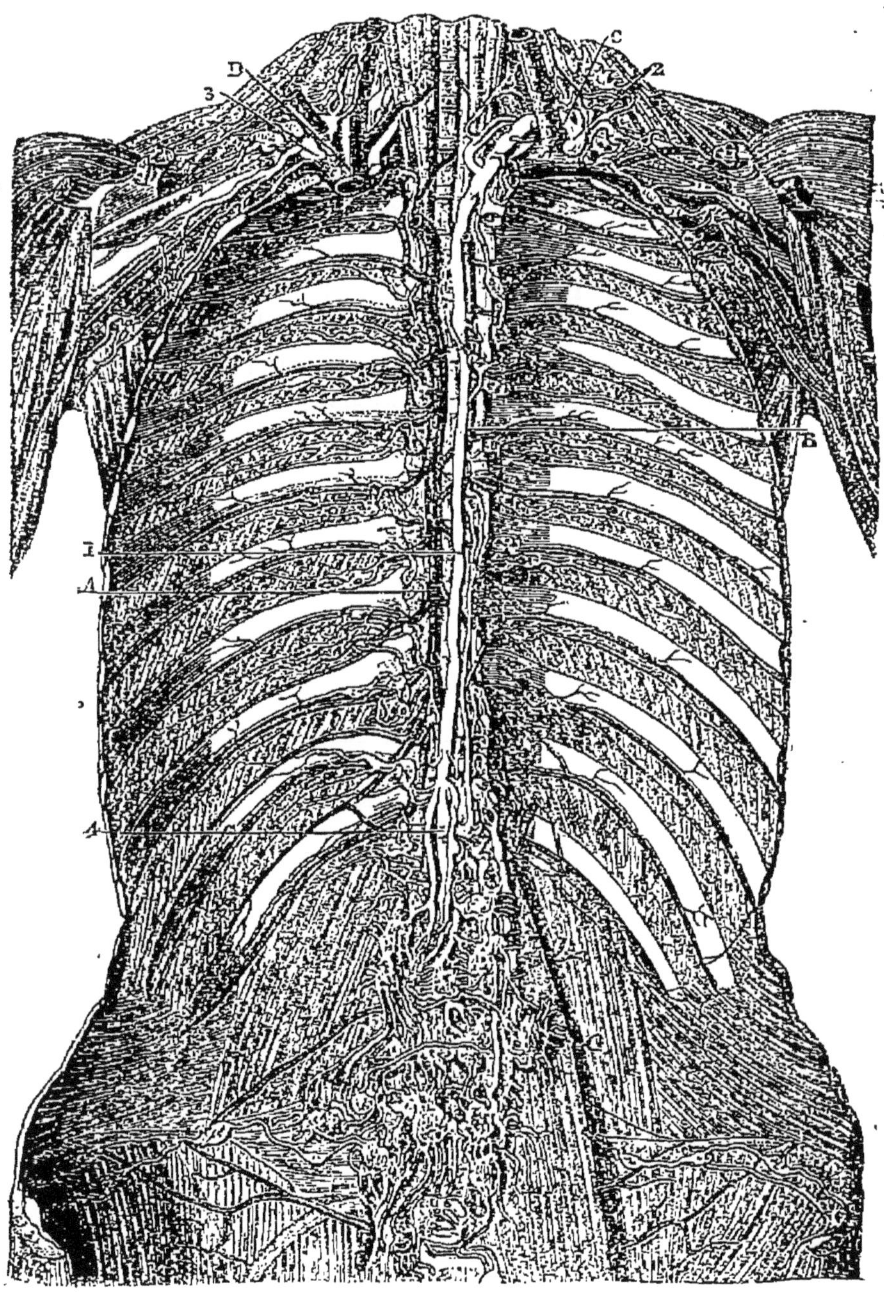

Fig. 19. — 1, canal thoracique; en bas, les vaisseaux chylifères avec leurs ganglions lymphatiques.

Chyle. — Les vaisseaux chylifères servent surtout à recueillir les graisses digérées. Au moment de la digestion, le liquide qu'ils contiennent est blanchâtre, ce qui permet de reconnaître aisément ces vaisseaux. On donne à ce liquide le nom de *chyle*.

On voit que les matières digérées n'ont qu'à filtrer en quelque sorte au travers de l'intestin pour arriver dans les veines ou dans les chylifères. C'est précisément en cette filtration que consiste l'absorption des aliments. Une fois dans le sang, les matières nutritives sont rapidement transportées dans tous nos organes, grâce à la fonction de circulation.

CHAPITRE III

APPAREIL CIRCULATOIRE

Sommaire. — Cœur : vaisseaux qui en partent. — Artères; veines. — Vaisseaux lymphatiques. — Sang; globules du sang; caillot. — Fonction du cœur. — Circulation du sang.

Définition. — L'appareil circulatoire est l'ensemble des organes à l'aide desquels s'effectue incessamment la circulation du sang dans le corps. C'est grâce à lui que les matières digérées sont rapidement amenées dans tous nos organes.

L'appareil circulatoire se compose de quatre parties (fig. 23) :

1° Le *cœur*, organe musculaire qui, par ses contractions répétées, lance le sang dans les vaisseaux.

2° Les *artères*, vaisseaux qui transportent du cœur aux organes le sang artériel, c'est-à-dire nourricier.

3° Les *veines*, vaisseaux ramenant des organes au cœur le sang veineux, c'est-à-dire privé de matières nutritives et chargé de matières nuisibles, en un mot impropre à l'entretien de la vie.

4° Enfin dans chaque organe l'artère et la veine sont unies entre elles par une infinité de vaisseaux microscopiques, nommés *vaisseaux capillaires* (fig. 21), dans lesquels le sang artériel se transforme en sang veineux.

Cœur. — Le cœur est un organe charnu, en forme de cône renversé, logé dans la poitrine entre les deux poumons. Sa pointe est dirigée en bas, un peu à gauche, et se trouve juste au point où se font sentir les battements.

Le cœur est creusé de quatre cavités (fig. 20) : deux *oreillettes* ou auricules en haut (*od*, *og*) et deux *ventricules* en bas (*vd*, *vg*). L'oreillette et le ventricule droits sont séparés des deux autres cavités par une cloison complète; tandis que la cloison qui sépare chaque oreillette du ventricule correspondant est percée d'un orifice qui permet au sang de passer de l'oreillette dans le ventricule.

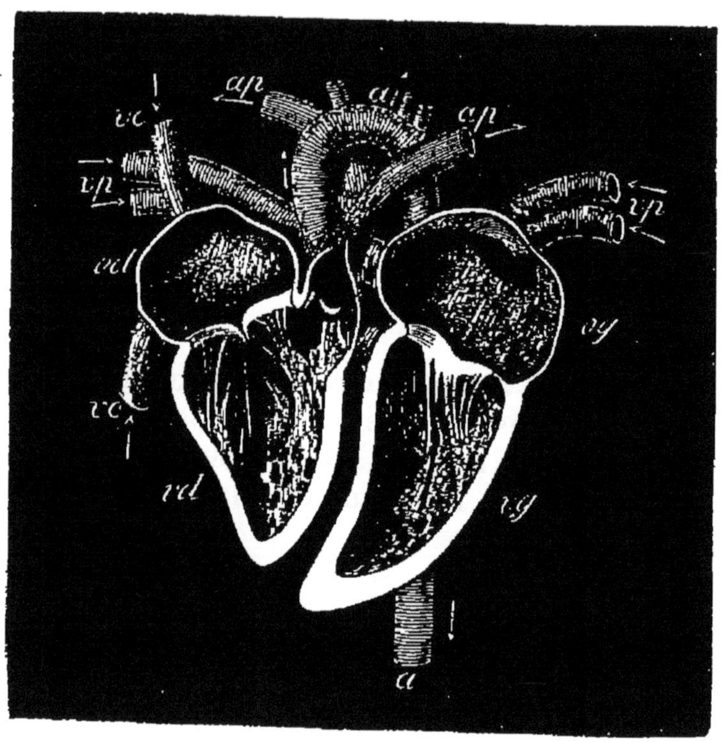

Fig. 20. — Cœur de l'Homme.

Chaque orifice auriculo-ventriculaire est bordé de petites lames élastiques (fig. 22), au nombre de trois pour l'orifice de droite, de deux seulement pour celui de gauche, et qui sont rattachées par de nombreux filaments à la paroi des ventricules. Ces lames forment ce qu'on appelle une *valvule*.

La paroi du cœur est musculaire; elle est très épaisse au niveau des ventricules, mince dans les oreillettes.

Péricarde. — Le cœur est comme emprisonné entre les deux poumons. Ses mouvements sont facilités par une membrane, nommée *péricarde*, qui forme autour du cœur un véritable sac, rempli d'une petite quantité de liquide et qui empêche cet organe de frotter contre les parties voisines.

Vaisseaux qui partent du cœur. — On appelle *artères* les vaisseaux qui partent des ventricules et *veines* ceux qui partent des oreillettes.

Du ventricule gauche (fig. 20) part un tronc artériel (*a*), large d'environ 2 centimètres, appelé *artère aorte*, qui se

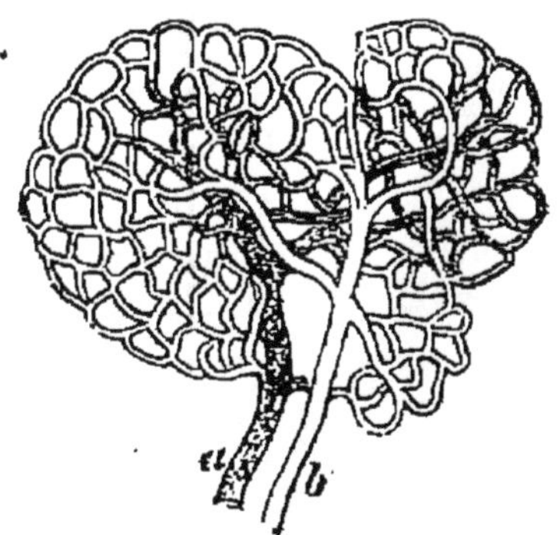

Fig. 21. — *a*, veine ; *b*, artère : elles sont unies par des vaisseaux capillaires (derme de la peau).

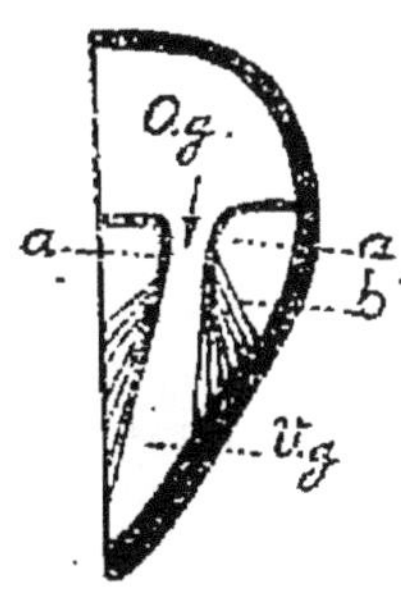

Fig. 22. — *Og*, *Vg*, oreillette et ventricule gauches ; *a*, valvule mitrale.

recourbe en crosse, descend en arrière du cœur et se ramifie dans tous les organes pour leur apporter le sang nourricier.

Dans l'oreillette droite se jettent deux grosses veines, les *veines caves* (*vc*), qui ramènent dans cette partie du cœur tout le sang veineux des organes.

Du ventricule droit part un seul tronc, l'*artère pulmonaire* (*ap*), qui reçoit le sang veineux de l'oreillette et va le conduire par deux branches dans les poumons ; là il abandonne son acide carbonique et reçoit en échange de l'oxygène.

Enfin dans l'oreillette gauche débouchent les quatre *veines pulmonaires* (*vp*), qui y versent le sang artériel venu des poumons; l'oreillette gauche le transmet ensuite au ventricule gauche, d'où nous sommes partis.

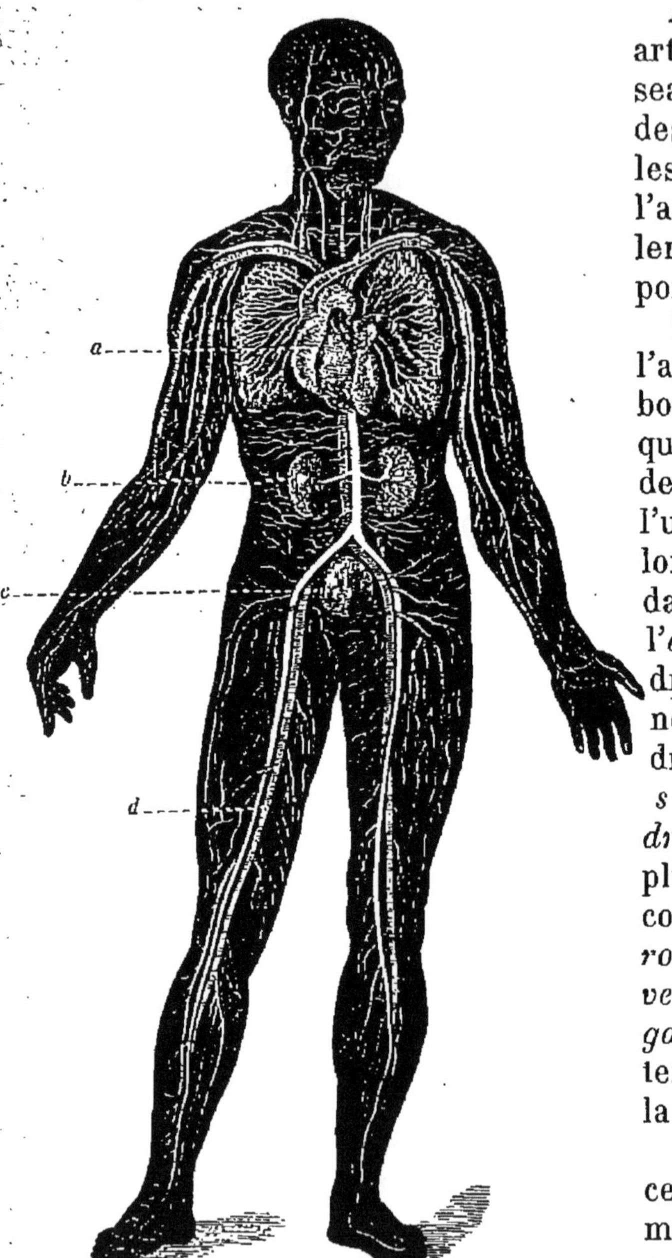

Fig. 23.— *a*, cœur et poumons; *b*, reins; *c*, vessie; *d*, artère (ombrée) et veine de la jambe.

Artères. — Les artères ou vaisseaux nourriciers des organes sont les branches de l'aorte. Citons seulement les plus importantes (fig. 23).

Sur la crosse de l'aorte on voit d'abord un petit tronc qui se divise en deux branches; l'une monte le long du cou jusque dans la tête : c'est l'*artère carotide* droite; l'autre va nourrir le bras droit; c'est l'*artère sous - clavière droite*. Un peu plus loin on rencontre l'*artère carotide gauche* et la *veine sous-clavière gauche*, qui partent isolément de la crosse aortique.

Sur l'aorte descendante on remarque les deux *artères œsophagiennes*; les *artères intercostales*, au nombre de dix paires, qui se ramifient dans les muscles compris entre les côtes; les *artères diaphragmatiques*; les *artères rénales* (fig. 36, *n*), destinées aux reins; les *artères mésentériques*, qui se rendent à l'intestin.

Au niveau du bassin, l'aorte se divise en deux branches, les *artères iliaques*, qui se ramifient dans les membres inférieurs.

Veines. — Nous avons dit que dans chaque organe l'artère se ramifie en un réseau de vaisseaux capillaires, extrêmement étroits (fig. 21). C'est en eux que le sang artériel devient sang veineux, en abandonnant aux organes les matières nutritives et en se chargeant des déchets (acide carbonique, etc.) que ces mêmes organes produisent.

Les capillaires se réunissent peu à peu en vaisseaux de plus en plus gros qui ne sont autres que les veines; celles-ci ramènent au cœur le sang veineux des organes.

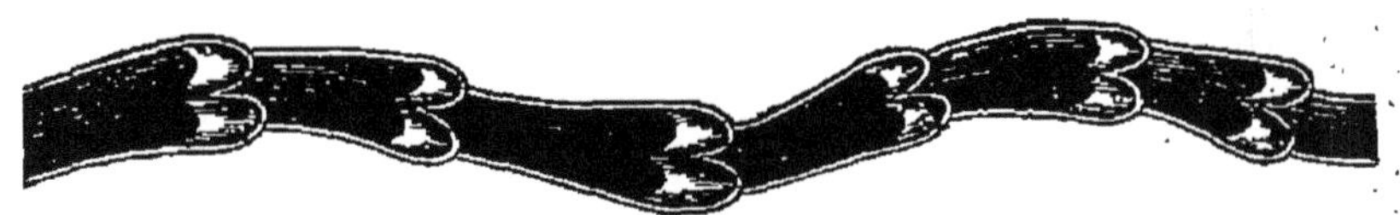

Fig. 24. — Vaisseau lymphatique avec ses valvules.

On voit que le sang passe régulièrement des artères dans les veines sans jamais sortir des capillaires.

Les principales veines sont : les *veines jugulaires* ou veines du cou, correspondant aux artères carotides; les *veines sous-clavières*, venant des bras; la veine de gauche reçoit le chyle par le canal thoracique; les *veines diaphragmatiques*; les *veines rénales*; les *veines iliaques*, etc.

Toutes les veines du corps se réunissent en définitive en deux gros troncs, les *veines caves*, qui se jettent dans l'oreillette droite (fig. 20, *vc*).

Différences entre les artères et les veines. — Les artères cheminent ordinairement dans la profondeur des organes, au contact des os; rarement on les trouve dans le voisinage de la peau; on peut cependant citer l'artère du poignet ou *artère radiale*, dont les pulsations sont faciles à sentir en arrière du pouce.

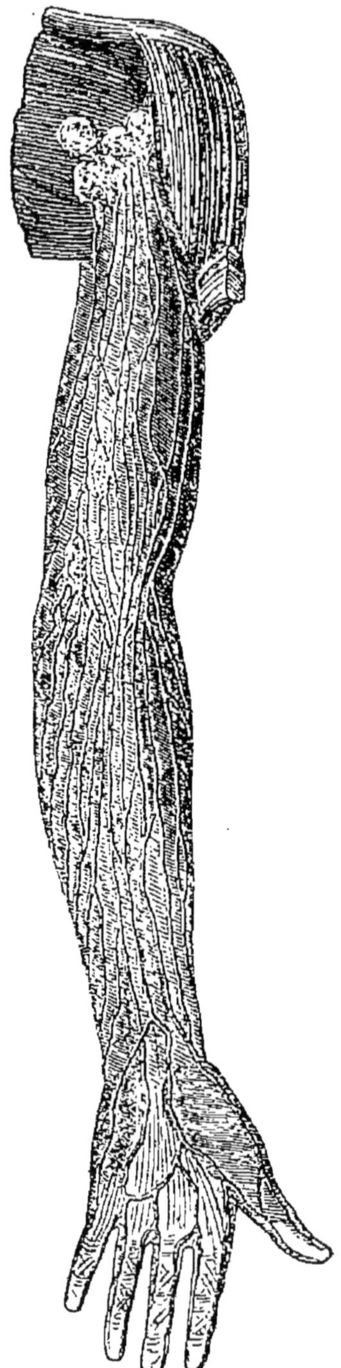

Fig. 25. — Vaisseaux lymphatiques et ganglions du bras.

Les veines forment au contraire sous la peau un réseau bleuâtre très apparent, surtout sur le dos de la main.

Les artères se reconnaissent à leur grande élasticité; lorsqu'elles sont sectionnées, elles restent largement ouvertes, tandis que les veines s'affaissent sur elles-mêmes. De plus, le jet de sang qui jaillit d'une artère coupée est toujours beaucoup plus puissant que celui d'une veine : aussi les artères sont-elles situées profondément.

Vaisseaux lymphatiques. — Outre les artères et les veines, les organes renferment encore d'autres vaisseaux, également très abondants, nommés *vaisseaux lymphatiques* (fig. 25). Ils contiennent une sorte de sang incolore, appelé *lymphe*. Les vaisseaux chylifères de l'intestin (fig. 19), qui absorbent les produits de la digestion, appartiennent au système lymphatique.

SANG

Le sang est un liquide chargé d'apporter aux organes les aliments et l'oxygène pris au dehors et d'entraîner vers le dehors les déchets organiques que ces mêmes organes produisent à tout instant et qui sont nuisibles à leur bon fonctionnement.

Le sang se compose de deux parties bien distinctes : l'une liquide et incolore ou à peine jaunâtre, c'est le *plasma;* l'autre solide et formée d'une innombrable quantité de petites cellules, appelées *globules du sang.*

Plasma. — Le plasma est formé d'eau tenant en dissolution diverses substances, notamment la *fibrine,* matière albuminoïde qui se prend en gelée dès que le sang se trouve hors de l'organisme et constitue alors le *caillot;* des *sels,* comme le chlorure de sodium.

On y trouve naturellement aussi des matières nutritives, comme le glucose, ainsi que des substances de déchet, comme l'acide carbonique, provenant des organes.

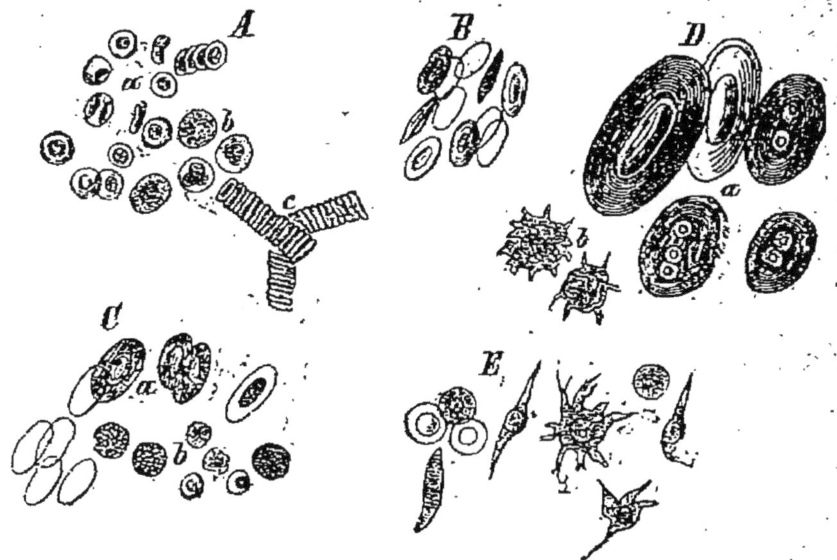

Fig. 26. — Globules du sang. *A,* Homme; *B,* Pigeon; *C,* Raie; *D,* Protée; (0mm,07); *E,* Ecrevisse.

Globules. — Les globules du sang sont de deux sortes : les uns sont rouges; les autres sont blancs (fig. 26).

Les *globules rouges* sont tellement nombreux que le plasma paraît lui-même coloré en rouge. Chez l'Homme sain, un millimètre cube de sang en renferme plus de cinq millions; ce nombre est de beaucoup réduit chez les anémiques. Les globules rouges ont la forme de disques arrondis, légèrement concaves sur leurs deux faces. La matière colorante rouge qui les imprègne est l'*hémoglobine* : elle contient un peu de fer, ce qui explique pourquoi les personnes anémiques prennent des médicaments ferrugineux; elles provoquent ainsi la reconstitution des globules.

Les globules rouges remplissent un rôle très important. Ce sont eux qui, dans les poumons, se chargent de l'oxygène de l'air et vont ensuite, entraînés par le courant sanguin, le distribuer à nos organes.

Les *globules blancs* sont beaucoup moins nombreux que les globules rouges; ils ont la propriété curieuse de changer lentement de forme (fig. 26, *b*) et sont destinés, semble-t-il, à se tranformer en globules rouges.

Caillot; fibrine. — Lorsqu'on abandonne du sang frais à lui-même, il se divise au bout de quelque temps en deux parties : l'une gélatineuse, rouge, qui surnage, c'est le *caillot;* l'autre, liquide et jaunâtre, c'est le *sérum.* Le caillot se compose de globules, réunis entre eux par la fibrine devenue gélatineuse.

Différences entre le sang artériel et le sang veineux. — Tandis que le sang artériel contient une forte proportion de matières nutritives et d'oxygène, le sang veineux en est presque dépourvu; en outre, ce dernier contient beaucoup de déchets organiques nuisibles au corps.

CIRCULATION DU SANG

On appelle ainsi le mouvement continu du sang dans l'appareil circulatoire.

Fonction du cœur. — C'est le cœur qui met le sang en mouvement. Il a la propriété de se contracter et de se relâcher régulièrement, et la volonté est sans influence aucune sur ces mouvements. Au moment où les oreillettes se contractent pour faire passer le sang dans les ventricules, ceux-ci se relâchent pour le recevoir; puis les ventricules se contractent et lancent le sang dans les artères, tandis que les oreillettes se remplissent de nouveau de celui que leur apportent les veines.

A chaque contraction des ventricules correspond un *battement* du cœur, c'est-à-dire un choc contre la poitrine; le nombre des battements est de 70 à 80 chez l'adulte; il est plus élevé chez les enfants.

Au moment de la contraction des ventricules, le sang ne peut pas remonter dans les oreillettes, car les valvules lui ferment à ce moment le passage. Il ne peut que s'engager dans l'aorte et dans l'artère pulmonaire, qui partent des ventricules.

Lorsque le sang a été lancé dans l'aorte, il ne peut pas non plus revenir dans le ventricule gauche : une valvule à trois lames, disposée à l'orifice aortique, ferme hermétiquement ce dernier dès que le sang tend à refluer vers le cœur.

En résumé, le sang passe toujours des oreillettes dans les ventricules; des ventricules il s'engage forcément dans les artères, qui le conduisent aux organes.

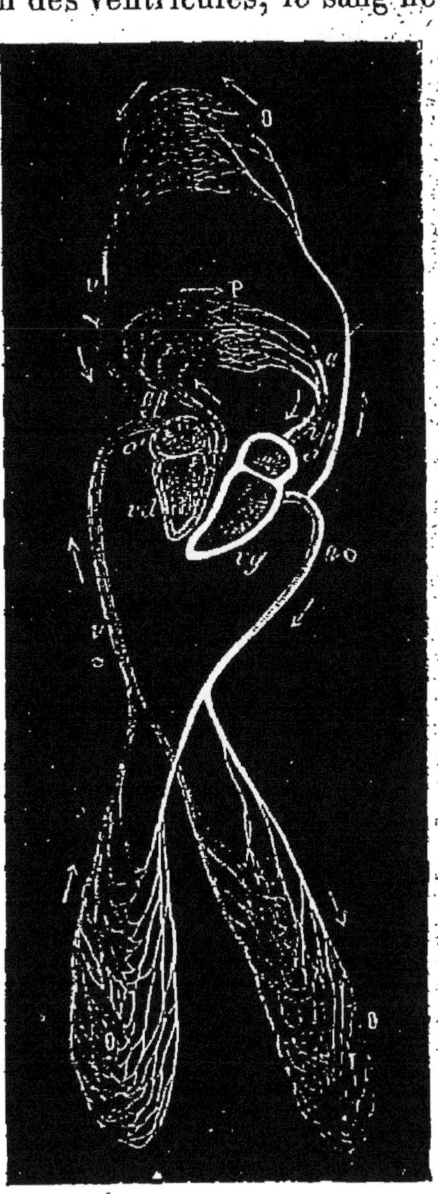

Fig. 27. — Figure théorique de la circulation (suivre les flèches). *a*, artères; *v*, veines; *O*, organes; *P*, poumons.

Circulation du sang. — Prenons maintenant le sang artériel dans le ventricule gauche et suivons-le dans le corps jusqu'à ce qu'il soit revenu à ce même ventricule (fig. 27). Nous aurons ainsi indiqué la circulation du sang.

Au moment de la contraction du ventricule gauche, le sang nourricier est lancé dans l'aorte et par suite dans toutes les artères (*aa*). Comme les artères sont très élastiques, il se produit le long de leur paroi un mouvement d'ondulation, qui se répète à chaque contraction du ventricule, et qui est comparable à celui que produit une pierre jetée dans une eau tranquille; c'est ce mouvement d'ondulation qui se traduit au poignet par les petits soulèvements appelés *pulsations*.

Une fois dans l'aorte, le sang circule rapidement jusqu'aux organes (*O*, *O*); là il devient veineux, c'est-à-dire qu'il cède aux organes les matières nutritives et l'oxygène nécessaires à l'entretien de leur vie, et reçoit en échange les déchets organiques, comme l'acide carbonique, l'urée, formés par eux.

Le sang veineux passe peu à peu des organes dans les veines (fig. 27, *vv*) et est ramené en définitive à l'oreillette droite du cœur par les deux veines caves. Mais avant d'arriver au cœur il reçoit les matières nutritives absorbées par les veines intestinales et par les vaisseaux chylifères.

De l'oreillette droite le sang veineux passe dans le ventricule droit, puis dans l'artère pulmonaire, qui le mène aux poumons (*P*). Là, il abandonne son acide carbonique et absorbe l'oxygène de l'air. De la sorte il est redevenu complètement artériel, c'est-à-dire nourricier; sa teinte est maintenant vermeille, et non plus foncée comme celle du sang veineux.

Par les quatre veines pulmonaires (*vp*), le sang artériel est amené dans l'oreillette gauche du cœur; il gagne ensuite le ventricule gauche et la circulation recommence.

On a calculé qu'il faut au sang un peu plus d'une demi-minute pour faire le tour du corps.

CHAPITRE IV

APPAREIL RESPIRATOIRE

Sommaire. — VOIES RESPIRATOIRES : trachée. — Poumons; plèvre. — Respiration; inspiration et expiration. — Rôle de l'oxygène dans le corps. — Production de l'acide carbonique et de la chaleur.

Définition. — L'appareil respiratoire est l'ensemble des organes à l'aide desquels s'effectue l'absorption de l'oxygène et le dégagement de l'acide carbonique.

Il se compose de deux parties (fig. 28) :

1° Les *voies respiratoires* ou conduits par lesquels passe l'air pour arriver aux poumons : ce sont les fosses nasales, le pharynx et la trachée artère (fig. 28, *ab*);

2° Les *organes essentiels*, c'est-à-dire les poumons, dans lesquels le sang veineux se transforme en sang artériel par suite de l'échange du gaz acide carbonique contre le gaz oxygène.

Voies respiratoires. — La principale est la *trachée*. C'est un conduit vertical, aplati en arrière, long d'environ 12 centimètres et situé en avant de l'œsophage. La trachée contient dans sa paroi des demi-anneaux cartilagineux, parallèles entre eux, visibles à la surface de l'organe; ces cartilages servent à maintenir la trachée toujours ouverte, afin qu'à aucun moment l'entrée et la sortie de l'air ne soient interrompues.

La partie supérieure de la trachée, plus large que le

reste, constitue le *larynx* ou organe de la voix (*a*). L'orifice du larynx s'appelle *glotte* (fig. 52, *i*); il est fermé au moment de la déglutition par une lame cartilagineuse, l'*épiglotte*, qui est fixée sur le bord antérieur du larynx.

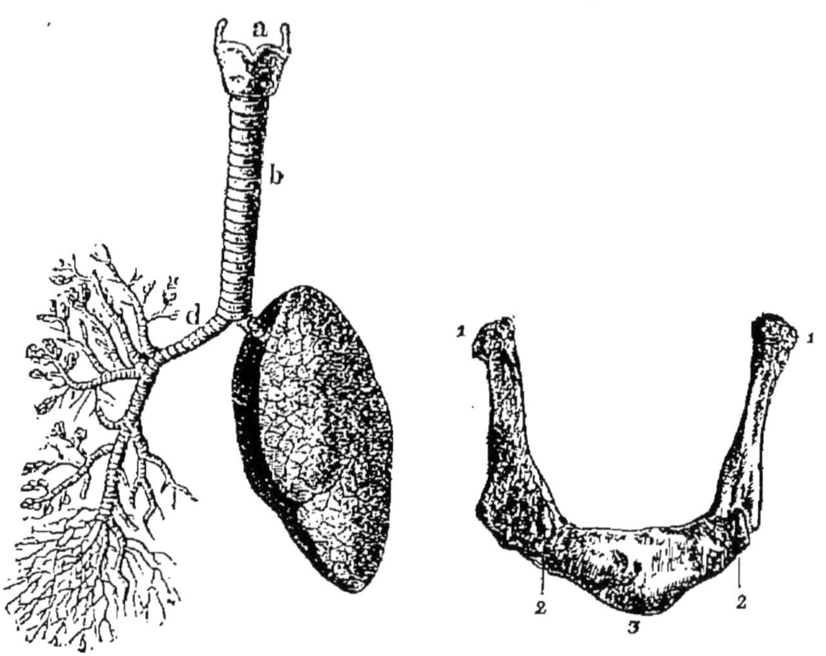

Fig. 28. — *a*, larynx; *b*, trachée; *d*, bronches.

Fig. 29. — Os hyoïde, placé au haut du cou.

La trachée est suspendue à un os spécial, en forme de demi-anneau, l'*os hyoïde* (fig. 29), que l'on peut sentir à la partie supérieure du cou. A son extrémité inférieure elle se divise en deux *bronches*, qui pénètrent dans les poumons.

Poumons. — Les poumons (fig. 28) sont situés dans le thorax de chaque côté du cœur. Elargis et concaves à leur base, qui est en rapport avec le diaphragme, ils se rétrécissent lentement jusqu'au sommet.

A la face interne de chaque poumon, du côté du cœur, on voit (fig. 32) la *bronche* (*b*), qui amène l'air; l'*artère pulmonaire* (*c*), qui apporte le sang veineux; enfin *deux veines pulmonaires* (*d*, *g*), emportant dans l'oreillette gauche le sang devenu artériel dans les poumons.

Ramifications des bronches et des vaisseaux. — Après avoir pénétré dans les poumons, les bronches se divisent en canaux de plus en plus fins, terminés chacun par une petite

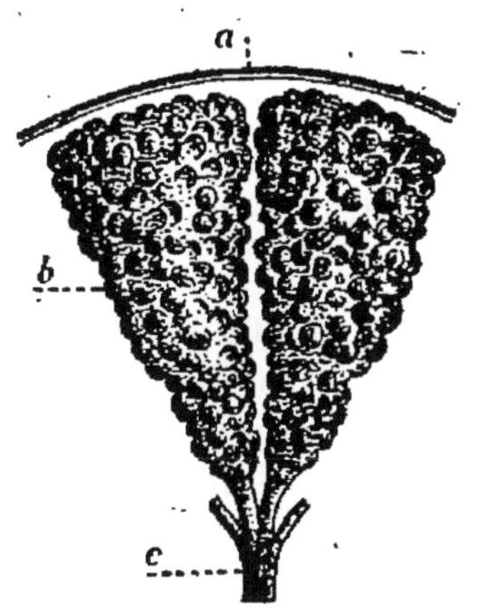

Fig. 30. — Deux alvéoles pulmonaires (*b*); *c*, petite bronchiole.

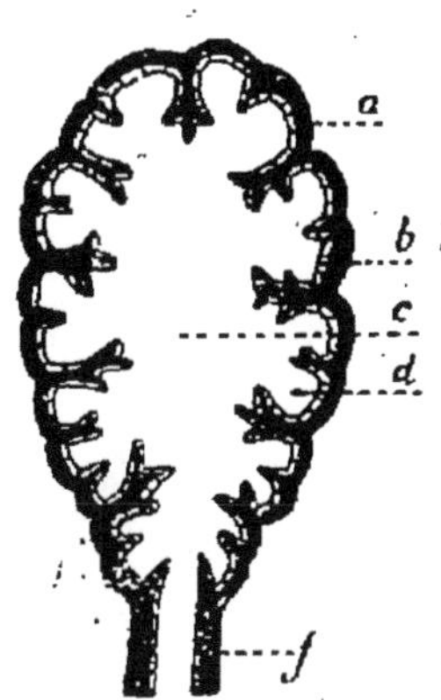

Fig. 31. — Un alvéole pulmonaire ouvert.

ampoule bosselée, nommée *alvéole pulmonaire* (fig. 30). Toutes ces ramifications des bronches sont unies entre elles par un tissu mou, spongieux, dans lequel se ramifient abondamment les artères et les veines pulmonaires.

Plèvre. — Les poumons, comme le cœur, sont entourés chacun d'une membrane, formant une sorte de sac clos dans la cavité duquel se trouve enfermée une petite quantité de liquide (fig. 32, *m*). On donne à cette membrane le nom de *plèvre;* elle est rattachée en dehors à la paroi thoracique.

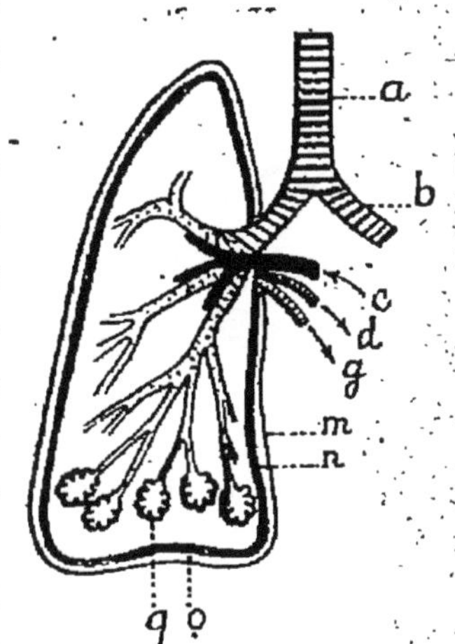

Fig. 32. — *a*, trachée; *c*, artère pulmonaire; *d*, *g*, veines pulm.; *m*, *n*, plèvre; *q*, alvéoles pulmonaires.

La plèvre facilite les mouvements de gonflement et de dégonflement des poumons au moment de l'entrée et de la sortie de l'air; car ceux-ci peuvent alors glisser sans frottement le long de la paroi thoracique, grâce au liquide emprisonné dans la plèvre (fig. 32, *o*).

RESPIRATION

On appelle respiration l'absorption de l'oxygène et le dégagement de l'acide carbonique.

Inspiration et expiration. — L'*inspiration* est l'entrée de l'air pur dans les poumons et l'*expiration* la sortie de l'air impur, chargé d'acide carbonique. Voyons comment se produisent ces deux phénomènes.

Lorsque les côtes (fig. 33) sont soulevées par la contraction de certains muscles et qu'en même temps le diaphragme s'abaisse, la poitrine augmente de volume. Il résulte de là que les poumons eux-mêmes se dilatent et que par suite l'air pénètre dans leur intérieur : ainsi se produit une inspiration.

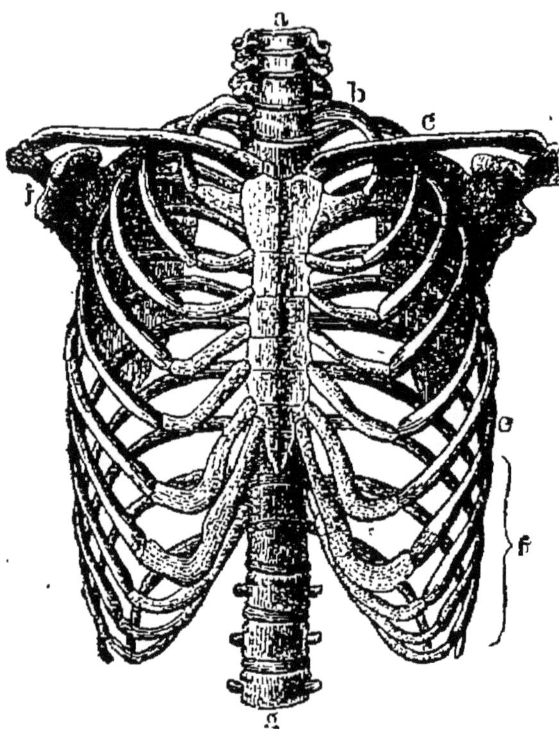

Fig. 33. — Cage thoracique. *ag*, colonne vertébrale ; *c*, clavicule ; *i*, omoplate ; *bef*, côtes.

Lorsqu'ensuite les côtes redescendent à leur première position et que le diaphragme reprend sa forme de voûte, les poumons reviennent peu à peu sur eux-mêmes et l'air chargé d'acide carbonique qu'ils contiennent est rejeté en partie au dehors : ainsi se produit une expiration.

Rôle de l'oxygène dans le corps. — Une fois absorbé par les poumons, l'oxygène se fixe sur les globules rouges du sang, puis est transporté, avec les matières nutritives, dans nos organes. Là ce gaz consume lentement la substance de nos cellules ; mais celle-ci est bientôt régénérée, grâce aux matières alimentaires que les cellules reçoivent du sang : c'est donc l'oxygène qui détruit et ce sont les aliments qui reconstituent.

Production de l'acide carbonique et de la chaleur animale. — Que résulte-t-il maintenant de cette action de l'oxygène sur nos organes?

D'une part, la production de l'*acide carbonique* et d'autres matières nuisibles au corps. L'acide carbonique est rejeté au dehors par les poumons, au fur et à mesure qu'il se produit; la bile par le foie, etc.

D'autre part, l'oxygène est la *source de la chaleur* qui maintient notre corps à la température constante de 38 degrés.

Un charbon qui brûle, c'est-à-dire qui est consumé par l'oxygène de l'air, produit de l'acide carbonique et de la chaleur, de la même manière que notre corps; seulement le charbon rouge est à l'état de *combustion vive*, tandis que notre corps est simplement le siège d'une *combustion lente*.

L'air expiré renferme de l'acide carbonique. — Pour démontrer que l'air expiré contient de l'acide carbonique, il suffit de souffler (fig. 34) avec un tube de verre dans de l'eau de chaux bien limpide : celle-ci se trouble, devient blanchâtre, par suite de la formation d'une petite quantité de calcaire ou carbonate de chaux (combinaison d'acide carbonique et de chaux), qui se dépose lentement au fond du liquide.

Fig. 34.

L'acide carbonique est formé de carbone ou charbon emprunté à nos organes, et d'oxygène pris à l'air par la respiration.

Ce sont les aliments qui réparent ces pertes incessantes en carbone qu'éprouve ainsi notre corps.

— Outre l'acide carbonique, les poumons dégagent encore une assez grande quantité de *vapeur d'eau*, qui se condense sous forme de buée lorsqu'on dirige le courant d'air expiré sur une glace de verre.

CHAPITRE V

APPAREIL SÉCRÉTEUR

Sommaire. — Définition des glandes. — Principales glandes du corps. Reins. — Urine.

Définition. — L'appareil sécréteur se compose d'organes, appelés *glandes*, qui ont pour fonction d'extraire du sang différents liquides, les uns nécessaires à l'entretien de la vie, les autres nuisibles et par suite destinés à être rejetés au dehors.

Les liquides utiles sont ordinairement appelés *produits de sécrétion;* les liquides nuisibles, *produits d'excrétion.* Parmi les premiers se rangent la salive, le suc gastrique; parmi les seconds, la bile, excrétée par le foie; l'urine, excrétée par les reins.

Glandes.—Les glandes (fig. 14) sont composées d'un tube tantôt simple, tantôt ramifié en une grappe serrée; de là la distinction des glandes en tube (glandes de la sueur) et des glandes en grappe (glandes salivaires).

Les principales glandes du corps sont: les glandes digestives, précédemment étudiées; les reins; les glandes sudoripares, etc.

Les *glandes sudoripares* sont logées dans la peau et formées chacune d'un tube rectiligne, long de 1 à 2 millimètres et pelotonné sur lui-même à sa base; elles sécrètent la sueur. Leur nombre total dépasse deux millions.

Reins. — Les reins sont deux glandes en forme de haricot, d'un rouge marron, situées dans l'abdomen de chaque côté de la colonne vertébrale (fig. 35).

Fig. 35. — *a*, diaphragme ; *d*, reins ; *k*, aorte ; *h*, veine cave inférieure.

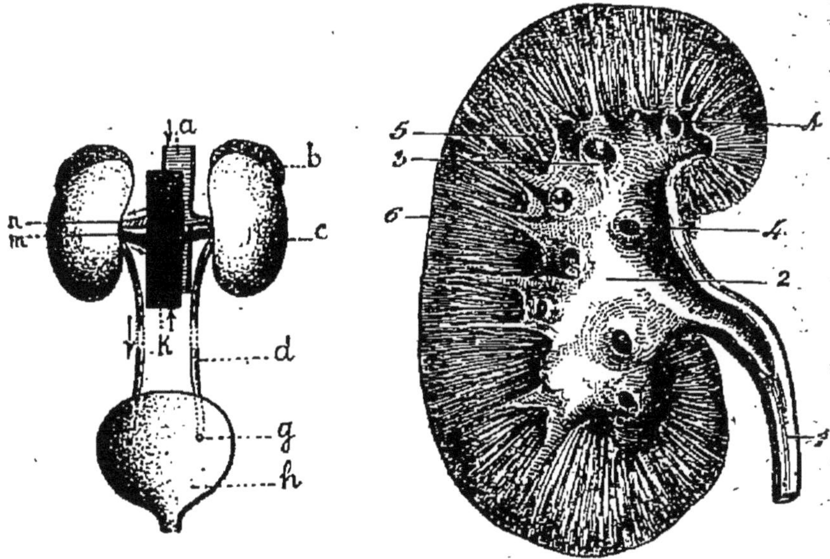

Fig. 36. — *a*, aorte ; *c*, reins (10 cent.) ; *d*, uretères ; *h*, vessie ; *k*, veine cave inférieure.

Fig. 37. — Rein coupé longit. ; 2, bassinet ; 1, uretère.

Du côté interne des reins, on remarque (fig. 36) : 1° l'*artère rénale* (*n*), branche de l'aorte, qui nourrit ces organes et leur apporte les éléments de l'urine ; 2° la *veine rénale* (*m*), qui emporte dans la veine cave inférieure le sang veineux ; 3° enfin un tube, nommé *uretère* (*d*), long de 20 centimètres et large comme une plume d'oie, qui va déboucher dans la vessie pour y déverser l'urine.

Les reins sont formés d'une infinité de glandes en tube, serrées les unes contre les autres et produisant chacune de l'urine. Celle-ci s'écoule d'abord dans le *bassinet* (fig. 37, 2), sorte de poche contenue dans le rein lui-même, puis dans l'uretère qui la déverse dans la vessie.

Urine. — L'urine se compose d'eau et de diverses matières en dissolution. Parmi ces dernières, les principales sont : l'*urée* et l'*acide urique*, matières azotées cristallisables; des sels, tels que le chlorure de sodium, le phosphate de chaux; etc. Il arrive quelquefois que ces différentes substances se déposent dans la vessie et y forment de petits amas pierreux, nommés *calculs urinaires*.

Les personnes atteintes de la maladie appelée *diabète* ont l'urine plus ou moins chargée de glucose, c'est-à-dire d'une matière sucrée. Les diabétiques ne doivent manger ni aliments féculents, ni aliments sucrés; par conséquent, au lieu de pain ordinaire, ils prennent seulement du pain de gluten.

SECTION II

APPAREILS ET FONCTIONS DE RELATION

Les fonctions de relation ont pour but de mettre l'organisme en rapport avec le monde extérieur.

Elles sont au nombre de deux principales :

1° La fonction de *mouvement*, accomplie par les muscles avec l'aide du squelette et du système nerveux. Muscles et squelette constituent l'appareil du mouvement.

2° La fonction de *sensibilité* et d'*intelligence*, qui s'exerce par les organes des sens et le système nerveux.

CHAPITRE VI

APPAREIL DU MOUVEMENT

Sommaire. — SQUELETTE : conformation des os. — Description du squelette. — Vertèbres. — Articulations. — MUSCLES : conformation des muscles. — Contractilité.

Squelette.

Le *squelette* (fig. 42) est l'ensemble des os du corps. Il protége les organes internes et donne au corps les points d'appui nécessaires à la locomotion.

Conformation des os. — On distingue trois sortes d'os :

1° Les *os longs*, comme le fémur ou os de la cuisse ;

2° Les *os plats*, comme l'omoplate ;

3° Les *os courts*, comme ceux du poignet.

Si l'on fait la section du fémur, on voit deux parties bien distinctes : le *corps de l'os*, matière compacte très dure, et la *moelle*, substance vivante molle, remplissant le canal central.

Les os sont formés de deux substances : l'une, plus abondante, est *minérale* et constituée principalement de phosphate de chaux et de carbonate de chaux; l'autre est *organique* et capable de se transformer en gélatine par l'ébullition dans l'eau. La première donne aux os leur dureté; la seconde, leur résistance à la rupture.

Lorsqu'on calcine des os, toute la matière organique est détruite et il reste ce qu'on nomme les *os blancs*, uniquement formés de matière minérale.

Les os s'épaississent par la surface, c'est-à-dire que les nouvelles couches de substance osseuse se forment toujours en dehors des anciennes.

Description du squelette. — Considérons successivement le squelette de la tête, celui du tronc et celui des membres.

I. Squelette de la tête. — Il faut distinguer (fig. 38) le *crâne* et la *face*.

Le *crâne* est formé de huit os, solidement engrenés les uns dans les autres : en avant, l'os *frontal* (*g*); en arrière, l'os *occipital* (*d*), percé d'un large trou pour le passage de la moelle épinière; entre ces deux os, l'*ethmoïde* et le *sphénoïde*, formant en quelque sorte le plancher du crâne, sur lequel repose le cerveau. Restent quatre os pour compléter la boîte crânienne; ce sont : les deux *temporaux* (*e*), sur lesquels on remarque en dehors le trou auditif et en dedans une saillie très dure, nommée rocher; les deux *pariétaux* (*f*), grands os quadrilatères qui occupent toute la partie supérieure et postérieure de la tête.

La *face* comprend quatorze os, dont les principaux sont : la *mâchoire inférieure* (*c*), os unique en fer à cheval, qui s'articule de chaque côté avec l'os temporal ; les *maxillaires supérieurs* (*b*); les *os nasaux* (*a*) qui occupent la partie supérieure ou racine du nez ; les *os malaires* ou os des pommettes (*v*); les *os palatins*, formant avec les maxillaires supérieurs la voûte du palais ; etc. De tous ces os, la mâchoire inférieure seule est mobile ; les treize autres sont soudés entre eux et aux os du crâne.

II. Squelette du tronc. — Le squelette du tronc se

compose de trois parties : la *colonne vertébrale*, les *côtes* et le *sternum* (fig. 33).

1° La *colonne vertébrale* (*a*) est comme l'axe du squelette, auquel viennent se rattacher les autres os. Elle se compose de 33 vertèbres, savoir : 7 vertèbres cervicales ou

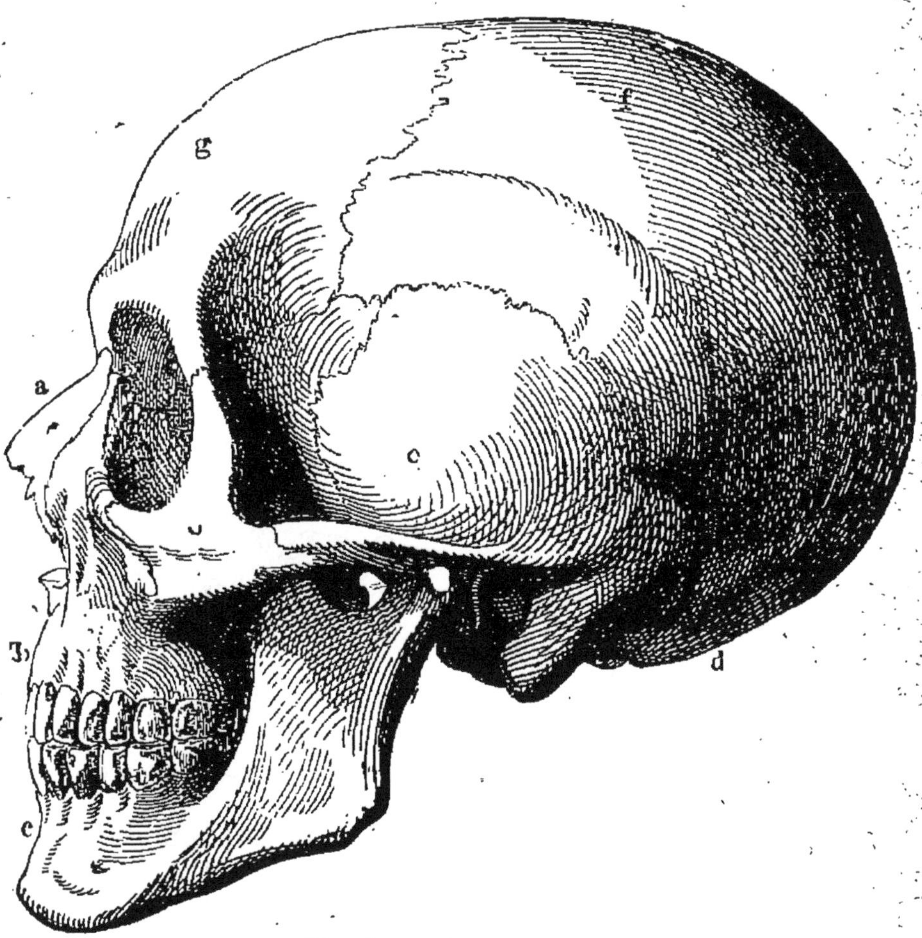

Fig. 38. — Crâne humain.

du cou ; 12 dorsales ; 5 lombaires ; 5 sacrées, [soudées en] un seul et large os, appelé *sacrum ;* enfin 4 vertèbres coccygiennes très réduites.

Une *vertèbre* (fig. 39) se compose d'un disque cylindrique plein, nommé *corps* de la vertèbre, et d'un petit anneau, placé en arrière, dans lequel passe la moelle épinière. Sur cet anneau on remarque un prolongement postérieur, l'*épine dorsale*, et deux autres latéraux, tous trois donnant insertion à des muscles.

La première vertèbre cervicale s'appelle *atlas* (fig. 40); elle est en forme d'anneau et s'articule directement avec l'os occipital; la seconde ou *axis* (fig. 41) est munie d'une sorte de pivot vertical qui passe dans le trou circulaire de

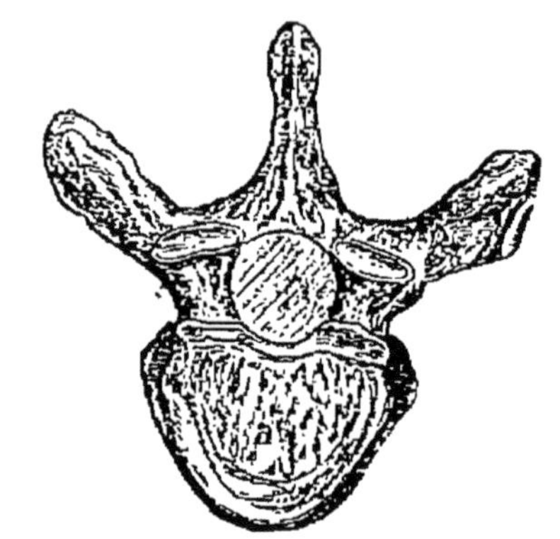

Fig. 39. — Vertèbre; *a*, corps plein.

Fig. 40. — Atlas (d'en haut).

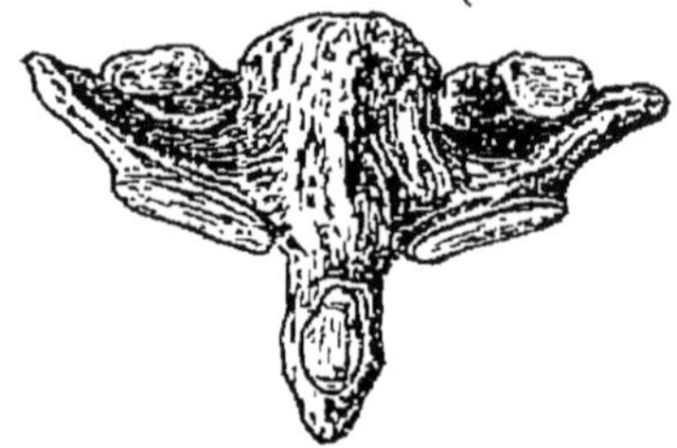

Fig. 41. — Axis (de profil).

l'atlas et assure avec cette dernière la fixation de la tête sur la colonne vertébrale.

2° Les *côtes* (fig. 33) sont au nombre de 12 paires; elles sont articulées par paires aux vertèbres dorsales, sur lesquelles elles sont mobiles; en avant elles viennent se joindre au sternum par l'intermédiaire de cartilages, excepté toutefois les deux dernières, nommées *côtes flottantes*, qui sont beaucoup plus courtes et libres.

3° Le *sternum* est un os plat, élargi à son extrémité supérieure, terminé en pointe du côté opposé, qui occupe le milieu de la poitrine (fig. 42, *d*).

III. Squelette des membres.— Les membres supérieurs ont le même squelette que les membres inférieurs, à quelques petites différences près.

a. Dans le *membre supérieur* (fig. 42), il faut distinguer une base ou *épaule*, et une partie libre ou *membre proprement dit*.

L'*épaule* est formée de deux os : l'*omoplate*, en arrière, reposant sur les côtes, et la *clavicule* (*u*) en avant, qui va de l'omoplate au sternum. C'est la clavicule qui fait saillie à la base du cou.

Le *membre proprement dit* se compose : de l'*humérus* ou os du bras ; du *radius* (*g*) et du *cubitus* (*f*) ou os de l'avant-bras; du *carpe*, formé des huit os du poignet (*h*); du *métacarpe*, qui comprend les cinq os de la paume (*i*) ; enfin des *phalanges*, au nombre de trois pour chaque doigt (*k*), sauf pour le pouce qui n'en a que deux.

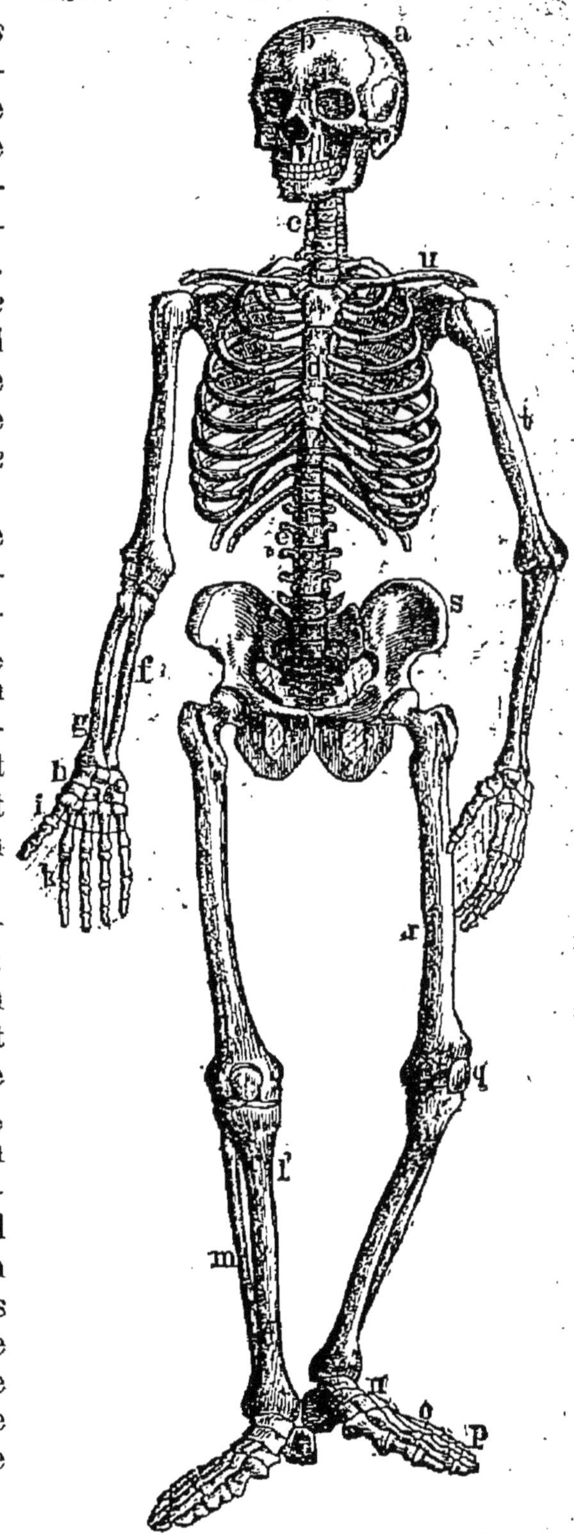

Fig. 42. — Squelette de l'Homme.

Des deux os de l'avant-bras, c'est le radius qui tourne sur lui-même et entraîne la main dans son mouvement de rotation. Quant au cubitus, il présente au coude une sorte de bec saillant (fig. 45, *r*) qui s'engage dans l'humérus lorsque l'avant-bras est étendu en avant, de sorte que ce dernier ne peut se ployer sur le bras en arrière.

b. Le *membre inférieur* (fig. 42) présente à son origine deux larges os, les *os iliaques* ou os des hanches (*s*), qui sont solidement articulés au sacrum ; puis vient le *membre inférieur proprement dit*.

Dans ce dernier on distingue : le *fémur* (*r*) ou os de la cuisse, correspondant à l'humérus du bras ; sa tête supérieure s'articule dans une cavité arrondie de l'os iliaque ; la *rotule* (*q*) ou os du genou ; le *tibia* et le *péroné* ou os de la jambe (*l*, *m*), correspondant au radius et au cubitus ; c'est le tibia qui forme le long de la jambe la crête saillante ; vient ensuite le *tarse* (*n*), formé des sept os du talon ; puis le *métatarse* (*o*), c'est-à-dire les cinq os de la plante du pied ; enfin les *phalanges* (*p*) ou os des orteils, en même nombre que ceux des doigts.

Articulations. — On appelle ainsi les différents modes d'union des os entre eux.

Il y a deux sortes d'articulations :

1° Les articulations immobiles, dans lesquelles les os en contact sont intimement soudés, comme par exemple dans le crâne.

2° Les articulations mobiles, beaucoup plus nombreuses, dans lesquelles les os peuvent jouer les uns sur les autres ; elles constituent par conséquent les centres de mouvement. Telles sont celles des membres.

Dans les articulations mobiles, les os ne sont pas placés directement au contact (fig. 43). Leurs extrémités sont couvertes d'une couche de *cartilage* (*k*), destinée à amortir les chocs ; de plus, entre ces mêmes extrémités, se trouve interposée une petite poche, la *membrane synoviale*, remplie d'un liquide filant qui facilite le glissement des deux os l'un contre l'autre pendant le mouvement ; enfin toute l'articulation est enveloppée d'une *membrane fibreuse* très résistante (g) qui maintient les os dans leur position naturelle et les y ramène lorsqu'accidentellement ils s'en écartent.

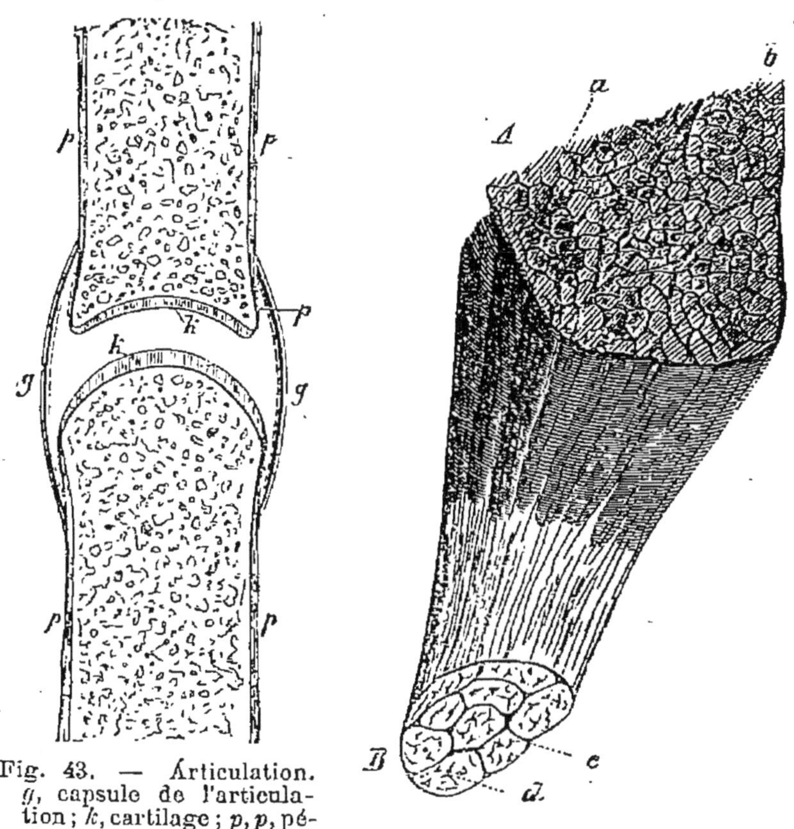

Fig. 43. — Articulation. g, capsule de l'articulation ; k, cartilage ; p, p, périoste. (Les deux os ont été écartés.)

Fig. 44. — A, muscle ; B, tendon.

Muscles.

Les muscles sont des organes rouges, charnus, qui s'insèrent sur les os. Ce sont eux qui masquent les angles du squelette et donnent par suite au corps ses contours harmonieux.

Conformation des muscles. — Ordinairement les muscles ont la forme de fuseaux (fig. 47) ; quelques-uns cependant sont aplatis en lames plus ou moins épaisses, par exemple les muscles pectoraux (fig. 46, *a*).

Dans tout muscle, il faut distinguer deux parties (fig. 44) : 1° le *muscle proprement dit*, formé de fibres musculaires et qui seul a la propriété de se contracter ; 2° les *tendons*, sortes de cordons élastiques très résistants, situés aux extrémités du muscle et servant à le rattacher aux os.

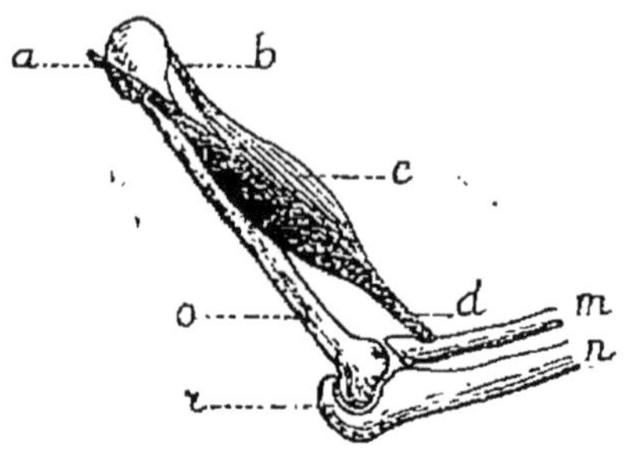

Fig. 45. — *c*, biceps; *a*, *b*, *d*, ses tendons; *o*, humérus; *m*, radius; *n*, cubitus.

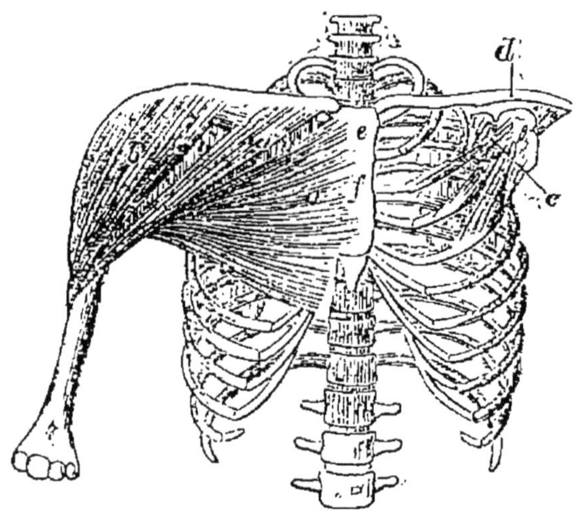

Fig. 46. — Cage thoracique : *a*, muscle pectoral; *b*, muscle deltoïde; *ef*, sternum; *d*, clavicule.

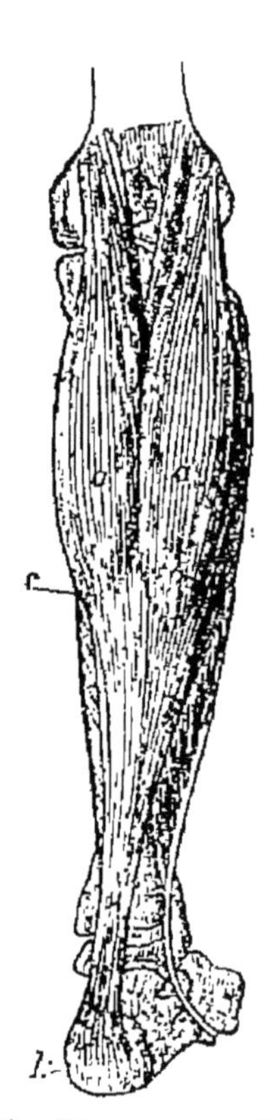

Fig. 47. — *a*, muscles du mollet ; *k*, talon; *kc*, tendon d'Achille.

Des nerfs se ramifient dans la substance musculaire en filets très délicats.

Contractilité. — La propriété fondamentale des muscles est la contractilité, c'est-à-dire la faculté de se contracter, de se raccourcir sous l'influence de la volonté.

Quand par exemple nous ployons l'avant-bras sur le bras, et qu'ainsi nous faisons contracter le biceps (fig. 45) et d'autres muscles du bras, ces muscles ne se sont pas contractés par eux-mêmes : l'ordre du mouvement est venu du cerveau et s'est propagé jusqu'à eux par l'intermédiaire des nerfs qui s'y ramifient. C'est toujours du système nerveux que part l'ordre de la contraction musculaire; mais il faut remarquer que certains muscles, notamment ceux de l'estomac et de l'intestin, se contractent indépendamment de notre volonté et sans que nous nous en doutions.

Lorsqu'on fait passer dans un muscle une décharge électrique, il se contracte brusquement, puis revient au repos.

Tout muscle se gonfle et devient plus ferme au moment de la contraction ; c'est ce que l'on observe facilement sur le biceps (fig. 45, *c*), pendant la flexion de l'avant-bras sur le bras, ainsi que sur les muscles du mollet (fig. 47, *aa*) pendant la marche.

Lorsque les muscles sont soumis à des contractions répétées, comme par exemple pendant la course, ils dégagent beaucoup plus de chaleur que lorsqu'ils sont au repos. Cela tient à ce qu'ils consomment une plus grande quantité d'oxygène dans le premier cas que dans le second; et nous avons vu que l'oxygène que nous respirons est la source de la chaleur dans notre corps.

LARYNX

Sommaire. — Conformation du larynx. — Cordes vocales; voyelles et consonnes.

Le *larynx* ou organe de la voix (fig. 48) est la partie supérieure élargie de la trachée artère. Il communique avec le pharynx par l'orifice appelé *glotte*.

La paroi du larynx renferme plusieurs cartilages aplatis, dont le principal forme sur le milieu du cou la saillie appelée *pomme d'Adam* (A).

Si l'on examine la cavité du larynx, on y remarque deux lames charnues horizontales (fig. 52, *i*), situées l'une sur la face droite, l'autre sur la face gauche de l'organe : ce sont les *cordes vocales*. Sous l'impulsion due au courant d'air d'expiration, elles entrent en vibration et produisent un son, exactement comme une corde de violon sous l'influence d'un archet. Comme les cordes vocales peuvent se tendre plus ou moins par la contraction des muscles qu'elles contiennent, les sons qu'elles émettent peuvent être plus ou moins aigus ; ils sont d'autant plus élevés que les cordes vocales sont plus fortement tendues.

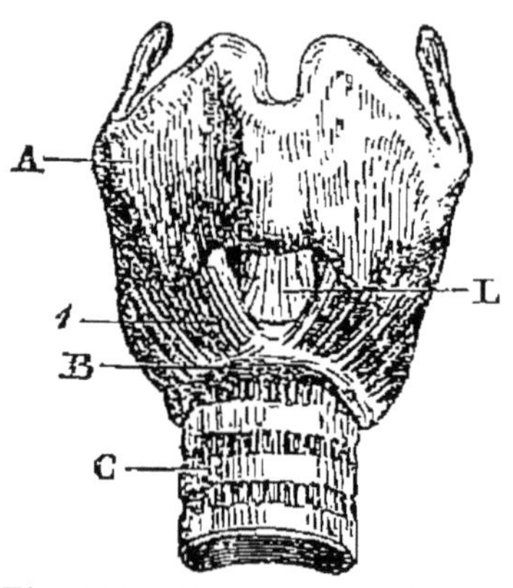

Fig. 48. — AB, larynx ; C, trachée ; 1, muscles ; L, ligament.

Voyelles; consonnes. — Les sons produits dans le larynx par les cordes vocales ne deviennent des voyelles ou des consonnes que pendant leur passage dans le pharynx et surtout dans la bouche, qui prend pour chaque lettre une forme spéciale.

Lorsque par exemple nous prononçons un *a*, la bouche est assez largement ouverte, tandis que pour l'*u*, elle s'arrondit en se rétrécissant. Pour l'émission de l'*r*, le bout de la langue s'élève contre la voûte du palais et vibre fortement sous l'influence du courant d'air expiré, ce qui donne à cette consonne sa grande sonorité.

CHAPITRE VII

ORGANES DES SENS

Sommaire. — Caractères généraux. — ORGANES DU TOUCHER; peau; boutons tactiles. — ORGANES DU GOUT; langue; papilles; usages de la langue. — ORGANES DE L'ODORAT; fosses nasales; odeurs. — ORGANES DE L'OUÏE; oreille externe; oreille moyenne; oreille interne; sons. — ORGANES DE LA VUE; parties protectrices de l'œil; vision aux diverses distances; myopes; presbytes; vision binoculaire; illusions d'optique.

Caractères généraux. — Les organes des sens ont pour fonction de recueillir les impressions qu'exercent sur notre corps le son, la lumière, etc., et de les communiquer ensuite au cerveau où elles sont transformées en *sensations*.

Les *sens* sont au nombre de cinq, savoir : le toucher, le goût, l'odorat, l'ouïe et la vue. Les organes correspondants sont : la peau, la langue, le nez, l'oreille et l'œil.

Lorsque la lumière, par exemple, a agi sur l'œil, l'impression produite est transportée par un nerf de sensibilité au cerveau et là seulement cette impression est transformée en une sensation lumineuse.

Organe du toucher : peau.

Les organes du toucher ou *organes tactiles* sont très petits et répandus dans toute la peau.

La *peau* (fig. 49) se compose de deux parties : l'*épiderme* ou couche externe et le *derme* ou couche profonde. C'est l'épiderme qui forme les ongles, les poils; dans le derme se trouve la graisse de la peau.

Un *poil* comprend toujours deux parties : la racine, qui est implantée dans la peau, et la tige ou portion libre, de teinte très variable.

Si l'on examine au microscope une coupe mince de peau, on voit dans le derme de nombreux filets nerveux très délicats, qui viennent chacun se terminer à une sorte de petit bouton ovale, nommé *corpuscule tactile* (fig. 50). Les

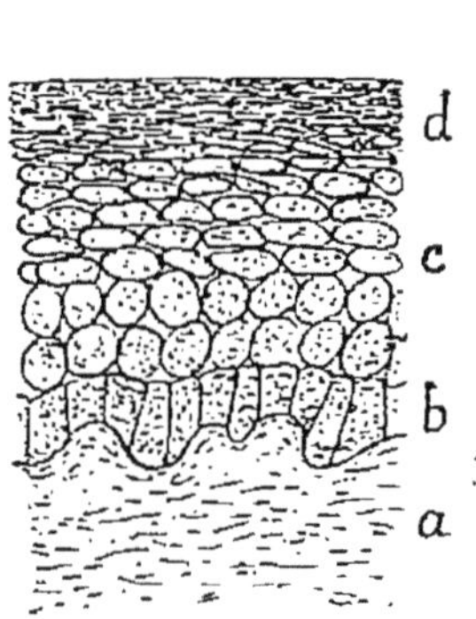

Fig. 49. — Figure théorique de la peau : *a*, partie supérieure du derme ; *bcd*, épiderme.

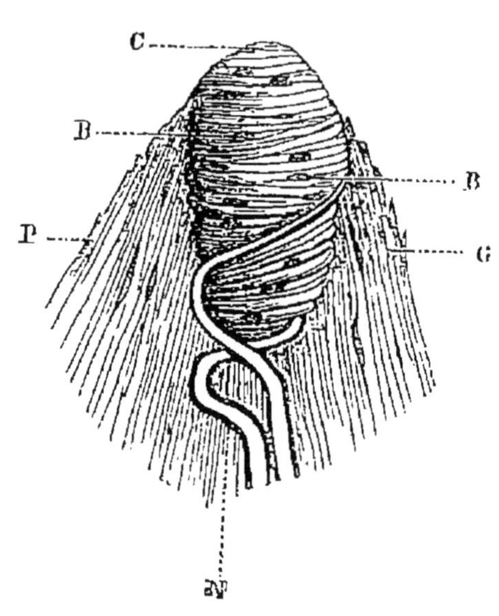

Fig. 50. — *c*, corpuscule du tact (1 millim.) ; N, nerf ; P, derme de la peau.

corpuscules tactiles sont précisément les organes sensibles au toucher : leur nombre est considérable.

Lorsque nous touchons un point quelconque de notre peau, les corpuscules tactiles sont impressionnés ; puis l'impression se propage par les nerfs et par la moelle épinière jusqu'au cerveau où elle devient véritablement une *sensation tactile*. C'est donc une illusion de croire que cette dernière se produit au point touché.

Organe du goût : langue.

L'organe du goût est la langue.

On distingue dans la langue deux parties principales :

1° des *muscles* (fig. 52, *f*), qui en constituent toute la partie interne et qui s'attachent à l'os hyoïde; 2° une *membrane* ou peau de la langue, qui recouvre exactement la charpente musculaire.

En examinant attentivement la surface de la langue, on y observe un grand nombre de rugosités, nommées *papilles* (fig. 51). Les plus apparentes sont situées vers la partie postérieure de l'organe : elles sont arrondies et disposées suivant deux lignes obliques qui se rejoignent en dessinant une sorte de V.

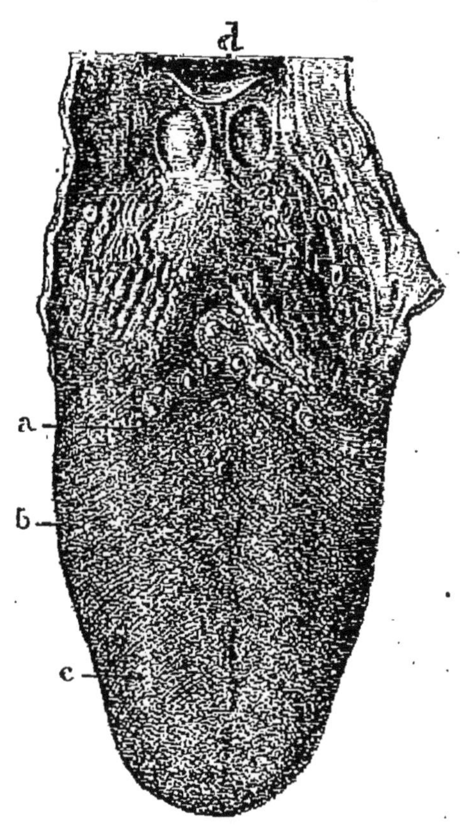

Fig. 51. — Langue : *d*, épiglotte ; *a*, *b*, *c*, papilles.

Les papilles de la langue sont les seules parties sensibles au goût : c'est en elles, en effet, que se ramifient les nerfs irritables par les substances sapides, telles que le sucre, le sel, les acides, les amers, etc.

La langue n'est pas seulement importante comme organe du goût; elle est indispensable à l'articulation des voyelles et des consonnes, ainsi qu'à la déglutition des aliments.

Organe de l'odorat : nez.

Le *nez* ou organe de l'odorat est creusé de deux cavités, appelées *fosses nasales*, qui sont tapissées par une membrane sensible aux odeurs.

Les fosses nasales sont séparées l'une de l'autre par une cloison verticale, osseuse en arrière, cartilagineuse en avant. Elles sont limitées en avant par les narines; en arrière par les arrière-narines qui les font communiquer avec le pharynx; en dedans par la cloison nasale, et en dehors par trois saillies osseuses parallèles, nommées *cornets* (fig. 52, *b*, *d*).

Les cornets du nez, aussi bien que la cloison, sont tapissés exactement par la membrane sensible dans laquelle se

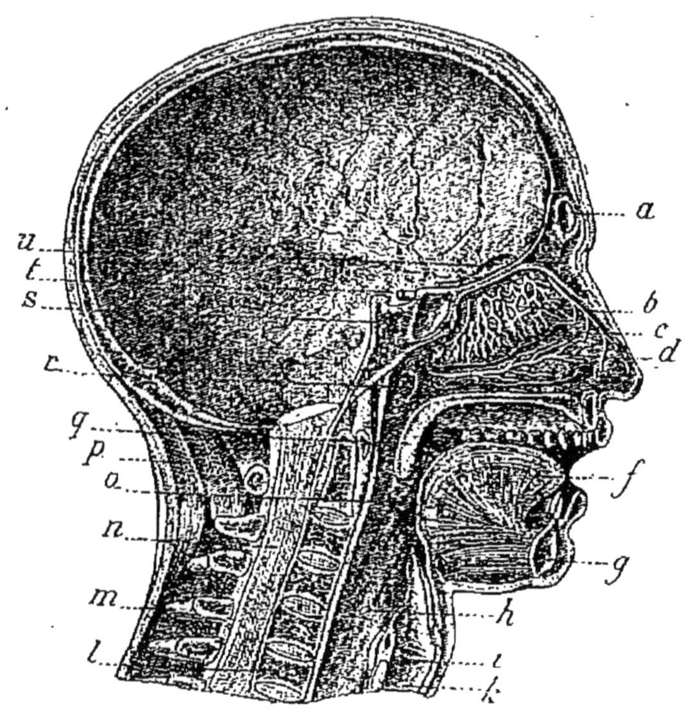

Fig. 52. — Anatomie de la tête (la cloison du nez a été enlevée) : *a*, os frontal; *b*, *c*, *d*, nerfs du nez; *f*, langue; *k*, trachée; *l*, colonne vertébrale; *n*, moelle épinière; *s*, sphénoïde; *u*, nerfs olfactifs.

ramifient deux nerfs spéciaux, les *nerfs olfactifs* (fig. 52, *u*, *b*), qui partent de la base du cerveau.

Odeurs. — Les odeurs sont des particules d'une extrême finesse, émanées des corps odorants et répandues dans l'atmosphère. Elles pénètrent dans les fosses nasales chaque fois que nous inspirons de l'air et impressionnent alors la membrane sensible. L'impression est transportée ensuite par les nerfs olfactifs jusqu'au cerveau, où se produit la sensation olfactive. Lorsque la respiration est arrêtée, les odeurs n'exercent aucun effet sur notre odorat.

Organe de l'ouïe : oreille.

L'oreille comprend trois parties principales : l'*oreille externe*, l'*oreille moyenne* et l'*oreille interne*. La première est seule visible du dehors; les deux autres sont logées dans les cavités de l'os temporal.

Oreille externe. — L'oreille externe se compose du *pavillon* (fig. 53), organe cartilagineux creusé en manière d'entonnoir et muni de nombreux replis; puis du *canal auditif* (fig. 54, D), conduit de deux à trois centimètres qui fait suite au pavillon et s'étend jusqu'à l'oreille moyenne.

Le pavillon a pour fonction de recueillir les sons, et le conduit auditif de les transmettre à l'oreille moyenne. Pour se rendre compte du rôle du pavillon, il suffit de l'agrandir en quelque sorte en y introduisant un cornet de papier : l'audition devient alors beaucoup plus nette.

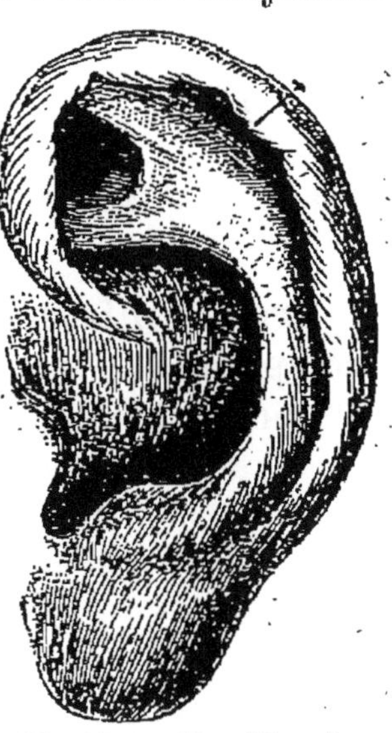

Fig. 53. — Pavillon de l'oreille.

Oreille moyenne. — L'oreille moyenne (fig. 54) est aussi appelée *caisse du tympan*. C'est une petite cavité large d'environ un centimètre et limitée en dehors par la *membrane du tympan*, qui la sépare de l'oreille externe. En dedans l'oreille moyenne présente deux fenêtres membraneuses, la *fenêtre ronde* (*r*) et la *fenêtre ovale* (*o*), qui la séparent de l'oreille interne, mais qui laissent le son se propager jusque dans cette dernière partie.

La membrane du tympan est reliée à la membrane de la fenêtre ovale par une chaîne de trois osselets (fig. 54, *c o*), savoir, le *marteau*, fixé contre la membrane tympanique; l'*enclume*, qui rappelle par sa forme une molaire, et l'*étrier*, qui s'applique sur la fenêtre ovale.

La caisse du tympan communique avec l'extérieur par un canal, nommé *trompe d'Eustache* (fig. 54, E), qui débouche près de l'arrière-narine ; la trompe permet à l'air de se renouveler dans l'oreille moyenne, condition indispensable pour la netteté de l'audition.

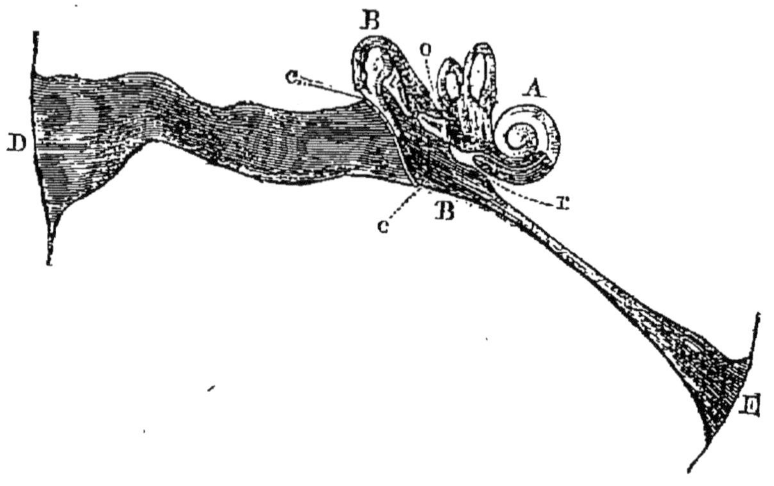

Fig. 54. — *D*, canal auditif externe ; *B*, oreille moyenne ; *A*, oreille interne ; *E*, trompe ; *cc*, membrane du tympan.

Oreille interne. — L'oreille interne (fig. 54, A) est fort compliquée. On y remarque trois parties principales : 1° une petite poche, nommée *vestibule* (fig. 55), qui fait suite à l'oreille moyenne ; 2° trois canaux recourbés en demi-cercle, les *canaux demi-circulaires*, communiquant avec le vestibule ; 3° enfin le *limaçon*, tube osseux enroulé en spirale.

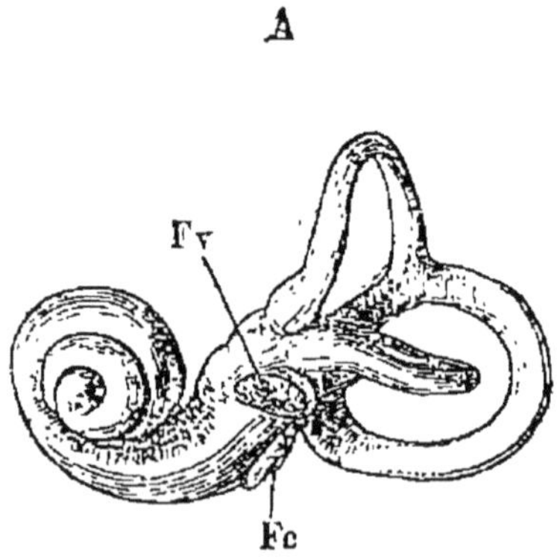

Fig. 55. — Oreille interne (2 cent.) ; *Fv*, fenêtre ovale du vestibule ; *Fc*, fenêtre ronde du limaçon.

Ces trois parties, qui sont remplies d'un liquide spécial, reçoivent les ramifications du *nerf auditif*, lequel les fait communiquer avec le cerveau. Ces ramifications sont plus particulièrement abondantes dans le limaçon, qui est aussi l'organe auditif le plus sensible, auquel notre oreille doit ses qualités musicales.

Son. — Le son est dû aux *mouvements vibratoires* des corps.

Lorsque nous écartons de sa position de repos une lame élastique, fixée dans un étau (fig. 56), et qu'ensuite nous l'abandonnons à elle-même, il se produit un mouvement de va-et-vient, appelé mouvement vibratoire, qui, en agissant successivement sur l'oreille et le cerveau, fait naître en nous la sensation de son. Plus le nombre de vibrations est grand, plus le son est élevé; le *la* du diapason qui sert à accorder les instruments correspond à 435 vibrations par seconde.

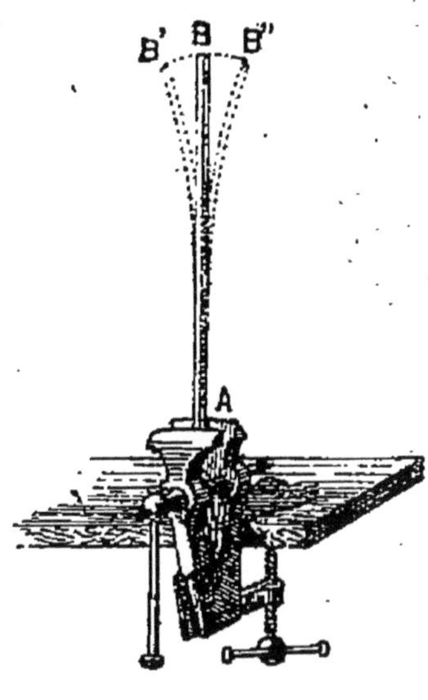

Fig. 56. — Lame élastique en vibration.

Audition. — Voici maintenant ce qui se passe dans l'oreille. Les mouvements vibratoires recueillis par l'oreille externe se communiquent à la membrane du tympan, et par cette dernière à la chaîne des osselets qui les conduit dans l'oreille interne. Là elles impressionnent les ramifications sensibles du nerf auditif; l'impression se propage ensuite jusqu'au cerveau, où se produit la sensation sonore.

Organe de la vue : œil.

L'œil est logé dans une dépression de la tête, nommée *orbite;* il est rattaché au cerveau par le nerf optique (fig. 58, *g*).

Parties protectrices de l'œil. — Le globe de l'œil est protégé extérieurement par les deux *paupières* (fig. 57), dont le clignement périodique a pour effet d'éviter l'action fatigante de la lumière. A l'angle interne des paupières, on aperçoit une petite saillie rougeâtre, appelée *caroncule* (fig. 57, *h*), qui sécrète une substance cireuse.

Au-dessus des paupières se trouvent les *sourcils*, qui empêchent la sueur de s'écouler sur le devant du globe de l'œil. Les *cils* qui bordent les paupières préservent l'œil contre les poussières de l'air et autres corps étrangers.

Glandes lacrymales. — Entre le globe de l'œil et l'orbite, en haut et en dehors, se trouve un petit organe ovale, la *glande lacrymale* (fig. 57, *b'*), qui sécrète les larmes.

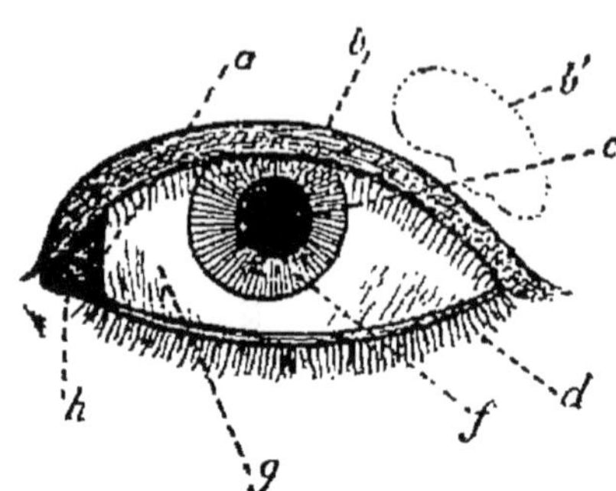

Fig. 57. — *c*, pupille; *f*, iris; *b'*, glande lacrymale.

Celles-ci, au fur et à mesure qu'elles sont produites, sont amenées vers l'angle interne de l'œil par le clignement des paupières; de là, par deux petits canaux bientôt réunis en un seul, elles s'écoulent dans les fosses nasales, près des arrière-narines. Les larmes ont une saveur salée; elles servent à humecter constamment le devant du globe de l'œil.

Globe de l'œil. — Le globe de l'œil (fig. 58) se compose de quatre parties principales, savoir : trois enveloppes,

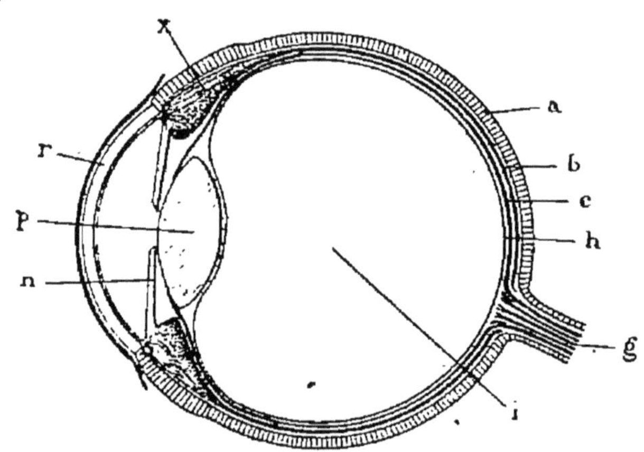

Fig. 58. — Globe de l'œil. *c*, rétine; *g*, nerf optique; *n*, iris; *p*, cristallin.

la *sclérotique*, la *choroïde* et la *rétine*, et une sorte de lentille, le *cristallin*.

La *sclérotique* est l'enveloppe blanche externe (fig. 58, *a*), qui protège le globe de l'œil; sa partie antérieure est transparente et porte le nom de *cornée* (fig. 58, *r*).

La *choroïde* (fig. 58, *b*) est une membrane noire située en dedans de la sclérotique; elle a pour effet d'éteindre la lumière qui a agi sur l'œil et qui n'est plus d'aucune utilité. En avant, la choroïde est terminée par une sorte de rideau vertical, l'*iris* (*n*), percé au centre d'un petit orifice arrondi, la *pupille* (fig. 57, *c*). La pupille paraît noire, parce qu'au travers de cet orifice on aperçoit la choroïde au fond de l'œil.

La lumière ne peut arriver au fond de l'œil que par la pupille; celle-ci se rétrécit lorsque la clarté est trop vive et au contraire se dilate pendant la nuit.

La *rétine* (fig. 58, *c*) est la membrane sensible à la lumière; elle tapisse la choroïde et se continue en arrière directement avec le nerf optique, qui communique avec le cerveau. C'est sur la rétine que viennent se peindre les images des objets extérieurs.

Enfin le *cristallin* (fig. 58, *p*), sorte de lentille biconvexe, se trouve immédiatement en arrière de la pupille. Il a pour effet de produire sur la rétine les images des objets extérieurs; ces images sont toujours renversées et plus petites que les objets correspondants.

Les choses se passent dans l'œil comme dans la chambre noire d'un appareil photographique : celle-ci présente en avant une lentille placée devant l'objet à reproduire et en arrière une plaque sensible destinée à recevoir l'image renversée produite par la lentille.

En arrière du cristallin se trouve une matière gélatineuse, appelée *humeur vitrée* (fig. 58, *i*), qui remplit toute la cavité postérieure de l'œil.

Vision aux différentes distances.

Les objets ne sont vus distinctement que si leurs images se forment exactement sur la rétine. Avec une lentille de cristal (fig. 59), on remarque que plus l'objet se rapproche, plus l'image s'éloigne. Pareille chose n'est pas à craindre pour l'œil (fig. 60) où, en effet, les images se forment toujours sur la rétine, quelle que soit la distance des objets extérieurs. Cela tient à ce que le cristallin se bombe de plus en plus, au fur et à mesure que les objets se rapprochent de l'œil; de la sorte, les images qui se formeraient en arrière de la rétine, si le cristallin ne changeait pas de forme, viennent toujours se peindre exactement sur la rétine même.

Myopes; hypermétropes; presbytes. — Les *myopes* ne voient distinctement qu'aux très petites distances. Lorsque les objets sont éloignés, les images viennent se peindre, non sur la rétine, mais en avant d'elle, dans l'humeur vitrée : il en résulte que la vision est très confuse. Pour remé-

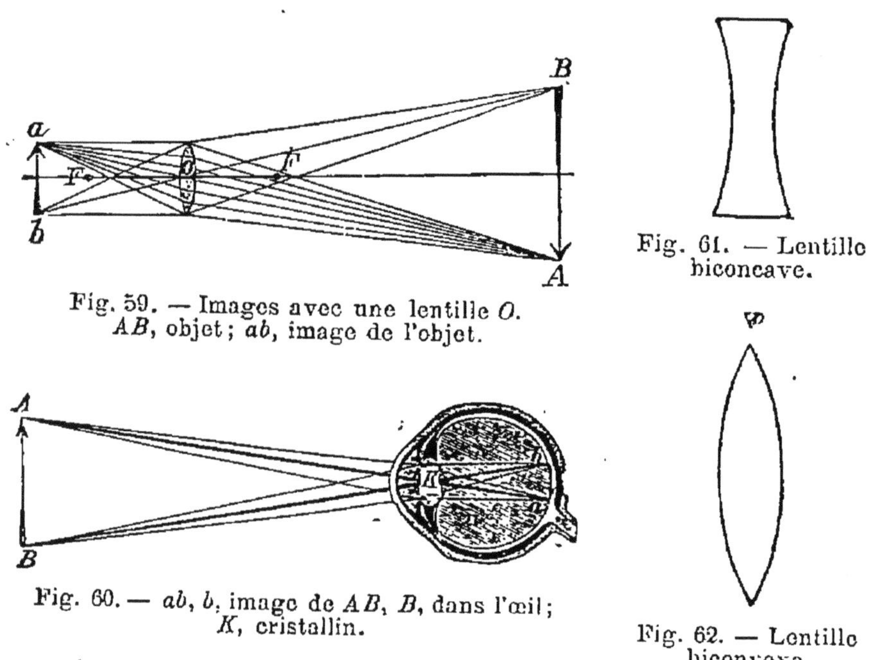

Fig. 59. — Images avec une lentille *O*. *AB*, objet; *ab*, image de l'objet.

Fig. 60. — *ab*, *b*, image de *AB*, *B*, dans l'œil; *K*, cristallin.

Fig. 61. — Lentille biconcave.

Fig. 62. — Lentille biconvexe.

dier à cet inconvénient, les myopes se servent de lunettes à verres concaves (fig. 61), qui ont pour but d'éloigner les images produites par le cristallin et de les amener à se former exactement sur la rétine.

Les *hypermétropes* et les *presbytes* ne voient distinctement que de loin. Les objets rapprochés de l'œil forment leur image, non sur la rétine, mais en arrière de la rétine, ou du moins la formeraient en arrière si le fond de l'œil était transparent. Pour corriger ce défaut, il faut faire usage de lunettes à verres convexes (fig. 62), qui rapprochent les images et les amènent, comme dans le cas précédent, à se peindre exactement sur la rétine.

La courbure des verres des lunettes est variable, selon le degré de myopie, d'hypermétropie ou de presbytie.

Vision uni-oculaire et binoculaire. — La vision avec un seul œil ou vision uni-oculaire ne nous permet d'apprécier exactement ni la distance, ni le relief des objets : la vision binoculaire seule nous procure ces deux notions. Qu'on regarde en effet un objet, tel que le coin d'une table, avec un seul œil, puis, quelques instants après, avec les deux yeux à la fois, et l'on verra que le relief et la distance n'apparaissent nettement que dans ce dernier cas.

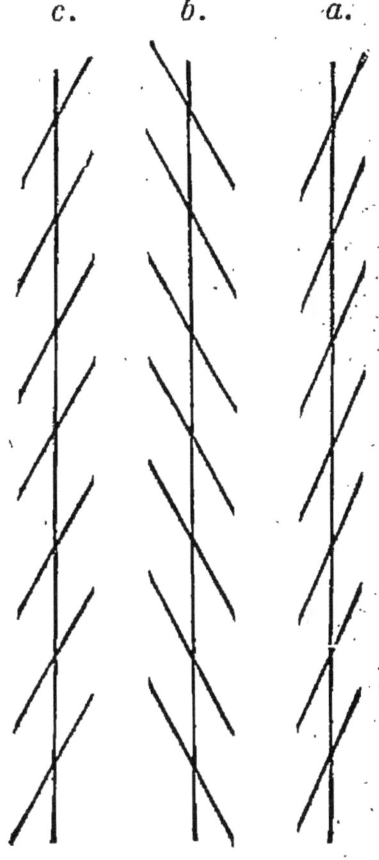

Fig. 63. — Illusion d'optique.

Certaines personnes sont incapables de percevoir l'une ou l'autre des principales couleurs, notamment le rouge ou le vert ; cette imperfection porte le nom de *daltonisme*.

Illusions d'optique. — Le sens de la vue ne nous fait pas toujours apparaître les choses comme elles sont dans la réalité ; il se produit même fréquemment ce qu'on appelle des *illusions d'optique*.

Ainsi les trois lignes verticales de la figure 63 sont parallèles et paraîtraient bien parallèles si elles n'étaient coupées par les petites lignes obliques. A cause de ces dernières, elles semblent devoir se rencontrer, *a* et *b* vers le haut, *b* et *c* vers le bas ; c'est là une illusion d'optique, car les lignes *a*, *b*, *c*, sont bien réellement parallèles.

La vision des couleurs provoque aussi de curieuses illusions. Ainsi, lorsqu'on fixe pendant quelques instants une feuille de papier rouge au milieu de laquelle on a collé un petit carré blanc, le tout étant recouvert d'un papier demi-transparent, le carré blanc paraît verdâtre ; inversement, si le papier est vert, le carré blanc semble rose.

Si maintenant on place sur un papier vert très vif un petit carré de papier rouge, les deux teintes, au bout de quelques instants, paraîtront plus éclatantes que si elles avaient été vues séparément.

Il existe diverses autres couleurs qui, placées les unes à côté des autres, se rehaussent mutuellement, ce qui fait qu'on les associe de préférence dans les décorations théâtrales ou autres, afin d'en obtenir le plus d'effet possible.

CHAPITRE VIII

SYSTÈME NERVEUX

Sommaire. — Définition. — ENCÉPHALE : cerveau ; cervelet ; bulbe. MOELLE ÉPINIÈRE. — NERFS ; leurs fonctions. — ACTION RÉFLEXE.

Définition. — Le système nerveux sert à unir entre eux tous les autres organes du corps et à régler leurs fonctions.

Il se compose de trois parties principales, savoir (fig. 64) :

1° L'*encéphale*, masse nerveuse contenue dans la cavité crânienne ; sa partie la plus volumineuse est le *cerveau*, organe de la sensibilité, de l'intelligence et de la volonté.

2° La *moelle épinière*, cordon nerveux qui fait suite à l'encéphale et qui est logé dans le canal de la colonne vertébrale.

3° Enfin les *nerfs*, filets blanchâtres, issus de l'encéphale et de la moelle épinière et qui se ramifient dans tous nos organes.

Encéphale. — L'encéphale est logé dans le crâne. Il est entouré de trois membranes protectrices, nommées *méninges*, qui se continuent sur la moelle épinière.

La maladie appelée *méningite* est due à l'inflammation de ces membranes.

L'encéphale (fig. 65) comprend trois parties : le cerveau, le cervelet et la moelle allongée.

1° **Cerveau.** — Le cerveau (fig. 65,1), de beaucoup la partie la plus volumineuse, est divisé par un profond sillon en

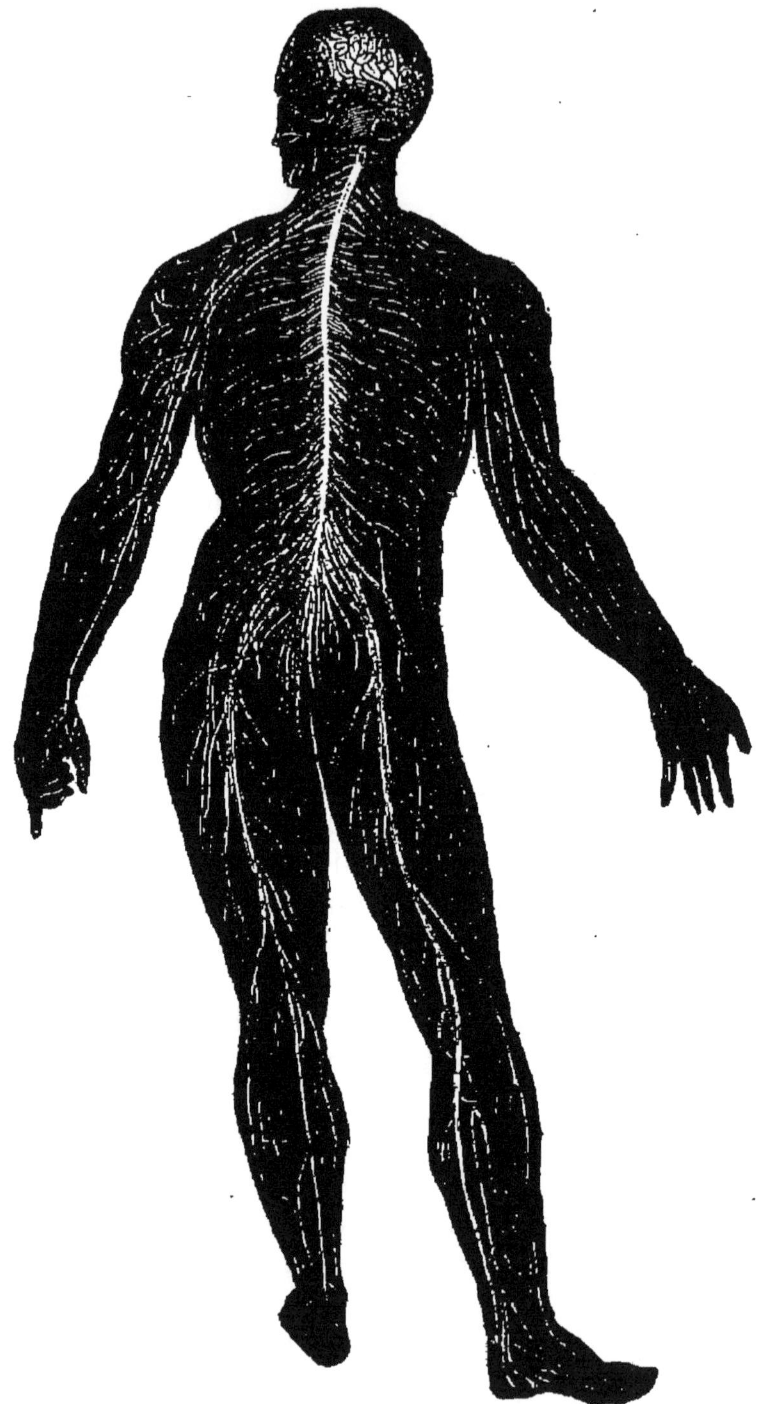

Fig. 64. — Système nerveux de l'Homme.

deux hémisphères; sa surface présente de nombreux plis sinueux, appelés *circonvolutions*, qui sont le siège des facultés cérébrales.

Quelques Mammifères, comme le Rat, la Taupe, sont totalement dépourvus de circonvolutions et leur cerveau est lisse; d'autres, comme la Marmotte, en ont une; le Bœuf en possède trois; le Renard, quatre. C'est chez l'Homme qu'elles sont les plus nombreuses et les plus développées.

Fonctions du cerveau. — Le cerveau est l'organe fondamental du système nerveux.

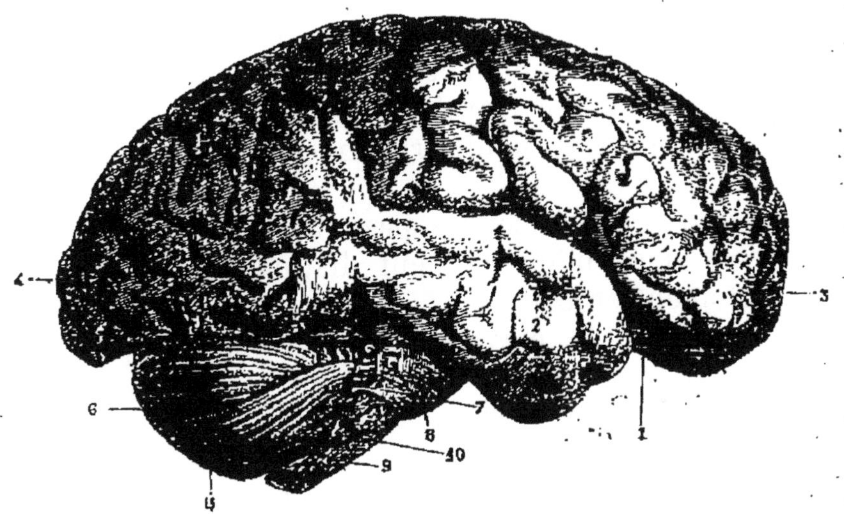

Fig. 65. — Encéphale. 1, cerveau; 6, cervelet; 9, bulbe.

Il a trois fonctions principales :

1° C'est d'abord en lui que se produisent toutes nos *sensations*. Lorsque par exemple la lumière agit sur l'œil, l'impression produite chemine par le nerf optique jusqu'au cerveau, et là seulement elle devient une sensation visuelle.

2° C'est aussi dans le cerveau que se produit le *travail mental*, c'est-à-dire le travail de la pensée.

3° Le cerveau est enfin le siège de la *volonté;* c'est-à-dire que c'est lui qui transmet aux muscles, par l'intermédiaire des nerfs, les ordres du mouvement.

Lorsqu'on vient à enlever à un animal l'un des hémisphères cérébraux, tout le côté opposé du corps est paralysé, mais les sensations subsistent. Mais si l'on supprime le cerveau tout entier, les sensations, les phénomènes intellectuels, aussi bien que les mouvements volontaires, sont anéantis et l'animal n'a plus alors aucune notion sur le monde qui l'entoure; seules, les fonctions de nutrition continuent à s'exercer pendant quelque temps.

Une Poule que l'on a privée de cerveau peut vivre encore pendant plusieurs mois; mais, par suite de l'abolition des mouvements volontaires, elle est incapable de saisir le grain que l'on met à sa portée : il faut le lui enfoncer de force dans la bouche; puis elle le digère. Lorsqu'on la jette en l'air, elle vole pendant quelques instants, mais d'une manière absolument involontaire, comme nous l'expliquerons plus loin; dès qu'elle retombe, elle rentre dans l'immobilité.

Le cerveau ne recouvre pas moins d'une douzaine de petits organes, qu'on ne peut distinguer qu'après l'avoir complètement enlevé.

2° **Cervelet.** — Le cervelet (fig. 65, 6) est une petite masse nerveuse qui fait suite au cerveau et qui est en partie recouverte par lui. A sa surface, on remarque des sillons parallèles disposés transversalement.

Le cervelet joue un rôle important dans la locomotion : il sert en effet à *régler les mouvements* dont les ordres partent du cerveau. Sans lui, les mouvements se produiraient avec la plus grande irrégularité; ainsi un Pigeon à qui on a enlevé le cervelet devient incapable de se diriger et manifeste comme des phénomènes d'ivresse.

3° **Moelle allongée.** — On l'appelle encore *bulbe rachidien*. C'est un large cordon de substance nerveuse (fig. 65, 9), rattaché d'une part au cerveau et au cervelet, d'autre part à la moelle épinière, qui le continue vers le bas à partir du trou occipital.

En arrière, au niveau de la nuque, la moelle allongée présente une petite dépression triangulaire, qui se continue sous le cervelet : on l'appelle *quatrième ventricule*.

Lorsqu'on pique le bulbe vers la pointe du quatrième ventricule, la mort survient instantanément par arrêt de la respiration; de là le nom de *nœud vital* donné à cette importante partie du bulbe.

La moelle allongée entretient les principales fonctions de nutrition, notamment la digestion, la circulation et la respiration; aussi les organes correspondants reçoivent-ils de nombreux filets nerveux de cette partie de l'encéphale. Cela explique comment un animal peut continuer à vivre lorsqu'il est privé de cerveau et de cervelet.

Moelle épinière. — La moelle épinière est un long cordon nerveux, logé dans le canal de la colonne vertébrale.

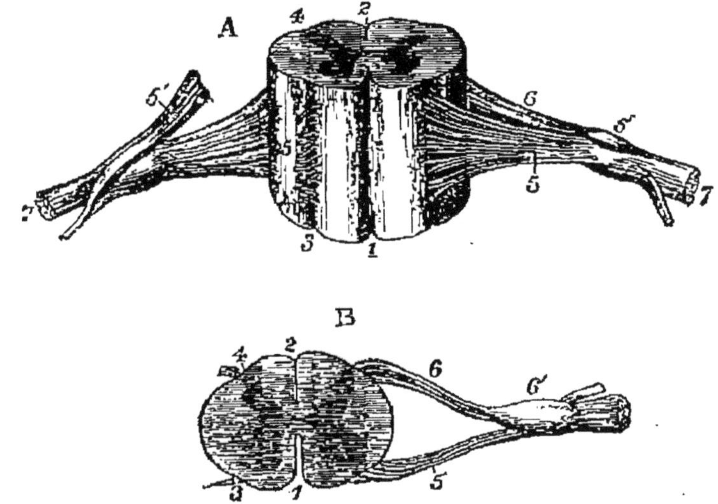

Fig. 66. — Moelle épinière avec les nerfs qui en partent.

Elle donne naissance à trente et une paires de nerfs, formés chacun de deux courtes branches ou *racines*, unies l'une à l'autre (fig. 66, B, 6, 5).

La moelle épinière a pour fonction de conduire au cerveau les impressions du toucher qui se produisent sur le tronc et les membres et de transmettre aux muscles les ordres du mouvement venus du cerveau.

Il résulte de là que si l'on sectionne la moelle épinière au milieu du dos, le bassin et les membres inférieurs perdront toute leur sensibilité, et seront de plus frappés de paralysie.

Nerfs. — Les nerfs sont des cordons blanchâtres, issus de la moelle épinière et de l'encéphale; ils vont se ramifier dans tous les organes (fig. 64).

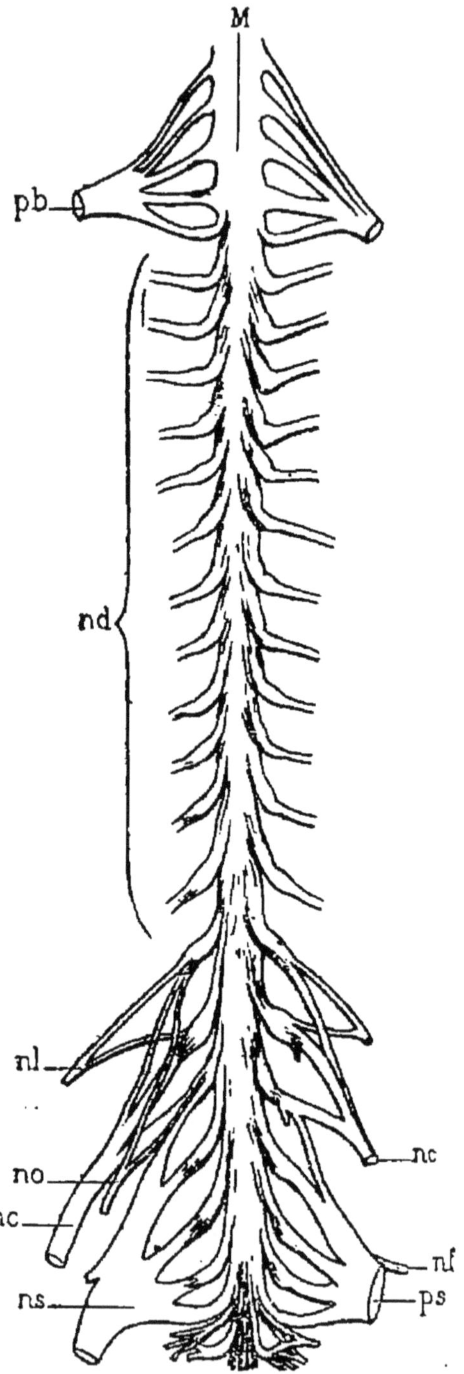

Fig. 66 *bis*. — Moelle épinière et nerfs qui en partent; *pb*, nerfs du bras.

Les nerfs sont au nombre de quarante-trois paires : douze paires partent de l'encéphale et trente et une paires de la moelle épinière.

Ils ont pour unique fonction de *conduire* la sensibilité au cerveau, et le mouvement dans les différents muscles; ils sont donc comparables aux fils d'un appareil télégraphique.

Les trois sortes de nerfs. — D'après leurs fonctions, on distingue trois sortes de nerfs : les nerfs sensitifs, les nerfs moteurs et les nerfs mixtes.

Les *nerfs sensitifs* ou nerfs de sensibilité vont des organes des sens au cerveau; ils conduisent au cerveau diverses impressions qui y sont transformées en sensations. Tels sont les nerfs optiques, les nerfs auditifs et les nerfs olfactifs.

Les *nerfs moteurs* ou nerfs du mouvement transmettent aux muscles les ordres de mouvement venus du cerveau. Tels sont les nerfs moteurs de la langue : lorsqu'on vient à les sectionner, la langue est paralysée.

Enfin les *nerfs mixtes* sont à la fois des nerfs de sensibilité et de mouvement ; ce sont de beaucoup les plus nombreux. Tous les nerfs de la moelle épinière, par exemple, en font partie. Ils naissent chacun par deux racines (fig. 66) : l'une postérieure conduisant la sensibilité ; l'autre antérieure conduisant seulement le mouvement.

Quand nous touchons un objet avec le doigt, l'impression de contact chemine dans les nerfs du bras, et, par la racine postérieure de ces derniers, arrive dans la moelle épinière ; puis elle se rend au cerveau où elle devient une sensation tactile. Quand, au contraire, nous mettons volontairement le bras en mouvement, l'ordre du mouvement, parti du cerveau, se propage dans la moelle épinière et arrive dans les nerfs du bras par leur racine antérieure pour être transmise de là aux muscles.

Action réflexe. — L'action réflexe, c'est la transformation de la sensibilité en mouvement par le cerveau, par le bulbe ou par la moelle épinière.

Voici quelques exemples d'actions réflexes.

Je suis piqué au doigt à l'improviste : deux choses se produisent. Je perçois d'abord une sensation douloureuse ; puis, presqu'au même moment, je retire brusquement le bras. Ce mouvement est le résultat d'une action réflexe : en effet, l'impression de piqûre s'est propagée jusqu'au cerveau où elle a donné lieu à une sensation ; puis elle a été répercutée, *réfléchie* en quelque sorte par le même chemin vers le bras, où elle a provoqué le mouvement involontaire de ce dernier.

Le mouvement de frayeur qui succède à une violente détonation est aussi la conséquence d'une action réflexe involontaire ; de même la toux, l'éternuement, etc.

DEUXIÈME PARTIE

ZOOLOGIE DESCRIPTIVE

CHAPITRE PREMIER

NOTIONS SUR LA CLASSIFICATION

Sommaire. — Espèce. — Termes employés dans la classification. Manière de désigner une espèce.

La *Zoologie descriptive* comprend la description des différents animaux qui peuplent la terre, l'étude de leurs mœurs, l'indication de leur utilité ou de leur nocivité et enfin leur classification.

Espèce. — Les innombrables individus qui composent le Règne animal ne sont pas tous absolument différents les uns des autres. Il en est qui se ressemblent entre eux plus qu'à aucun autre individu, qui de plus proviennent d'individus semblables à eux et en produisent à leur tour d'autres doués des mêmes caractères essentiels. De pareils groupes d'individus portent le nom d'*espèces*. Ainsi tous les *Chiens domestiques* forment une espèce zoologique ; tous les *Lièvres communs* en constituent une autre, etc.

La Zoologie descriptive est donc proprement l'étude des espèces animales, et par *espèce* on entend une collection d'individus sinon semblables, du moins très ressemblants, qui se perpétuent avec les mêmes caractères essentiels.

Une espèce peut être divisée en *races* ou *variétés*, qui se distinguent les unes des autres par des caractères secondaires, c'est-à-dire par de légères différences. C'est ainsi que l'espèce humaine comprend la race blanche, la race noire, etc.

Fig. 67. — Belette commune; (0m,30).

Termes employés dans la classification. — Une fois les espèces animales étudiées, il faut les réunir, les classer, d'après leur plus ou moins grande ressemblance, en groupes rationnels de plus en plus vastes, tels que des familles, des ordres, des classes, etc.

On arrive ainsi à dresser un tableau complet du Règne animal, dans lequel la place de chaque espèce est rationnellement marquée d'après l'ensemble de ses caractères et où apparaissent clairement les liens qui unissent les différentes espèces les unes aux autres. Un pareil tableau constitue une *classification*.

Voyons les différents groupes que comporte une classification.

C'est d'abord l'*espèce*, que nous venons de définir.

Immédiatement au-dessus de l'espèce se trouve le *genre*. On appelle ainsi la réunion de deux ou plusieurs espèces voisines, c'est-à-dire qui se ressemblent par certains caractères tout en restant bien distinctes comme espèces; ex. le genre Rat; le genre Lièvre.

Pour *désigner une espèce*, on se sert de deux noms : le nom du genre ou *nom générique* et le nom de l'espèce ou *nom spécifique*. Ainsi, quand je dis le Chat, le Rat, je désigne simplement deux genres; mais quand je dis le Chat domestique, le Chat sauvage; le Rat commun, le Rat d'eau, je désigne nettement deux espèces bien distinctes du genre Chat et deux espèces du genre Rat.

Une espèce est donc connue lorqu'elle est désignée par ses deux noms (générique et spécifique) et que cette désignation est suivie de l'indication de ses caractères particuliers.

Au-dessus du genre se place la *famille* ou *tribu*. On appelle ainsi une collection de genres présentant un certain nombre de caractères communs. Le genre Cerf, le genre Daim et le genre Renne, par exemple, sont assez voisins pour pouvoir être groupés dans une seule famille, la famille des Cervidés.

Fig. 68. — Otarie ; (1^m,50).

Au-dessus du genre vient l'*ordre*, réunion de deux ou plusieurs familles voisines ; au-dessus de l'ordre, la *classe* ; au-dessus de la classe, l'*embranchement*.

Enfin tous les embranchements constituent le *Règne animal*.

Si au lieu de passer de l'espèce au Règne, on suit l'ordre inverse, on voit que le Règne animal se divise d'abord en embranchements ; chaque embranchement en classes ; chaque classe en ordres ; chaque ordre en familles ; chaque famille en genres et chaque genre en espèces. Enfin chaque espèce peut elle-même comprendre des races ou variétés.

CHAPITRE II

EMBRANCHEMENTS DU RÈGNE ANIMAL ; LEURS CARACTÈRES ESSENTIELS

Sommaire. — Vertébrés. — Arthropodes. — Vers. — Mollusques. Echinodermes. — Cœlentérés. — Spongiaires. — Protozoaires.

Le Règne animal se divise en huit embranchements, dont nous donnons ci-après les caractères essentiels.

1° Les *Vertébrés.* — Animaux les plus élevés en organisation, tous pourvus d'un squelette intérieur ordinairement osseux, dont la partie axile est la colonne vertébrale (fig. 69), formée de vertèbres.

La moelle épinière chez les Vertébrés est toujours située immédiatement en arrière de la colonne vertébrale, dans le canal formé par les arcs osseux des vertèbres.

L'embranchement des Vertébrés comprend cinq classes, savoir : les *Mammifères*, les *Oiseaux*, les *Reptiles*, les *Amphibiens* ou *Batraciens* et les *Poissons.*

Tous les animaux autres que les Vertébrés portent le nom général d'Invertébrés.

2° Les *Articulés* ou *Arthropodes.* — Le corps des Articulés (Insectes,...) est divisé en anneaux placés bout à bout (fig. 70) et recouvert d'une enveloppe très résistante, sorte de squelette extérieur destiné à protéger les organes ; les membres sont formés de segments durs, mobiles, les uns sur les autres : ils sont en un mot *articulés* ; de là le nom de ces animaux.

Les Arthropodes se divisent en quatre classes : les *Insectes*, pourvus de trois paires de pattes ; les *Arachnides* (Araignée), qui en possèdent quatre paires ; les *Crustacés*, comme l'Écrevisse, dont la carapace est incrustée de cal-

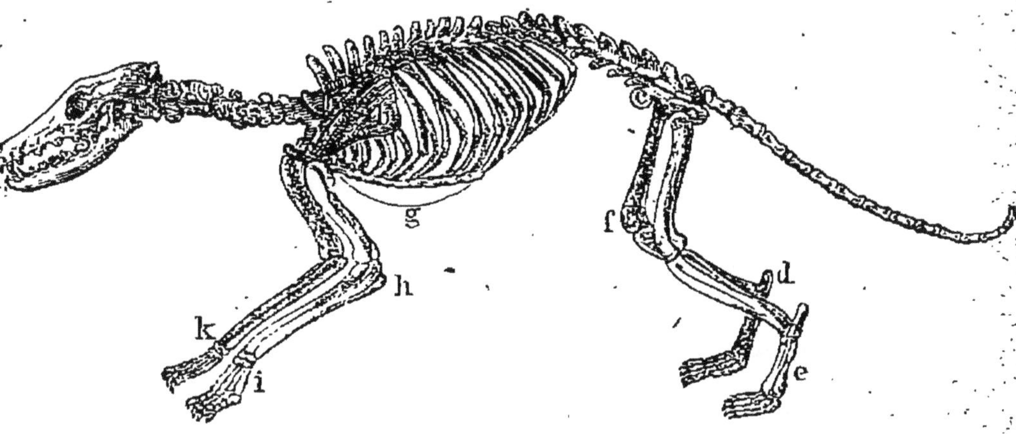

Fig. 69. — Squelette du Renard. *b*, omoplate ; *c*, os du bassin ; *d*, tarse ; *e*, métatarse ; *k*, carpe ; *i*, métacarpe.

caire ; enfin les *Myriapodes* ou Mille pattes, pourvus d'un assez grand nombre d'organes locomoteurs.

Fig. 70. — Hippobosque du Cheval.

3° Les *Vers*. — Les Vers (fig. 71) sont annelés comme les Articulés ; mais leur corps est mou, et tantôt complètement dépourvu d'organes locomoteurs (Sangsue), tantôt pourvu de tubercules latéraux constituant autant de pattes molles, non articulées (Néréide).

Dans le groupe des Vers on distingue les *Annélides*, qui sont les plus élevés en organisation (Sangsue, Ver de terre), et les *Vers parasites*, qui vivent dans le corps de l'Homme ou des animaux.

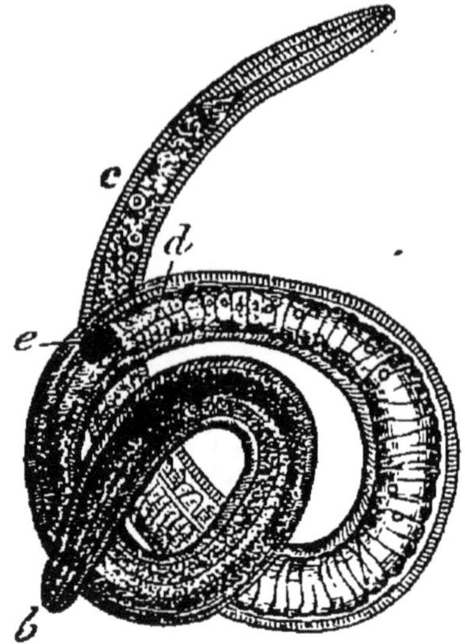

Fig. 71. — Trichine spirale; (très grossie).

4° Les *Mollusques*. — Le corps de ces animaux (fig. 72) est mou, irrégulier et revêtu d'une coquille formée tantôt d'une seule pièce (Colimaçon), tantôt de deux valves mobiles l'une sur l'autre (Huître, Moule).

Les Mollusques se divisent en trois classes principales : 1° les *Céphalopodes*, pourvus de tentacules autour de la tête et ordinairement privés de coquille externe (Poulpe, Seiche, Calmar) (fig. 72, *B*); 2° les *Gastéropodes*, tels

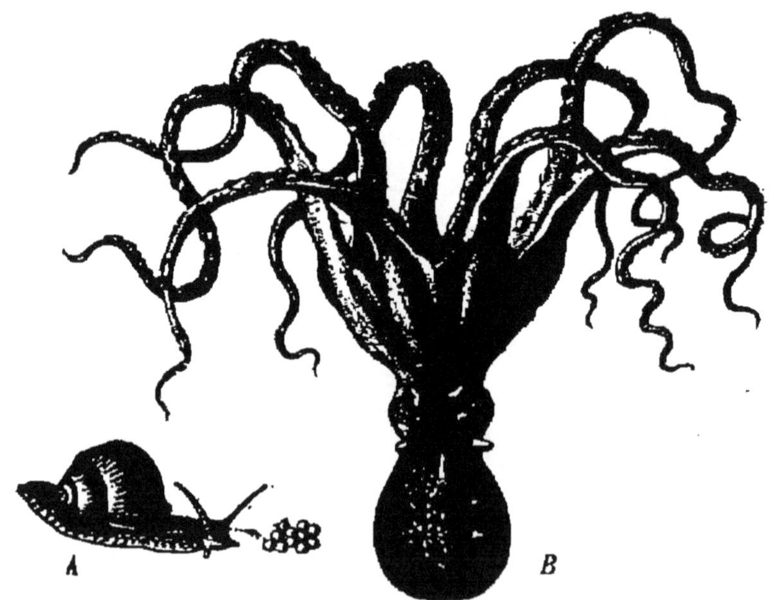

Fig. 72. — *A*, Colimaçon pondant des œufs. *B*, Poulpe; (1m).

que le Colimaçon, qui rampent sur un large *pied* occupant toute la face ventrale du corps; leur coquille est d'une seule pièce ; 3° les *Bivalves*, munis d'une coquille à deux valves

Fig. 73. — Étoile de mer ; (0m,14).

Fig. 74. — Actinie ; (0m,06).

(Huître, Moule); on les appelle encore *Acéphales*, parce que

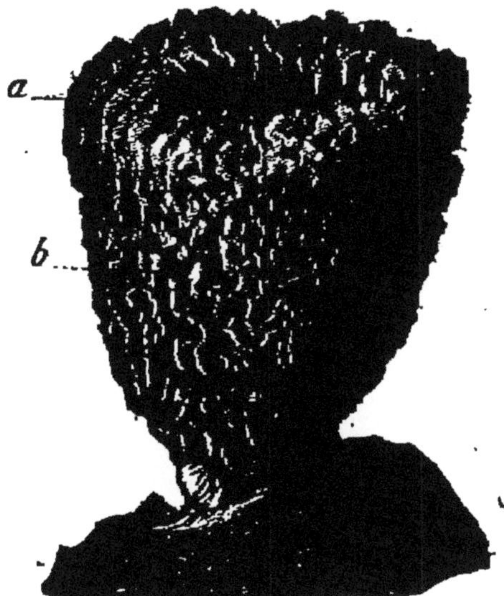

Fig. 75. — Éponge de Syrie ; (0m,20), *b*, orifice d'entrée de l'eau ; *a*, orifice de sortie.

Fig. 76. — Colpodes ; (très grossis).

leur tête est confondue avec le reste du corps, contrairement aux deux précédentes classes où elle est très distincte.

5° Les *Échinodermes*. — Animaux à structure rayonnée, comme l'Étoile de mer (fig. 73), et protégés par une carapace calcaire, ordinairement couverte de piquants.

On divise cet embranchement en trois groupes : les *Oursins*, les *Étoiles de mer* et les *Holothuries*.

6° Les *Cœlentérés*. — Animaux également rayonnés, mais d'organisation fort simple (fig. 74); souvent ils ne consistent qu'en un petit sac, creusé d'une cavité unique ouverte librement à l'extérieur, par exemple chez l'Hydre d'eau douce (fig. 336). Les Cœlentérés s'associent d'ordinaire en nombreuses colonies, affectant des formes diverses, par exemple celle d'une arborescence; parmi eux, citons les Polypes hydraires, les Polypes coralliaires.

Le Corail rouge du commerce n'est pas autre chose que le squelette ou *polypier* d'une nombreuse association de petits Polypes.

Les Cœlentérés comprennent aussi les *Méduses*.

7° Les *Spongiaires*. — Les Éponges (fig. 75) sont des animaux plus simples encore que les Cœlentérés; c'est leur squelette poreux et élastique que nous utilisons comme éponges de toilette.

8° Les *Protozoaires*. — Ce sont les plus simples et aussi les plus petits de tous les animaux; ils vivent dans les eaux douces ou marines (fig. 76). Leur corps est microscopique et souvent réduit à une seule cellule.

Les deux principales classes de Protozoaires sont : les *Infusoires* et les *Rhizopodes*.

VERTÉBRÉS

Caractères généraux. — Les Vertébrés sont caractérisés par la présence d'un squelette intérieur, ordinairement osseux, et par leur système nerveux qui comprend toujours un cerveau, un cervelet et une moelle épinière, étroitement protégés par le squelette.

Tous possèdent un cœur et du sang rouge.

Division. — L'embranchement des Vertébrés se divise en cinq classes, savoir :

1° Les *Mammifères*, caractérisés par la présence de poils et de mamelles (Chien, Chat, etc).

2° Les *Oiseaux*, au corps couvert de plumes.

3° Les *Reptiles*, animaux à peau écailleuse (Serpents).

4° Les *Batraciens* ou *Amphibiens*, vivant alternativement dans l'eau et sur la terre ferme (Grenouille).

5° Les *Poissons*, animaux aquatiques munis de nageoires.

Les Mammifères, les Oiseaux et les Reptiles respirent toujours par des poumons; les Poissons, toujours par des branchies. Quant aux Batraciens, ils constituent une classe intermédiaire entre les *Vertébrés pulmonés* et les *Vertébrés branchiaux* : en effet, dans leur jeune âge, ils respirent par des branchies comme ces derniers, et à l'âge adulte par des poumons, comme les Vertébrés pulmonés.

Des Mammifères aux Poissons, l'organisation va en se simplifiant peu à peu. Ainsi, tandis que le cœur des Mammifères et des Oiseaux comprend quatre parties, celui des Reptiles et des Batraciens n'en présente plus que trois et celui des Poissons deux seulement.

CHAPITRE I

CLASSE DES MAMMIFÈRES

Sommaire. — Caractères extérieurs : poils ; mamelles ; composition du lait. — Caractères intérieurs.

Définition. — Les Mammifères sont des Vertébrés à sang chaud, au corps couvert de poils et allaitant leurs petits.

Caractères extérieurs. — 1° *Poils.* — Le corps des Mammifères est ordinairement couvert de poils, destinés à le protéger et à conserver la chaleur interne. Quelques genres, comme la Baleine, le Dauphin, ont cependant la peau complètement nue.

Les poils revêtent différents aspects. Courts et moelleux, ils constituent le *duvet ;* fins et ondulés, la *laine ;* longs et épais, le *crin ;* rudes, ils forment les *soies* (Porc); durs, les *piquants* (Hérisson).

Dans chaque poil, on distingue une *écorce* et une partie centrale plus lâche, la *moelle.* L'écorce contient un principe colorant gras qui donne aux cheveux ainsi qu'au pelage des animaux leurs teintes caractéristiques.

Ordinairement les poils tombent et se renouvellent au printemps ou en automne : les animaux subissent alors ce que l'on appelle la *mue.* Le pelage de l'Écureuil, par exemple, est roux en été, tandis qu'il devient grisâtre après la mue d'automne.

Les fourrures sont surtout abondantes et fines chez les

animaux des pays froids; les plus estimées viennent de la Sibérie et de l'Amérique septentrionale; telles sont celles de la Loutre, du Castor, du Vison, de la Zibeline, etc.

2° *Mamelles.* — Les Mammifères se distinguent encore par la présence de mamelles, à l'aide desquelles ils allaitent leurs petits.

Le nombre des mamelles varie selon le nombre des petits. Fréquemment il n'y en a que deux (Singes, Cheval, Chèvre); ailleurs, on en trouve un plus grand nombre : quatre chez la Vache, huit chez le Chat, dix chez le Cochon.

Fig. 77. — Marsouin, Mammifère pisciforme); (2 mètres).

Tantôt les mamelles sont *pectorales* (Singes, Chauves-souris); plus souvent elles sont *abdominales* (Vache).

Lait. — Le lait est un aliment très nutritif. Il contient en dissolution dans l'eau une matière sucrée, le *sucre* de lait, et une matière azotée, la *caséine*, qui se transforme en une masse blanche gélatineuse, lorsqu'on fait cailler le lait; la caséine est la base du fromage. Outre ces deux substances, le lait contient une infinité de *globules gras* (fig. 16) qui y nagent librement et viennent se rassembler à la surface, sous forme de crème, lorsque le lait est abandonné à lui-même; par le battage, ces globules gras se brisent et leur contenu pâteux constitue alors le beurre.

Caractères intérieurs. — L'anatomie et la physiologie des Mammifères sont les mêmes que celles de l'Homme, qui nous a servi de type pour l'étude de la classe.

Classification des Mammifères.

Les caractères qui servent à établir la classification des Mammifères sont principalement tirés de la conformation des membres et de la dentition.

Nous distinguerons d'abord dans les Mammifères trois sous-classes :

Fig. 77 *bis*. — Aï, Mammifère de l'ordre des Édentés.

1° Les *Mammifères onguiculés* ou quadrupèdes pourvus d'ongles ou de griffes;

2° Les *Mammifères ongulés* ou quadupèdes à sabots;

3° Les *Mammifères pisciformes*, animaux aquatiques, au corps allongé en fuseau rappelant celui des Poissons et chez lesquels les membres antérieurs seuls existent.

Chacune de ces sous-classes se divise elle-même en un certain nombre d'ordres indiqués ci-après :

I. *Mammifères onguiculés* . .	Bimanes. Primates. Chéiroptères. Insectivores. Rongeurs. Carnassiers. Amphibies. Edentés. Marsupiaux. Monotrèmes.
II. *Mammifères ongulés* . . .	Porcins. Hippopotamidés. Ruminants. Proboscidiens. Rhinocéridés. Equidés.
III. *Mammifères pisciformes*.	Cétacés. Sirénides.

SECTION I

MAMMIFÈRES ONGUICULÉS

Sommaire. — BIMANES : caractères de l'Homme; antiquité de l'espèce humaine; races humaines. — PRIMATES : caractères; Singes de l'Ancien et du Nouveau Continent. — CHEIROPTÈRES. — INSECTIVORES. — RONGEURS : mœurs du Castor. — CARNASSIERS. — AMPHIBIES. — ÉDENTÉS. — MARSUPIAUX. — MONOTRÈMES.

Les Onguiculés comprennent dix ordres, savoir : les Bimanes, les Primates, les Chauves-souris, les Insectivores, les Rongeurs, les Carnassiers, les Amphibies, les Édentés, les Marsupiaux et les Monotrèmes.

Bimanes. — L'ordre des Bimanes ne comprend qu'une seule espèce, l'*espèce humaine*, divisible en quatre races principales.

L'Homme se distingue nettement des animaux par divers caractères.

Lui seul est doué du *langage articulé*, qui lui permet d'exprimer ses idées et de les communiquer à ses semblables.

Sa *station* est *verticale*, et, par suite, ses membres supérieurs servent exclusivement à la préhension, ses membres inférieurs à la locomotion. Le *système dentaire* comprend trente-deux dents, toutes de même niveau, savoir, huit incisives, quatre canines et vingt molaires.

Ce qui caractérise plus particulièrement l'Homme, c'est le haut développement de son intelligence et la tendance incessante qu'il éprouve à s'élever au-dessus de sa condition actuelle.

Angle facial. — Pour avoir une idée du développement intellectuel de l'Homme, on mesure ce qu'on appelle l'*angle facial* (fig. 79). Cet angle est compris entre deux droites dont l'une passe par la base du nez et le trou auditif, et dont l'autre s'appuie sur le front et la mâchoire supérieure. Plus il est grand, plus la cavité crânienne est développée, et plus aussi le cerveau est volumineux.

Fig. 78. — Femme manganja (Afrique centrale).

Or, chez l'Homme de la race blanche, l'angle facial est en moyenne de 80 à 85 degrés; rarement il atteint 90 degrés. Dans la race jaune, il descend à 75 degrés; chez les Nègres, à 70. (Les Singes adultes n'ont jamais d'angle facial supérieur à une trentaine de degrés.)

Les Grecs et les Romains avaient si bien compris l'importance de ce caractère, qu'ils l'ont idéalisé en quelque sorte dans leurs statues, en donnant à l'angle facial une valeur de 90 et même de 100 degrés.

Antiquité de l'espèce humaine. — On sait aujourd'hui

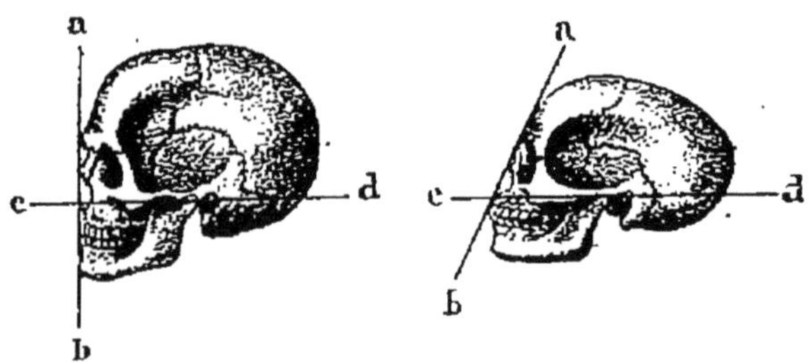

Fig. 79. — Angle facial de l'Homme (à gauche) et du Singe.

que l'Homme n'a pas seulement existé dès le début de la période actuelle, c'est-à-dire depuis environ sept ou huit mille ans. Des crânes et autres ossements humains fossiles, provenant de diverses localités, notamment de Saint-Acheul en Picardie et de la grotte d'Aurignac, ont été trouvés associés, non seulement à des armes primitives, telles que haches de pierre, poignards dentelés, flèches et harpons, et à des outils de silex (fig. 83), mais encore à des ossements d'Éléphants, de Rennes, d'Ours des cavernes, qui caractérisent la *période géologique quaternaire*.

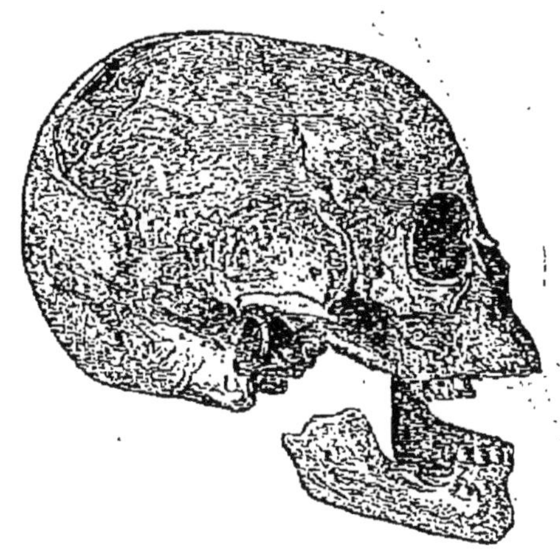

Fig. 80. — Crâne humain préhistorique.

Il est donc certain que l'Homme a vécu aussi à l'époque quaternaire et qu'il a été le contemporain des grands animaux que nous venons de citer, auxquels il faisait la chasse.

L'époque quaternaire comprend d'abord ce qu'on a appelé l'*âge de la pierre taillée*, période durant laquelle l'Homme

Fig. 81. — Menhir.

primitif n'avait d'autres armes que des silex grossièrement taillés.

Puis est venu l'*âge de la pierre polie*, auquel remontent les monuments mégalithiques, tels que dolmens, menhirs (fig. 81, 82), de même que les dessins de Rennes ou d'autres animaux, gravés sur l'ivoire.

Enfin, les aptitudes de l'Homme se développant peu à peu, l'*âge du bronze* a commencé, puis l'*âge du fer*, qui nous amène à la période actuelle.

Unité de l'espèce humaine. — D'après l'ensemble des faits connus jusqu'ici, il y a tout lieu d'admettre que l'Homme a apparu sur la terre en un foyer unique et que le berceau de l'espèce humaine a été l'Asie. De ce foyer primitif, il a divergé en tous sens pour peupler la terre entière, rencontrant des milieux variés avec lesquels il a dû progressivement se mettre en harmonie : de là des changements de forme, de couleur, qui caractérisent aujourd'hui les diverses races humaines.

Fig. 82. — Dolmen.

Bien que très différentes et adaptées chacune à des conditions d'existence spéciales, les races humaines n'en constituent donc pas moins par leur ensemble une espèce unique : elles n'ont pas, comme on serait tenté de le croire, une origine particulière.

Races humaines. — L'espèce humaine comprend trois races principales.

1° La *race blanche* ou *caucasique.* — Peau blanche ; cheveux lisses, blonds ou bruns ; yeux horizontaux ; front élevé ; visage ovale. Angle facial très développé. De toutes les races humaines, elle est la plus perfectible.

Fig. 83. — Silex taillés préhistoriques.

Elle habite l'Europe, l'Asie occidentale jusqu'au Gange et la partie septentrionale de l'Afrique. On considère ses premiers représentants comme descendus des montagnes du Caucase : de là le nom de race caucasique.

2° La *race jaune* ou *mongolique.* — Peau olivâtre ; cheveux droits et noirs ; yeux obliques ; face aplatie ; nez petit ; pommettes saillantes. Elle habite la Chine, le Japon, la Sibérie orientale et le nord de l'Amérique (Esquimaux).

3° La *race noire* ou *éthiopique*. — Peau noire ; cheveux crépus ; front fuyant ; mâchoires et lèvres saillantes ; nez écrasé ; angle facial dépassant rarement 75 degrés. Les Nègres habitent l'Afrique, au sud de l'Atlas.

Fig. 84. — Mongol.

Fig. 85. — Somalis de Merka (Afrique).

— L'Amérique présente diverses races, notamment une race à peau rougeâtre, cuivrée, une race jaune très répandue et quelques rares tribus noires. On pense qu'elles sont toutes originaires de l'Ancien Continent et qu'elles ont pénétré dans le Nouveau Monde par voie de migrations.

Les éléments noirs, par exemple, seraient venus d'Afrique et auraient été amenés en Amérique peut-être par quelque accident de mer, à la manière de ces petites embarcations primitives qui, à plusieurs reprises, naviguant le long des îles Canaries, ont été poussées par la tempête dans la région des vents alizés et du courant équatorial, puis amenées sur la côte américaine. On sait d'autre part que les jonques chinoises, abandonnées à la mer, viennent quelquefois s'échouer jusqu'en Californie.

—Les Malais, qui habitent l'Australie, Java, Bornéo, Sumatra et dont le teint est jaune ou olivâtre, sont quelquefois considérés comme une race spéciale.

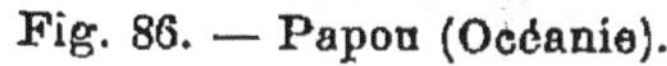

Fig. 86. — Papou (Océanie).

Fig. 87. — Magot ; (0m,50).

Primates. — Les Singes ou Primates ont les caractères suivants.

Leur corps (fig. 87), parfois coloré de teintes très vives, est couvert de poils fins et serrés ; leurs membres supérieurs, contrairement aux nôtres, sont ordinairement plus longs que les membres inférieurs.

Le pied comme la main est muni d'un pouce opposable aux autres doigts ; mais, dans le membre inférieur, la disposition des os et des muscles est bien celle qui correspond à un pied et non à une main, malgré le pouce opposable ; les Singes ont donc deux mains et deux pieds comme l'Homme.

Le système dentaire est complet et composé de trente-deux dents chez les Singes de l'Ancien Continent, de trente-six chez ceux du Nouveau Monde ; les *canines* sont généralement *saillantes* (fig. 88).

Les Singes sont parfaitement organisés pour grimper et sauter; ils se nourrissent surtout de fruits. Un certain

Fig. 88. — Dentition du Gorille.

Fig. 89. — Jeune Gorille; (0m,80).

nombre peuvent se suspendre aux arbres avec leur queue.

Ils vivent dans les pays chauds, en sociétés commandées

par le mâle le plus fort. En Europe, on n'en trouve que sur les rochers de Gibraltar, où ils sont vraisemblablement venus d'Afrique.

Une des particularités les plus remarquables des Singes est leur tendance à l'imitation.

Principaux genres. — Parmi les Singes de l'Ancien Continent, citons les *Macaques*, les *Magots* (fig. 87), qui vivent en Afrique; les *Cynocéphales*, à tête de Chien, qui habitent l'Abyssinie, et dont une espèce, le *Babouin*, était adorée des anciens Égyptiens.

Mais les plus remarquables de tous sont : le *Gorille*, le *Chimpanzé* et l'*Orang-outang*, Singes de grande taille, se rapprochant plus que tous les autres de l'Homme et qu'on appelle pour cette raison *Singes antropomorphes*.

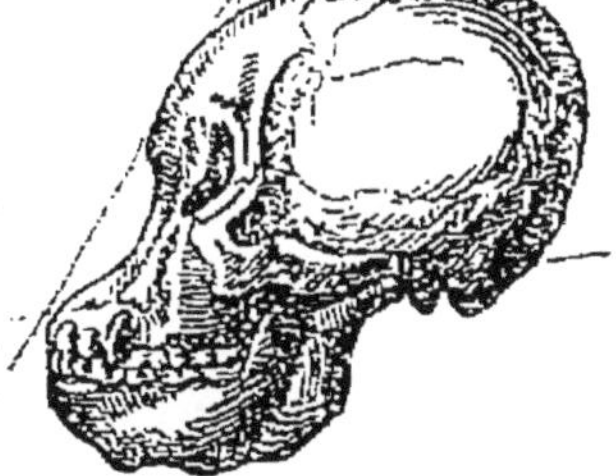

Fig. 90. — Tête de jeune Chimpanzé.

Le Chimpanzé, haut d'environ cinq pieds, vit en Guinée sur les arbres, où il se construit une sorte d'habitation couverte; le Gorille (fig. 89), le plus grand et le plus fort de tous les Singes, habite les forêts du Gabon;

Fig. 90 *bis*. — Tête de Gibbon.

l'Orang-outang se tient sur les arbres élevés de Bornéo.

Un autre genre, voisin des Antropomorphes, mais plus petit, le *Gibbon*, se rencontre dans toute l'Asie et particulièrement dans l'Inde (fig. 90 *bis*).

Parmi les Singes du Nouveau Continent, on remarque l'*Ouistiti*, portant sur l'oreille une touffe de poils, et aux pattes des griffes arquées; le *Sapajou;* les *Singes hurleurs.*

Chéiroptères. — Les Chauves-souris (fig. 91) se distinguent immédiatement des autres Mammifères par la présence de deux larges replis de la peau, qui s'étendent des membres supérieurs à l'extrémité opposée du corps et qui constituent les *ailes* de ces animaux.

Fig. 91. — Phyllorhina; (0m,15).

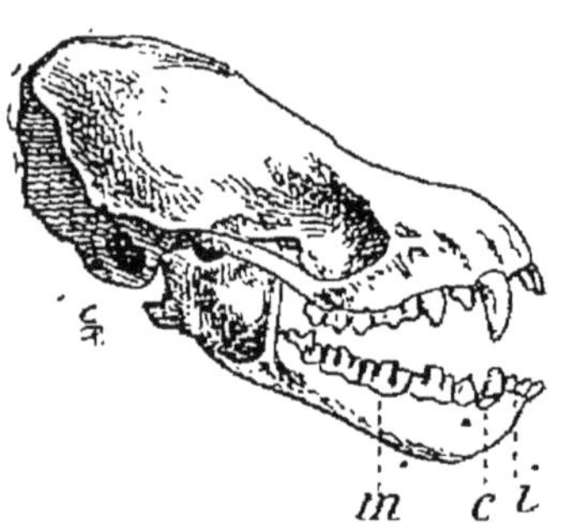

Fig. 92. — Crâne de Chauve-souris. *i*, incisives; *c*, canines; *m*, molaires.

Des cinq doigts du membre supérieur, le pouce seul est libre et muni d'une griffe ; les quatre autres doigts, très allongés, sont compris dans l'aile et servent à la tendre au moment du vol. Quant aux membres inférieurs, leurs cinq doigts, courts et onguiculés, sont complètement libres.

Les ailes des Chauves-souris sont nues, et non couvertes de plumes comme celles des Oiseaux; leur sensibilité est telle que, même dans la plus profonde obscurité, ces animaux peuvent parfaitement éviter tous les obstacles disposés sur leur passage.

La dentition (fig. 92) comprend des incisives, quatre canines un peu saillantes et de nombreuses molaires.

Les oreilles des Chauves-souris (fig. 93) sont d'ordinaire fort développées; leur nez est parfois muni d'excroissances de la peau en forme de feuille ou de fer à cheval : de là l'aspect bizarre de la tête.

Principaux genres. — Les Chauves-souris sont les unes insectivores, les autres frugivores.

Chez les premières, comme le *Vespertilion*, l'*Oreillard*, les molaires sont munies de petites pointes.

Chez les Chauves-souris frugivores, les molaires sont simplement mamelonnées; la *Roussette*, grande Chauve-souris de l'Inde, appartient à cette famille.

Quelques genres, comme le *Vampyre*, se nourrissent du sang de petits animaux.

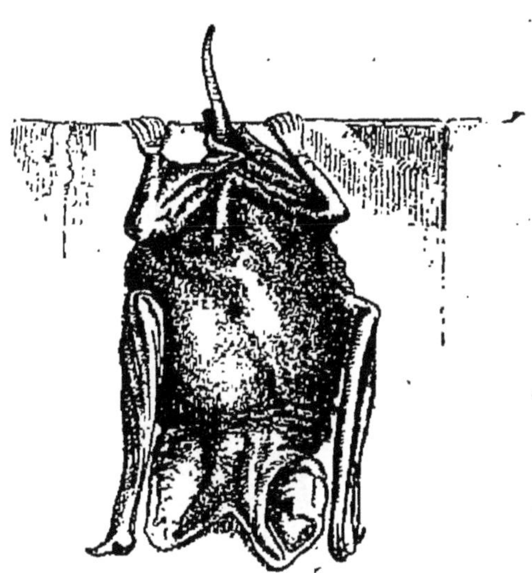

Fig. 93. — Molosse accroché aux parois d'une caverne; (0m,08).

Les Chauves-souris ne sortent de leur retraite que pendant la nuit; elles peuvent être apprivoisées.

C'est à tort qu'on les détruit dans nos campagnes; car elles nous débarrassent de nombreux Insectes.

Insectivores. — Les Insectivores sont généralement de tout petits Mammifères; c'est même à cet ordre qu'appartient le plus petit de tous, la *Musette* (fig. 94), espèce du genre Musaraigne. Leur tête est d'ordinaire prolongée en une sorte de museau.

Fig. 94. — Musette; (0m,05).

Leur dentition est nombreuse et les molaires se font remarquer par leur *couronne hérissée de pointes*, aptes à déchiqueter leur proie.

Les Insectivores se nourrissent non seulement d'Insectes,

mais encore de Vers et rendent ainsi service à l'agriculteur. Durant l'hiver, ils vivent en léthargie, de même que les Chauves-souris; comme ils ne prennent alors aucune nourriture, ils consomment lentement la graisse et les autres substances qu'ils avaient emmagasinées dans leurs organes durant la belle saison. Aussi sont-ils très amaigris au printemps, lorsqu'ils se réveillent pour reprendre la vie active.

Principaux genres. — Les principaux genres sont : le *Hérisson*, la *Taupe*, la *Musaraigne* et le *Desman*.

Le *Hérisson* (fig. 95) a le dos couvert de piquants. Dès

Fig. 95. — Hérisson ; ($0^m,22$).

qu'il est attaqué, il se roule en boule, après avoir au préalable replié sa tête sous le ventre, et n'offre plus à son adversaire qu'un revêtement uniforme de piquants. Le Hérisson vit dans les bois ; durant le jour, il se tient blotti dans les broussailles. Il se nourrit d'Insectes, de Souris, et même de fruits ; sa dentition comprend trente-six dents.

La *Taupe* (fig. 96) est un animal conformé pour la vie souterraine. Ses pattes antérieures, courtes et larges, sont terminées par des ongles puissants, et par suite aptes à fouir la terre ; c'est grâce à elles que la Taupe creuse ses galeries avec une si grande rapidité.

La terre provenant des déblais est rejetée au dehors et forme de petits monticules, connus sous le nom de *taupi-*

nières, parfois tellement nombreux dans les prés qu'ils ne sont pas sans ennui pour le cultivateur.

Le nid ou donjon de la Taupe (fig. 97) d'ordinaire placé

Fig. 96. — Taupe et taupinières; (0m,15).

au-dessous d'une taupinière, est en forme de bouteille et tapissé d'herbe et de mousse; il est entouré de deux chemins de ronde, communiquant avec l'extérieur, et se

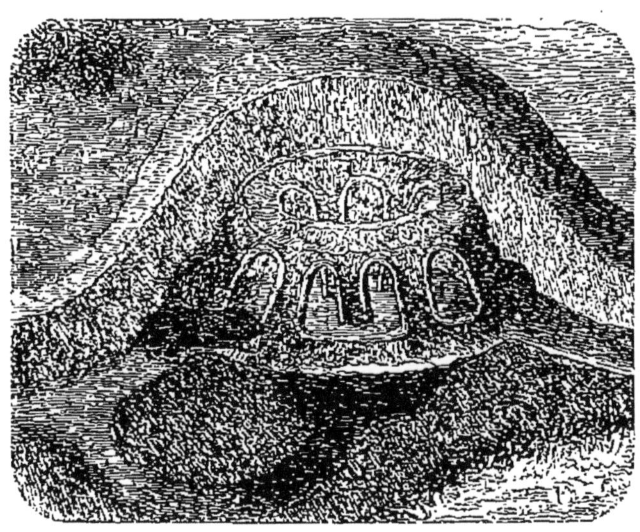

Fig. 97. — Nid de la Taupe.

trouve naturellement aussi en rapport avec les nombreuses galeries de chasse qui rayonnent tout autour du donjon central (fig. 98); la Taupe s'y meut avec une extrême agilité.

Le pelage de la Taupe est noir et velouté; sa tête est

munie d'une sorte de boutoir très sensible. La dentition comprend quarante-quatre dents.

Les Taupes sont utiles par les Insectes (Vers blancs) qu'elles dévorent; elles ne touchent pas aux racines. Comme elles ne sortent pour ainsi dire jamais de l'obscurité, leurs yeux sont fort petits, et même une espèce est totalement aveugle.

La *Musaraigne* (fig. 99) rappelle au premier abord la Souris. Elle s'en distingue par son corps plus effilé, par sa tête prolongée en un museau pointu et par sa dentition complète (la Souris, qui est un Rongeur, manque de canines).

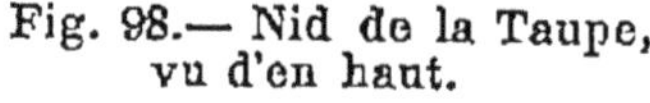

Fig. 98.— Nid de la Taupe, vu d'en haut.

Fig. 99. — Musaraigne; (0m,06).

Les Musaraignes se nourrissent d'Insectes, de Vers; elles vivent dans des trous qu'elles se creusent dans la terre.

Enfin le *Desman* se reconnaît à sa longue trompe et à ses pattes antérieures palmées. C'est un animal aquatique, de la grosseur d'un Rat, qui se creuse des terriers au bord de l'eau. Il répand une assez forte odeur de musc. On le trouve en Russie et dans les Pyrénées.

Rongeurs. — Les Rongeurs se reconnaissent facilement à leur dentition (fig. 100). Ils *manquent toujours de canines*, de sorte qu'entre les incisives et les molaires se trouve un espace vide, nommé *barre* (*b*).

Les incisives ou *dents rongeuses* sont au nombre de deux à chaque mâchoire. Elles sont longues et fortes et grandissent pendant toute la vie de l'animal; seulement, au fur et à mesure qu'elles poussent par la base, elles s'usent par l'extrémité libre, surtout en arrière, ce qui fait qu'elles sont taillées en biseau et par suite aptes à couper.

Les molaires sont larges et munies de *plis d'émail disposés transversalement*.

Fig. 100. — Crâne de Lapin. *a*, incisives; *b*, barre; *c*, molaires.

Pendant la mastication des racines et des fruits, *la mâchoire inférieure se meut toujours d'avant en arrière*, et non de haut en bas; de sorte que les molaires du bas agissent sur celles qui leur sont opposées à la manière d'une véritable râpe, pour diviser les aliments, parfois fort durs (bois, etc.), en menus fragments.

La plupart des Rongeurs sont hibernants. Quelques-uns, comme les Castors, sont doués d'instincts fort remarquables.

Principaux genres. — *Lièvre*. — Le genre *Lièvre* comprend le *Lièvre timide*, le *Lièvre variable*, qui devient blanc en hiver (Alpes) et le *Lapin*. Ils se distinguent des autres Rongeurs par la présence de quatre incisives à la mâchoire supérieure, deux grandes en avant et deux autres plus petites situées en arrière des précédentes. Les pattes de derrière de ces animaux sont beaucoup plus longues que celles de devant; aussi ne courent-ils bien qu'en montant.

Les Lièvres (fig. 101) vivent de Thym, de Serpolet, etc.; leur gîte se trouve d'ordinaire dans les bruyères, dans les buissons. Ils sont doués d'instincts assez remarquables. Pour dépister les Chiens de chasse, ils traversent facilement à la nage des rivières ou des étangs; si un troupeau de Moutons se trouve sur leur passage, ils s'y faufilent et se gardent bien de le quitter, tant qu'ils sont en danger; on les voit même quelquefois se réfugier dans les étables au milieu du bétail.

Les plus dangereux ennemis naturels du Lièvre sont le

Renard, la Belette et le Putois. Devant la Belette, par exemple, le Lièvre, d'ordinaire si agile coursier, ne fait que trottiner, comme s'il se trouvait sous l'influence de quelque charme semblable à celui que les Serpents exercent sur les Oiseaux : aussi se laisse-il fréquemment atteindre par elle.

Au moment de la naissance, les Lièvres sont beaucoup plus développés que les Lapins.

Écureuil. — Le genre *Ecureuil* (fig. 102) comprend plusieurs espèces de Rongeurs grimpeurs. L'*Ecureuil commun* vit sur les arbres de nos forêts ; on le reconnaît à son pelage

Fig. 101. — Lièvre ; (0m45). Fig. 102. — Ecureuil ; (0m25).

roux et à sa queue touffue et relevée. Il se nourrit de préférence de graines de Pins et de Sapins, qu'il recueille en écaillant les cônes de ces arbres.

A côté des Écureuils se range la *Marmotte* (fig. 103), qui vit sur les hauts versants des Alpes où elle passe les sept mois d'hiver dans un profond sommeil.

Rat. — Le genre Rat est caractérisé par la présence de trois molaires à chaque demi-mâchoire. Il comprend quatre espèces principales : le *Rat domestique*, originaire d'Amérique et importé en Europe au moyen âge ; aujourd'hui il est fort rare (fig. 104) ; le *Surmulot* ou Rat des égouts, des marchés, qui nous est venu d'Orient par les navires marchands ; il s'est lentement substitué à l'espèce précédente ; le *Mulot* vit dans les bois, à proximité des moissons ; enfin la

Souris abonde dans les prés, où elle creuse ses nombreuses galeries; en détruisant les racines des herbes, elle cause à l'agriculture un véritable dommage. Toutes ces espèces ont la queue écailleuse.

Le *Campagnol* ou Rat des champs (fig. 105), et le *Rat d'eau* sont deux autres espèces caractérisées par leur queue velue;

Fig. 103. — Marmotte commune; ($0^m,30$).

ils se nourrissent aussi bien de petits animaux terrestres que de grains.

— A côté des Rats se place le *Hamster* ou *Rat moissonneur* (fig. 104 *bis*), pourvu de chaque côté de la tête d'abajoues dans lesquelles il recueille du blé qu'il va ensuite entasser dans de vastes chambres souterraines, voisines de son nid. Un Hamster peut récolter un quintal de blé pendant une année.

Cet animal est d'un naturel féroce et batailleur. Lorsque deux Hamsters se rencontrent dans les moissons, ils se pourchassent et se mordent, jusqu'à ce que l'un d'eux tombe; puis le vainqueur dévore le vaincu.

— Les *Gerboises* se distinguent des Rats par le grand allongement de la queue et des pattes postérieures : ce sont des Rongeurs sauteurs.

Les Rats ne manquent pas d'intelligence. En apparence timides et sauvages, il font preuve dans certaines circonstances d'une audace étonnante. On a vu des Rats enlever le coton qui fermait des bouteilles d'huile et se prêter mutuellement appui, de façon que l'un d'eux pût accéder au

Fig. 104. — Rat noir; (0m,20).

Fig. 104 *bis*. — Hamster; (0m,12).

goulot; plongeant alors sa queue dans l'huile, ce dernier la donnait à lécher à ses compagnons.

Loir.— Le genre *Loir* comprend le *Loir proprement dit*, le *Lérot* (fig. 106) et le *Muscardin*. Ces animaux dorment pendant le jour et ne sortent de leur nid qu'à la nuit close.

Ils vivent dans les creux des arbres ou dans les trous de la terre; leur nourriture consiste surtout en fruits. Pendant tout l'hiver, les Loirs sont engourdis et roulés en boule. Ils peuvent être apprivoisés.

Porc-épic. — Le *Porc-épic* (fig. 107) a le dos couvert de longs piquants qu'il redresse de tous côtés lorsqu'il est en danger. On le trouve en Espagne, en Italie et dans le nord de l'Afrique.

Cobaye. — Le *Cobaye* ou Cochon d'Inde est un Rongeur originaire de l'Amérique méridionale et domestiqué dans nos pays.

Castor. — Le *Castor* mesure de deux à trois pieds de longueur (fig. 108). Sa queue est aplatie et écailleuse; ses

Fig. 105. — Campagnol ou Rat des champs; (0m,12).

membres antérieurs sont organisés pour creuser et saisir, ses pattes postérieures pour nager.

Les Castors vivent en sociétés au bord des fleuves, dans les endroits solitaires, notamment au Canada. Il en existe aussi en Europe, sur les bords de l'Elbe et du Danube; dans la vallée du Rhône, ils sont devenus à peu près introuvables. On fait une chasse active aux Castors pour leur fourrure; autrefois on utilisait aussi en médecine une substance très odorante, le *castoréum*, sécrétée par deux glandes de l'abdomen.

Instincts du Castor. — Les Castors sont doués d'instincts fort remarquables. Chaque famille habite une sorte de hutte

Fig. 106. — Lérot et son nid; (0m,12).

couverte d'un toit et située au bord du fleuve ou du lac. Les cabanes sont d'ordinaire échelonnées en grand nombre dans

Fig. 107. — Porc-Epic; (0m,40).

une région donnée : elles sont construites avec un mélange de limon et de débris de bois. Leur largeur peut atteindre sept ou huit pieds; l'étage supérieur, toujours à sec, est seul habité; l'inférieur, toujours submergé, reçoit les provisions d'écorces et de bois qui leur servent de nourriture et communique seul avec le dehors.

Pour maintenir l'eau à un niveau donné et permettre la communication entre les diverses cabanes par son intermédiaire, les Castors construisent des digues avec des pierres,

Fig. 108. — Colonie de Castors ; ($0^m,60$).

de la terre, et des troncs d'arbres qu'ils abattent en les rongeant avec leurs incisives. Les digues, d'ordinaire courbées contre le courant, atteignent jusqu'à 500 pieds d'étendue; leur largeur à la base est d'environ 4 mètres; leur hauteur de 1 à 2 mètres. Elles ne laissent généralement passer l'eau que par un conduit unique, qui est comme une sorte de trop-plein. Le long des digues s'élèvent, comme sur les rives, de nombreuses cabanes.

Carnassiers. — Les Carnassiers, comme leur nom l'indique, vivent de chair, souvent même de proies vivantes. Leurs pattes sont armées de griffes puissantes et rétractiles. Leur dentition (fig. 109) est complète et comprend, à

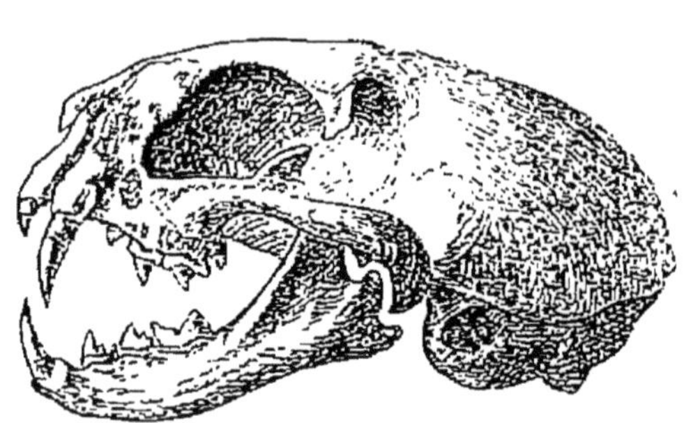

Fig. 109. — Crâne de Panthère.

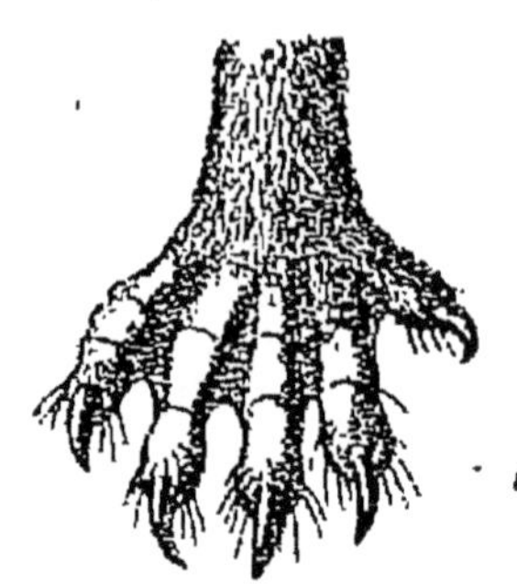

Fig. 110. — Patte antérieure de Vison.

chaque mâchoire, 6 petites incisives, 2 *canines fort développées*, et des molaires à crêtes tranchantes. La plus grande molaire porte le nom de *dent carnassière* (fig. 118, *m*). Les Carnassiers sanguinaires, comme le Tigre, ont les mâchoires courtes et fortes, et munies d'un petit nombre de molaires, ordinairement trois, dont la dernière est la carnassière; au contraire le Chien, l'Ours, dont l'alimentation est variée, ont une dentition bien plus nombreuse (fig. 118).

La mâchoire inférieure ne peut se mouvoir chez les Carnassiers *que de haut en bas*, et non latéralement; pendant ce mouvement, les canines et les molaires glissent les unes contre les autres à la manière des lames d'un ciseau, ce qui leur permet de déchiqueter facilement la chair.

Principales familles. — Les principales familles de Carnassiers sont : les *Félins*, les *Vermiformes*, les *Canidés* et les *Ursidés*.

Félins. — Les *Félins* sont les Carnassiers par excellence. Au repos, leurs griffes sont toujours maintenues relevées par des ligaments élastiques, en sorte que leur pointe ne s'émousse jamais. A ce groupe appartiennent les plus puissants carnivores, notamment le *Lion*, qui vit en Afrique et se distingue par sa tête carrée, ornée chez le mâle d'une belle crinière; le *Couguar* ou Lion d'Amérique; le *Tigre*, dépourvu de crinière, à pelage jaune rayé de bandes noires (Inde, Indo-Chine); le *Jaguar*, à robe jaune tachetée de noir (Amérique du Sud).

Fig. 111.— Chat lynx; (0m,40).

On peut citer encore la *Panthère ;* le *Léopard;* la *Hyène*, animal nocturne qui vit de cadavres; le *Lynx* (Pyrénées, Afrique) (fig. 111), aux oreilles couvertes d'une touffe de poils; enfin le *Chat sauvage* et le *Chat domestique*.

Les Félins se distinguent non seulement par leur naturel féroce, mais encore par leur complète insociabilité.

Leurs fourrures sont très recherchées.

Vermiformes. — Les *Vermiformes* tirent leur nom de la forme élancée de leur corps. Leurs instincts sont sanguinaires. Cette famille comprend le genre *Putois*, dont les principales espèces sont : le *Putois commun* (fig. 112), qui, dans les campagnes, visite fréquemment les poulaillers;

la *Belette*, qui vit de Souris, de Taupes, de Grenouilles; le *Furet*, dressé pour la chasse au Lapin, et l'*Hermine*, au pe-

Fig. 112. — Putois commun; (0m,40).

lage complètement blanc en hiver, sauf le bout de la queue qui reste noir (fig. 113).

Vient ensuite le genre *Marte* avec deux espèces, la *Marte commune* et la *Fouine* (fig. 114).

Enfin le genre *Loutre* comprend la *Loutre commune* qui

Fig. 113. — Hermine; (0m,25).

vit dans des terriers au bord de l'eau et se nourrit de Poissons. La Loutre est un animal très docile; on peut par exemple lui apprendre à attraper des Poissons et à les rapporter.

A côté des Vermiformes se placent les *Civettes*, qui rap-

Fig. 114. — Marte fouine ; (0m,35).

pellent un peu les Martes. Elles fournissent une substance à odeur de musc, sécrétée par deux glandes abdominales.

Canidés. — Les *Canidés* comprennent le seul genre

Fig. 115. — Chien épagneul.

Chien, divisé en quatre espèces principales : le *Chien domestique*, le *Loup*, le *Chacal* et le *Renard*.

Le *Chien domestique* offre de nombreuses variétés (fig. 115) dont quelques-unes peuvent reprendre la vie sauvage lorsqu'elles sont abandonnées à elles-mêmes. Il vit en moyenne de quatorze à vingt ans. Les faits d'intelligence qui le concernent sont trop nombreux et trop connus pour qu'il soit utile d'y insister ici.

Le *Loup* (fig. 116) diffère du Chien par sa queue non enroulée, ses oreilles dressées et son museau pointu. Il vit ordinairement solitaire ; cependant, lorsque la faim le presse,

Fig. 116. — Loup commun ; (0m,80).

il s'unit à ses semblables et attaque alors le Mouton, le Chien et même l'Homme.

Le *Chacal* vit en troupes dans l'Afrique septentrionale, en Algérie par exemple. Lorsque les Chacals voient un Lièvre se réfugier dans quelque retraite, ils se placent en cercle autour de cette dernière et surveillent toutes les issues ; puis le chef commence l'attaque et tous ensemble s'élancent sur leur proie. Les Chacals vivent surtout de cadavres.

Enfin le *Renard* (fig. 117) se reconnaît à son pelage roux, à sa queue touffue et à sa pupille verticale. C'est l'animal rusé par excellence : il n'est pas rare que les Renards — de même que les Loups — poussent la ruse jusqu'à soutirer,

Fig. 117. — Renard commun ; (0m,70).

sans se faire prendre, l'appât des pièges qu'on leur tend.

Tous les Canidés ont six molaires à la mâchoire supérieure et sept à la mâchoire inférieure, de chaque côté (fig. 118).

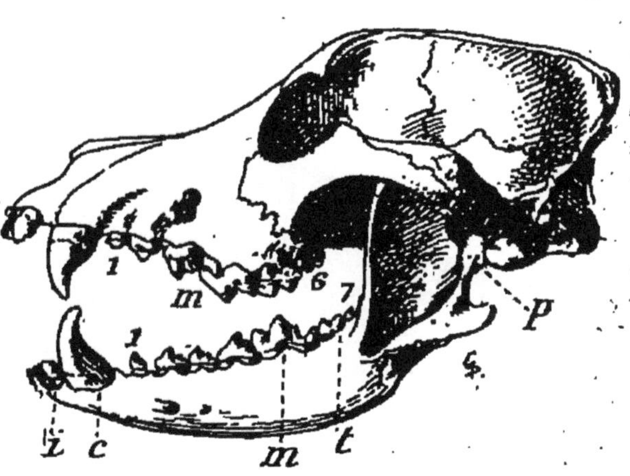

Fig. 118. — Crâne de Chien. *i*, incisives ; *c*, canines ; 1-7, molaires ; *m*, carnassière ; *t*, dents tuberculeuses ; *p*, condyle de la mâchoire.

Ursidés. — Les *Ursidés* sont des Carnassiers plantigrades, à démarche lourde, se nourrissant aussi bien de fruits, de miel, que de chair. Leur dentition est nombreuse et rappelle celle des Canidés.

Cette famille comprend deux genres : l'*Ours*, dont on distingue trois espèces principales, savoir : l'*Ours blanc*, qui habite les régions septentrionales ; l'*Ours brun* (fig. 119), qui vit surtout en Asie; enfin l'*Ours noir*, en Amérique.

Le *Blaireau* (fig. 120), qui se tient dans des terriers à plusieurs issues, vit de grains, de volatiles; son poil sert à faire des pinceaux.

Fig. 119. — Ours d'Europe; (long. : 1m,30).

Fig. 120. — Blaireau; (0m,80).

Amphibies. — Les Amphibies sont des Mammifères marins qui se rapprochent des Carnassiers par leur dentition. Leurs membres, au nombre de quatre, sont courts, élargis en nageoires et terminés par cinq fortes griffes. Les pattes postérieures sont dirigées en arrière, contre la queue. Les Amphibies sont des animaux intelligents.

Fig. 121. — Phoque; (1^m,50).

On distingue trois genres : 1° le *Phoque* ou Chien de mer (fig. 121), dépourvu de pavillon à l'oreille; il se nourrit de

Fig. 122. — Morse; (2 mètres).

Poissons et vit en troupes fort nombreuses dans le voisinage des côtes de la mer du Nord; 2° l'*Otarie* (fig. 68), pourvu d'un petit pavillon auditif, se nourrit également de Poissons; 3° enfin le *Morse* (fig. 122), caractérisé par ses deux canines supérieures développées en longues défenses saillantes, vit de Mollusques, de Crustacés et de Varechs; on le trouve dans la mer polaire septentrionale.

Édentés. — Les Édentés sont des animaux des climats hauds. Ils manquent toujours d'incisives; quelquefois même, comme leur nom l'indique, ils n'ont pas de dents du tout. Les molaires, quand elles existent, sont ordinairement nombreuses, mais toujours dépourvues de racines et d'émail (fig. 123).

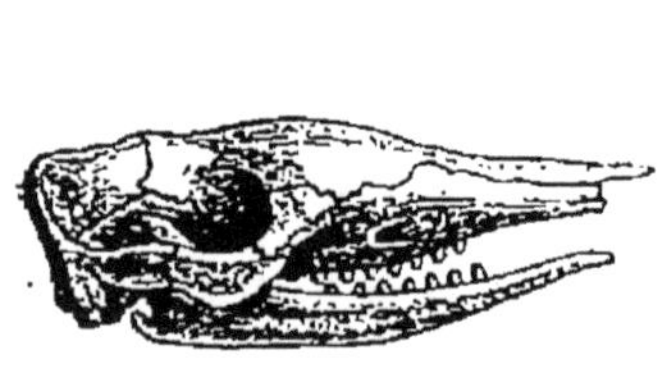

Fig. 123. — Tête de Tatou.

Fig. 124. — Tatou; (0m,80).

Les pattes sont terminées par des griffes extrêmement fortes et recourbées, destinées à fouir (fig. 125).

Le corps des Édentés est tantôt recouvert de poils grossiers ressemblant assez à du foin sec (Paresseux), tantôt il est protégé par une carapace (Tatou), etc.

Les Édentés vivent sur les arbres et se nourrissent de feuilles et de jeunes rameaux. Ils sont indolents et dépourvus d'intelligence ; leur cerveau ne présente d'ailleurs aucune circonvolution.

Principaux genres.—Les principaux genres sont : le *Tatou*, muni d'une carapace dorsale très résistante(fig. 124); il se roule en boule dès qu'il est en danger (Amérique); le *Pangolin* (fig. 125), au corps garni de nombreuses écailles cornées, imbriquées les unes dans les autres; ce genre est complètement édenté et vit en Afrique; le *Fourmilier* (fig. 126), également édenté, se sert de sa langue couverte d'une salive gluante pour saisir les Insectes, tels que les Four-

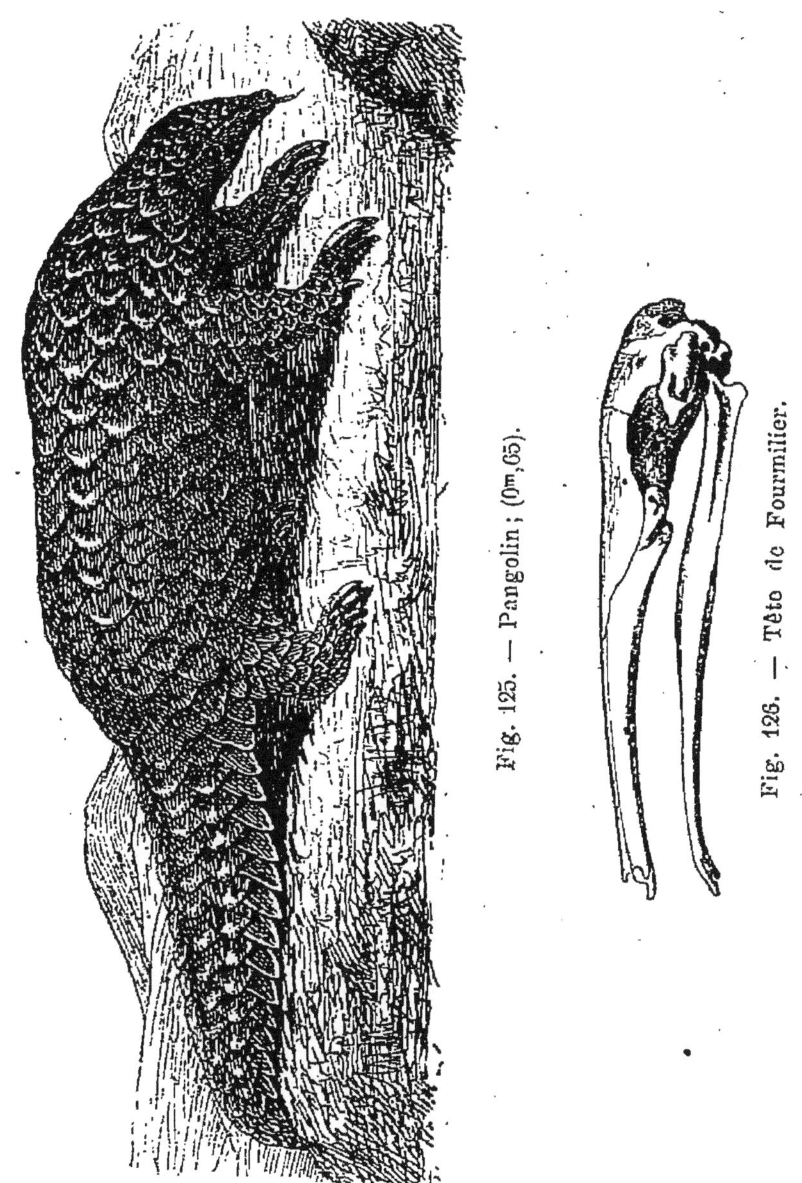

Fig. 125. — Pangolin ; (0m,65).

Fig. 126. — Tête de Fourmilier.

mis, les Termites ; son corps est couvert de poils ; le *Tamanoir* (Brésil) et l'*Oryctérope* (Afrique du Sud) sont deux genres voisins du précédent ; enfin le *Paresseux* (fig. 127), au pelage grisâtre et rude, vit sur les arbres, aux branches desquels il reste suspendu durant des heures entières dans la plus

Fig. 127. — Paresseux ; (0m,40).

grande immobilité; par son aspect général, il rappelle un peu les Singes.

Marsupiaux. — Les Marsupiaux sont des animaux

Fig. 128. — Kanguroo ; (1 mètre).

spéciaux à l'Australie et à l'Amérique. Ils se distinguent des Mammifères de nos pays par la présence d'une poche ventrale, dite *poche marsupiale*, au fond de laquelle débouchent les mamelles ; cette poche est soutenue par deux os particuliers à ces animaux, les *os marsupiaux*, fixés au bassin.

Les jeunes naissent aveugles et absolument incapables de se suffire à eux-mêmes : aussi restent-ils durant de longs mois dans la poche marsupiale, où ils sont fixés chacun à un mamelon.

Un fait remarquable est que les Marsupiaux rappellent par leur dentition les principaux types de Mammifères de nos pays : c'est ainsi que les uns se rapprochent des Rongeurs par l'absence de canines; d'autres, comme la *Sarigue*, des Carnassiers; d'autres enfin, comme le *Kanguroo*, des Herbivores.

Le *Kanguroo* (fig. 128) se meut par bonds avec une vitesse prodigieuse en s'appuyant sur sa queue et ses membres postérieurs. Ses pattes antérieures sont courtes et lui servent un peu de mains.

Monotrèmes. — Cet ordre ne comprend que deux

Fig. 129. — Ornithorhynque ; ($0^m,35$).

genres : l'*Ornithorhynque* et l'*Échidné*, propres à l'Australie.

Ils sont importants parce qu'ils représentent les intermédiaires entre les autres Mammifères et les Oiseaux.

En effet, chez les Monotrèmes comme chez les Oiseaux, l'intestin, au lieu de déboucher directement au dehors, vient se terminer dans une petite poche, nommée *cloaque*, avec les conduits urinaires et les conduits génitaux; de plus, les Monotrèmes manquent de dents et *pondent des œufs*.

Mais, d'autre part, ils offent des glandes mammaires ventrales, c'est-à-dire les organes caractéristiques des Mammifères. Chez l'Échidné, les mamelles débouchent au

Fig. 130. — Échidné ; (0m,30).

fond d'une petite poche marsupiale, ce qui montre la parenté des Monotrèmes avec les Marsupiaux.

L'*Ornithorhynque* (fig. 129) se reconnait à son bec élargi, rappelant celui du Canard; ses pattes sont palmées. C'est un animal aquatique qui se tient dans des terriers au bord de l'eau.

L'*Echidné* (fig. 130) a le corps couvert de piquants; son bec est allongé en manière de trompe; ses pattes sont terminées par des griffes très fortes, à l'aide desquelles il creuse son gîte. L'Echidné vit d'Insectes qu'il saisit avec sa langue.

SECTION II

MAMMIFÈRES ONGULÉS

Sommaire. — ONGULÉS A DOIGTS PAIRS : Porcins; Hippopotamidés; Ruminants. — ONGULÉS A DOIGTS IMPAIRS : Proboscidiens; Rhinocéridés ; Equidés.

Division. — On appelle Ongulés les *Mammifères à sabots*, comme le Cheval, le Bœuf.

Les Ongulés se divisent en deux groupes :

1° Les *Ongulés à doigts pairs*, pourvus de deux ou quatre doigts; ils comprennent les *Porcins*, les *Hippopotamidés* et les *Ruminants*.

2° Les *Ongulés à doigts impairs*, pourvus d'un, trois ou cinq doigts; parmi eux se rangent les *Prosboscidiens* ou *Eléphants*, les *Rhinocéridés* et les *Equidés*.

ONGULÉS A DOIGTS PAIRS. — **Porcins.** — Les Porcins sont des animaux de forme lourde, pourvus de *quatre doigts* à chaque patte, et par conséquent de quatre sabots cornés.

Leur peau épaisse leur a fait donner (ainsi qu'à d'autres Ongulés) le nom de *Pachydermes*.

La dentition (fig. 130, *B*) est complète : les canines (*c*) sont développées en défense et recourbées toutes quatre vers le haut; les molaires sont nombreuses et mamelonnées.

Ces animaux vivent surtout de substances végétales.

Le pied des Porcins (fig. 130, *C*) est terminé par quatre doigts, dont deux médians plus grands (*d'*), et deux latéraux (*d*) suspendus au-dessus de la terre; ces derniers n'ont pour ainsi dire plus aucun usage.

Principaux genres. — Les Porcins comprennent : le *Cochon domestique*, dont le corps est couvert de soies, et la

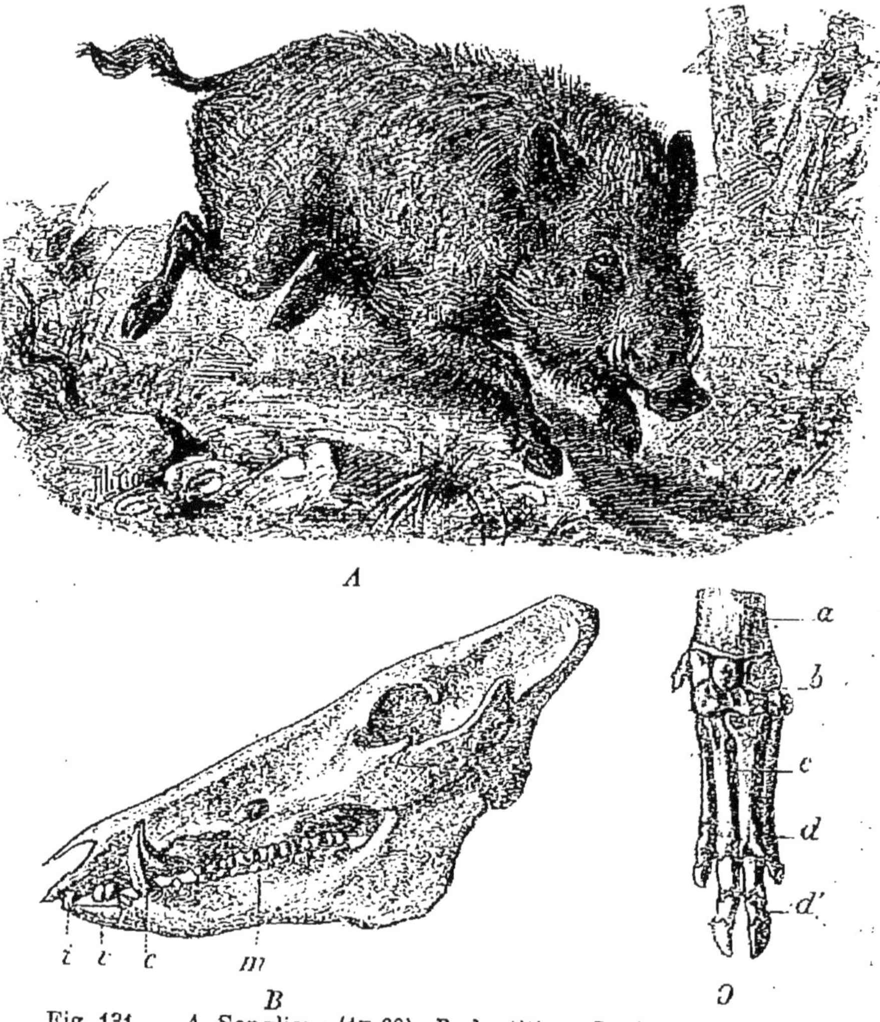

Fig. 131. — *A*, Sanglier ; (1m,60). *B*, dentition. *C*, pied : *a*, jambe ; *b*, tarse ; *c*, métatarse ; *dd'*, doigts.

tête prolongée en un groin mobile qui lui sert à fouiller la terre ; le *Sanglier* ou Cochon sauvage (fig. 131), très répandu en Europe; sur les hauts plateaux des Andes, il porte, au lieu de soies, une sorte de laine grossière; le *Babiroussa*, dont les canines supérieures, chez le mâle, se relèvent jusqu'au-dessus de la tête; il vit dans l'Inde et les Moluques ; enfin, le *Phacochère*, qui habite l'Afrique.

Hippopotamidés. — Les Hippopotames (fig. 132) sont des animaux aquatiques, aux formes massives, très courts sur jambe, et à tête grosse et difforme. Ils mesurent jusqu'à 3 mètres et demi de longueur ; leurs pattes sont terminées par quatre doigts munis chacun d'un sabot.

Fig. 132. — Hippopotame ; (2^m,50).

Les Hippopotames sont excellents nageurs; ils peuvent plonger pendant longtemps sans avoir besoin de renouveler leur provision d'air. Le soir, ils sortent de l'eau et paissent avidement dans les herbes du voisinage; ils dévorent même les plantes de culture, telles que le Riz, le Maïs. On les trouve principalement dans les cours d'eau de l'Afrique du Sud.

Ruminants. — Les Ruminants se distinguent par quatre caractères principaux.

1° En premier lieu, leur *dentition* (fig. 133) est *incomplète :* les incisives manquent à la mâchoire supérieure; à la mâchoire inférieure elles sont au nombre de six ou huit et élargies en manière de pelles (*i*) ; les canines manquent aux deux mâchoires (*b*); enfin les molaires sont nombreuses et munies de replis d'émail en forme de croissants, disposés d'avant en arrière (*m*).

Le mouvement de la mâchoire inférieure se fait de droite

à gauche ou de gauche à droite, circulairement, de manière que les croissants d'émail des dents opposées s'engrènent les uns avec les autres et mâchent convenablement l'herbe ou le grain : ce mouvement rappelle celui d'une meule.

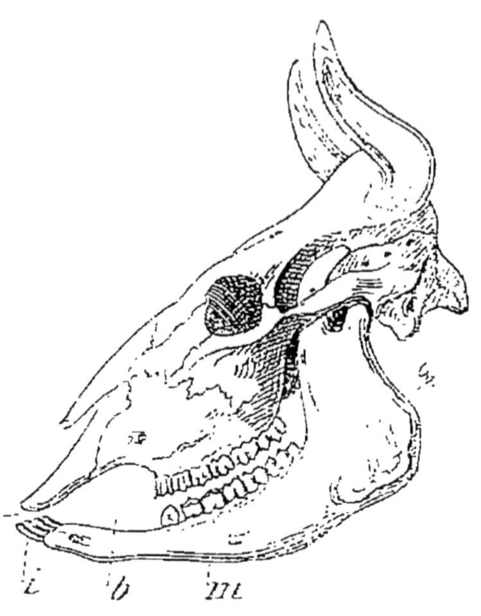

Fig. 133. — Crâne du Bœuf. *i*, incisives ; *b*. barre ; *m*, molaires.

2° L'*estomac* des Ruminants (fig. 134), au lieu d'être simple comme celui des autres Mammifères, est divisé en quatre poches, savoir : la *panse*, très volumineuse ; le *bonnet*, à paroi gaufrée intérieurement ; le *feuillet*, pourvu de nombreux replis longitudinaux, et enfin la *caillette*, qui se continue avec l'intestin. Celui-ci est très long et mesure 29 mètres chez le Mouton, 50 mètres chez le Bœuf.

Les aliments, imparfaitement divisés, passent d'abord dans la panse, puis dans le bonnet ; ils remontent ensuite dans la bouche grâce aux contractions de l'œsophage et y sont soumis à une seconde mastication. Après quoi, ils redescendent plus amollis dans l'œsophage, et, par une sorte de gouttière qui prolonge l'œsophage à droite, s'engagent dans le feuillet et enfin dans la caillette. C'est cette dernière partie qui sécrète le suc gastrique.

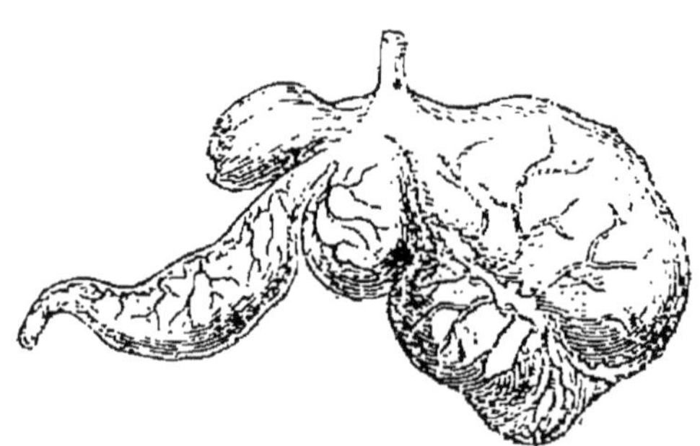

Fig. 134. — Estomac de Ruminant.

Lorsqu'on laisse tremper dans l'eau salée une caillette de Veau coupée en menus fragments, le suc gastrique s'y dissout; le liquide ainsi obtenu s'appelle *présure*. Il sert dans les fromageries à faire cailler le lait : de là, le nom de caillette donné au quatrième estomac.

3° Les *membres* des Ruminants sont caractéristiques. Leur pied, très haut, comprend notamment (fig. 135) un os double très allongé, appelé *canon*, et deux ou quatre doigts placés au bout.

Le Bœuf, par exemple, n'a que deux doigts; il a, comme on dit, le *pied fourchu*. Au contraire, le Chevreuil, le Cerf en ont quatre (fig. 143), dont deux plus petits qui ne sont plus aujourd'hui d'aucun usage pour l'animal.

4° Enfin les Ruminants se distinguent par la présence de *cornes*, les unes persistantes (Bœuf), les autres caduques (Chevreuil). Ce sont leurs seuls moyens de défense contre les attaques des animaux féroces; mais c'est ordinairement par la fuite qu'ils arrivent à se soustraire à leurs ennemis.

Principales familles. — Les principales familles de Ruminants sont : les *Caméliens*, les *Bovidés*, les *Antilopidés*, les *Cervidés*, les *Girafidés* et les *Moschidés*.

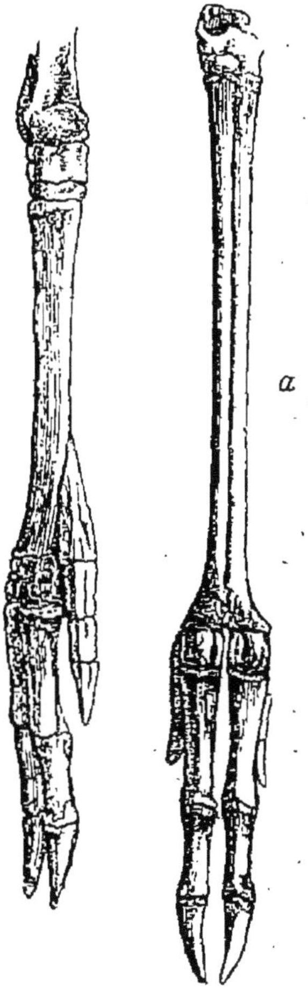

Fig. 135. — Patte antérieure et patte postérieure de Chevrotain. *a*, canon.

Caméliens. — Les *Caméliens* sont dépourvus de cornes. Leurs globules du sang sont ovales et non arrondis comme ceux des autres Mammifères. Ce groupe comprend le *Chameau*, pourvu de deux bosses et le *Dromadaire* (fig. 137), qui n'en a qu'une; ces animaux sont remarquables par leur extrême sobriété. Le *Lama* et l'*Alpaca*, qui vivent en troupes sur les hauts plateaux de l'Amérique du Nord, appartiennent à la même famille.

Bovidés. — Les *Bovidés* portent des cornes droites ou diversement contournées, composées d'un cornillon osseux, prolongement de l'os frontal, et d'une masse de corne qui l'entoure et la prolonge ; cette dernière est creuse.

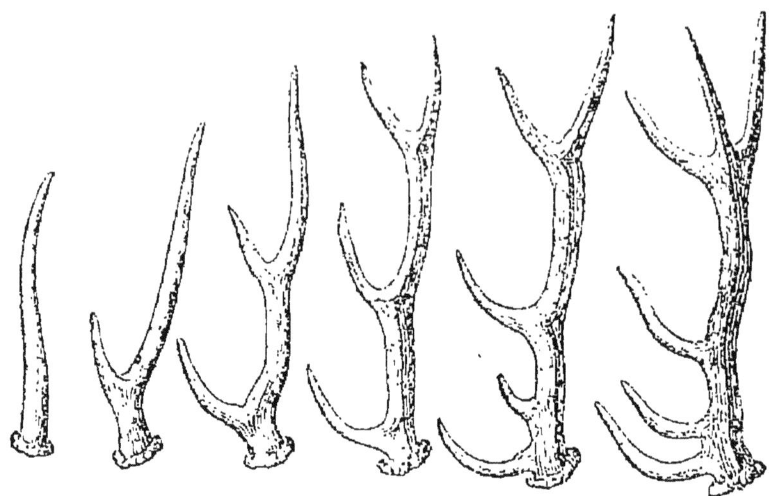

Fig. 136. — Bois de Cerf de 1 à 6 ans.

Fig. 137. — Dromadaire ; (2 mètres).

Les principaux genres sont : le *Bœuf* (fig. 138), important à divers égards ; le mâle s'appelle taureau ; la femelle, vache, et le jeune, veau; le *Mouton* (fig. 139), dont la femelle est la brebis et le jeune l'agneau : la laine qu'il fournit est particulièrement fine dans la brebis mérinos, élevée en Espagne ; la *Chèvre* se reconnaît à la barbe qu'elle porte au menton ; le *Buffle*, en voie de disparition (Etats-Unis); le *Zébu;* etc.

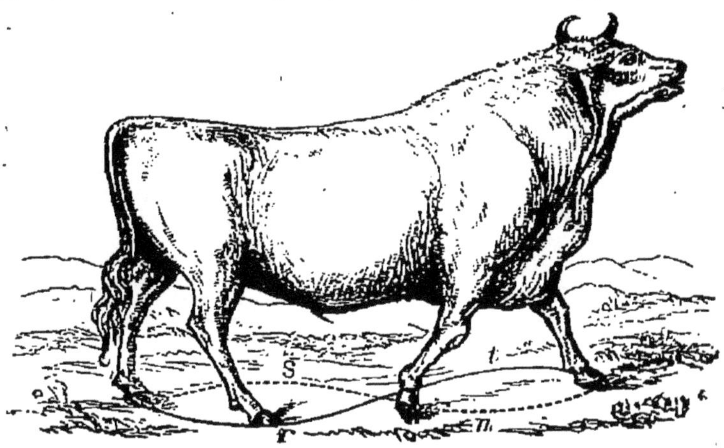

Fig. 138. — Bœuf Chillingham, (à tête réduite; élevé pour la boucherie; (1m,80).

Antilopidés. — Les *Antilopidés* sont de gracieux Ruminants, vivant en troupes nombreuses, soit dans les plaines, soit sur les hautes montagnes. L'*Antilope* (fig. 140) et le *Chamois* sont les deux genres principaux de la famille; on chasse le Chamois dans les Alpes et les Pyrénées. Leurs cornes sont persistantes.

Cervidés. — Les *Cervidés* sont caractérisés par des cornes ou *bois* caducs (fig. 136), composés d'un cornillon osseux recouvert par la peau ossifiée; celle-ci tombe tous les ans au printemps. Le mâle seul possède une ramure, excepté cependant chez le genre Renne, où la femelle en présente une comme le mâle.

Cette famille comprend : le *Cerf* (fig. 141), dont les bois sont arrondis et très rameux ; le *Chevreuil*, aux bois simplement fourchus ; l'*Élan*, à ramure large et aplatie ; le *Daim*, et enfin le *Renne* (fig. 142), qui sert aux Lapons de bête de somme et de monture et se nourrit simplement de Lichens.

Girafidés. — Les *Girafidés* comprennent les Girafes, Ruminants au cou très long, portant sur le front deux petites cornes couvertes d'une peau velue et persistante. Les Girafes vivent en Afrique.

Fig. 139. — Mouton à longue laine (1^m,10).

Moschidés. — Parmi les *Moschidés*, une espèce importante, le *Chevrotain porte-musc* (fig. 143), qui est de la taille d'une petite Chèvre, présente une poche ventrale arrondie,

Fig. 140. — Antilope; (1m,80).

Fig. 141. — Cerf et Biche; (1m,50).

Fig. 142. — Renne ; ($1^m,80$).

Fig. 143. — Chevrotain porte-musc ; ($0^m,80$).

d'environ six centimètres de largeur, dans laquelle s'accumule le musc, substance noirâtre très odorante.

ONGULÉS A DOIGTS IMPAIRS. — **Proboscidiens.** Les *Éléphants*, les plus gros de tous les quadrupèdes, sont les seuls Ongulés pourvus de cinq doigts (fig. 144). Leurs membres sont massifs ; leurs oreilles larges et pendantes ; leurs

Fig. 144. — Éléphant ; (2m,20).

yeux remarquablement petits. Doués d'une grande intelligence, ils peuvent être dressés à toute espèce d'exercices.

On cite le cas d'un Éléphant qui servait véritablement de bonne à un enfant en l'absence de sa mère : « L'animal était

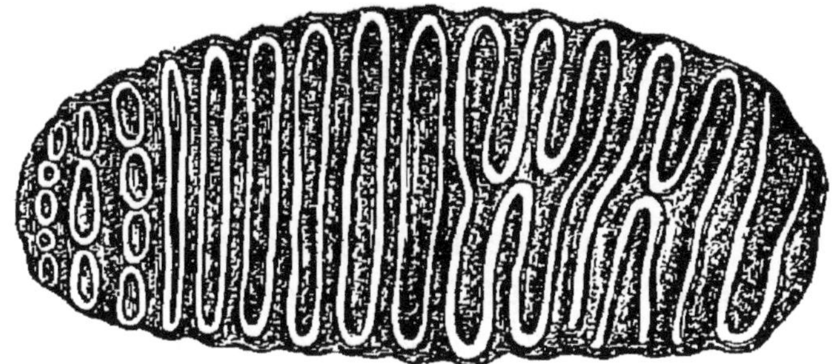

Fig. 145. — Molaire d'Éléphant des Indes (vue par-dessus) ; (0m,15).

attaché à une chaîne et quand l'enfant, dans ses ébats, arrivait à la limite de sa longe, il le ramenait doucement avec sa trompe. »

Les *défenses* des Éléphants, qui fournissent l'ivoire, peuvent atteindre jusqu'à cent kilogrammes; elles représentent les incisives.

La *trompe*, qui donne une physionomie si spéciale à ces animaux, résulte du prolongement du nez; elle est creusée de deux conduits qui se continuent avec les fosses nasales et peut être fermée par une petite lame cartilagineuse. A l'extrémité de la trompe on remarque un petit appendice très sensible, avec lequel l'Éléphant peut saisir de menus objets. La trompe est indispensable à l'animal pour la préhension des aliments : elle compense la brièveté du cou qui empêche la tête d'arriver jusqu'à terre.

Il y a deux espèces d'Eléphants : l'*Eléphant de l'Inde* et l'*Éléphant d'Afrique*. Ce dernier a les oreilles et les défenses beaucoup plus développées que l'autre.

Les Éléphants vivent en troupes nombreuses, ordinairement conduites par le plus ancien ; ils peuvent vivre pendant environ deux cents ans.

Les Proboscidiens étaient particulièrement florissants à l'époque quaternaire et même à une époque géologique plus reculée encore; le *Mammouth*, par exemple, vivait alors dans le bassin de Paris.

Rhinocéridés. — Les Rhinocéros sont des pachydermes munis sur le nez d'une ou deux larges cornes massives, formées de poils soudés.

Le *Rhinocéros de l'Inde* n'a qu'une seule corne; celui d'Afrique en possède deux. Ces animaux fréquentent en général les mêmes lieux que les Éléphants; ils n'ont aucune intelligence.

Équidés. — Cet ordre ne comprend à l'époque actuelle qu'un seul genre, le genre *Cheval*, dont les principales espèces sont : le *Cheval domestique* (fig. 146), issu d'espèces sauvages de l'époque géologique quaternaire et d'ailleurs redevenu sauvage dans certaines régions, comme les steppes de l'Asie centrale; le Cheval mâle se nomme *étalon;* la femelle, *jument*. L'*Ane sauvage*, souche de l'Ane domestique; le *Mulet*, forme intermédiaire entre le Cheval et l'Ane;

l'*Hémione* et l'*Onagre*, qui vivent en Asie; enfin le *Zèbre*, facilement reconnaissable à sa robe jaune rayée de noir.

Le Cheval se distingue des autres Ongulés par son pied

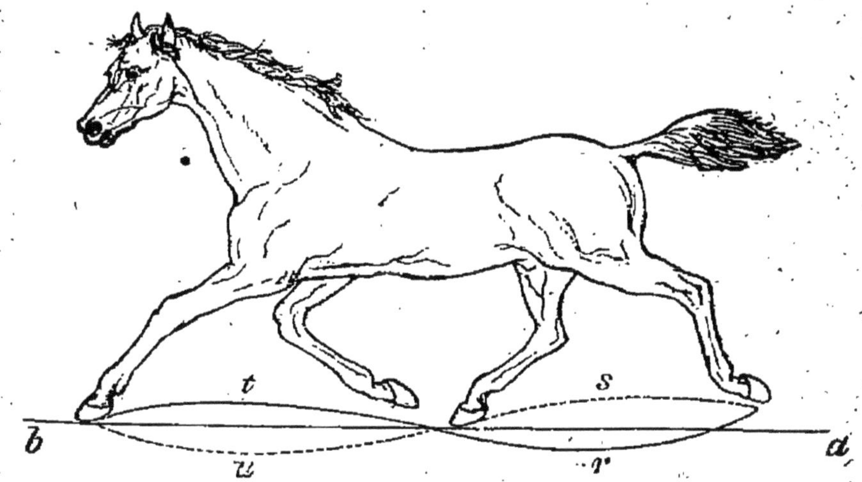

Fig. 146. — Cheval au trot, avec les courbes décrites par les pieds; (1m,90).

muni d'*un doigt unique* (fig. 147, *e*) et par conséquent aussi d'un seul sabot. Le doigt, qui comprend trois phalanges

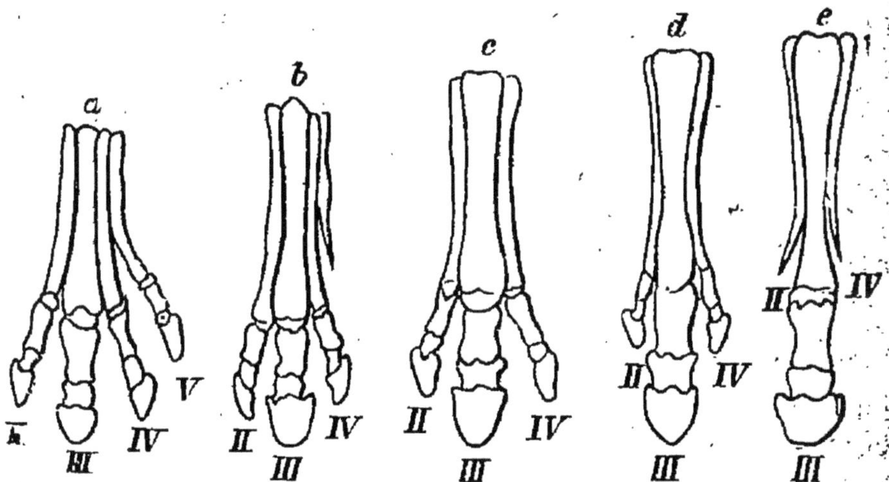

Fig. 147. — *a*, *b*, *c*, *d*, pied des Chevaux préhistoriques; *e*, pied du Cheval actuel.

est précédé d'un *canon* (os métatarsien) très allongé.

Les ancêtres géologiques du Cheval (fig. 147) avaient trois, quatre et même cinq doigts; dans le cours des âges, tous ces doigts ont disparu, par suite d'une adaptation progressive à la course, sauf le doigt médian, qui a dû se développer sensiblement pour soutenir à lui seul le poids du corps.

La *dentition* du Cheval (fig. 148) diffère beaucoup de celle des Ruminants. A chaque mâchoire on remarque six incisives; les canines manquent, excepté chez le mâle, où elles sont d'ailleurs peu développées; enfin lès molaires sont au nombre de douze. Le mouvement de la mâchoire inférieure est un mouvement circulaire, un mouvement de meule, rappelant celui des Ruminants.

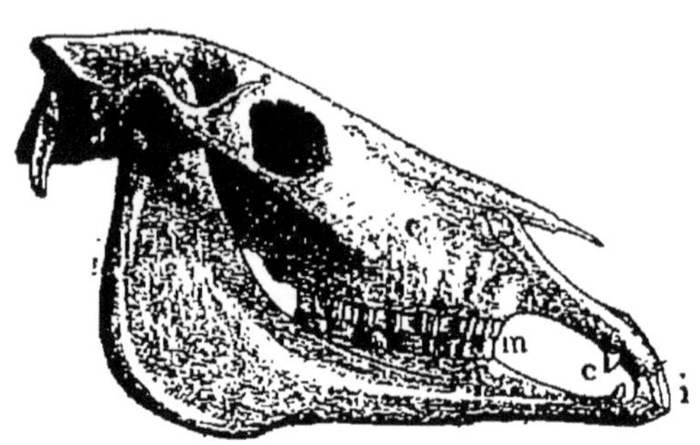

Fig. 148. — Tête de Cheval. *i*, incisives; *c*, canines; *m*, molaires.

L'estomac du Cheval est simple.

Age du Cheval. — On peut déterminer l'âge d'un Cheval jusqu'à huit ans par l'inspection des incisives de lait, puis des incisives permanentes. Lorsqu'elles sont nouvellement formées, les unes et les autres sont creusées, au sommet de la couronne, d'une petite fossette qui disparaît peu à peu par l'usure, à un âge donné. C'est vers deux ans que les incisives permanentes apparaissent.

Races chevalines. — Les différentes races chevalines (race *limousine*, *boulonnaise*, *bretonne*, etc.) ont des formes très variables; les unes servent pour la course, d'autres pour le trait, d'autres enfin pour la monture.

Le Cheval arabe est la souche de la race andalouse, ainsi que du Cheval anglais ou *pur sang*. Ce dernier est lui-même la souche de nos Chevaux de course.

Le Cheval de Corse se distingue par sa petite taille; il rappelle les *Poneys* anglais.

La couleur de la robe varie beaucoup; lorsqu'elle est d'un rouge brun, le Cheval est dit *bai;* lorsqu'elle est blanche et tachetée de noir, c'est un Cheval *pie;* etc.

SECTION III

MAMMIFÈRES PISCIFORMES

Sommaire. — CARACTÈRES GÉNÉRAUX. — Sirénides. — Cétacés.

Caractères généraux. — Les Mammifères *pisciformes* tirent leur nom de la forme allongée de leur corps, appropriée à la vie aquatique libre et rappelant celle des Poissons; ils se distinguent nettement de ces derniers par la présence de mamelles et de poumons, organes que l'on ne rencontre jamais chez les Poissons.

Les poumons obligent ces animaux à venir à la surface de l'eau pour respirer, contrairement aux Poissons qui, à l'aide de leurs branchies, respirent l'air contenu en dissolution dans l'eau même. Leur sang est chaud.

On divise ces Mammifères en deux ordres : les *Cétacés* et les *Sirénides*. Tandis que les premiers offrent certaines analogies avec les Carnassiers, les seconds se rapprochent nettement des Herbivores.

Tous sont dépourvus de membres postérieurs (fig. 151); quant à leurs membres antérieurs, ils sont courts et transformés en nageoires. A l'extrémité du corps on remarque une nageoire horizontale; une autre se trouve d'ordinaire sur le dos.

Les dents existent généralement aux deux mâchoires.

Cétacés.— Les *Cétacés* sont caractérisés par leurs fosses nasales, qui s'ouvrent très en arrière de la tête par un ou deux orifices, nommés *évents*. C'est par les évents qu'ils expirent avec bruit l'air chargé de vapeur d'eau, ce qui leur a valu le nom de *Souffleurs;* et comme la vapeur se

Fig. 149. — Baleine; (25 mètres).

condense dans l'air froid ambiant, elle se traduit par un nuage blanchâtre qui simule une gerbe d'eau.

Les *mamelles* des Cétacés sont *abdominales*; les dents, quand elles existent, sont coniques, toutes semblables et

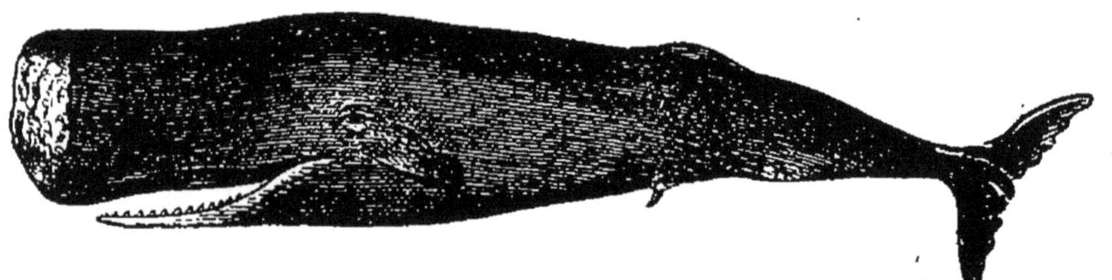

Fig. 150. — Cachalot ; (20 mètres).

aptes à broyer les Mollusques, Crustacés et Poissons qui leur servent de nourriture.

Principaux genres. — Les principaux genres sont : la *Baleine*, le *Cachalot*, le *Dauphin* et le *Narval*.

La *Baleine* (fig. 149) est le plus grand de tous les animaux; sa longueur varie de vingt à trente mètres. Elle est dépourvue de dents. Sa mâchoire supérieure est bordée de deux rangées de longues lames frangées, nommées *fanons*, qui servent à arrêter, à la manière d'un véritable crible, les petits animaux, tels que les Crevettes, dont elle se nourrit : en effet, lorsque sa vaste bouche vient de se remplir d'eau, la Baleine la rejette par les interstices des fanons, tandis que les animaux qu'elle contenait sont arrêtés.

Il est à remarquer que l'œsophage de la Baleine est très étroit relativement à sa grande taille, ce qui l'empêche d'avaler de grosses proies; son estomac est parfois rempli d'une immense quantité de Crevettes, jusqu'à cinq ou six hectolitres. A défaut de Crustacés, la Baleine fait la chasse aux Poissons, particulièrement aux Harengs.

La peau des Baleines est complètement lisse et doublée d'une couche de graisse très épaisse. Les espèces des

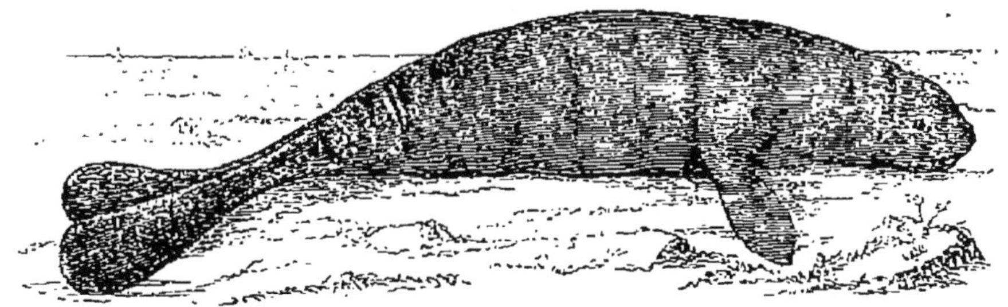

Fig. 151. — Lamantin ; (3 mètres).

Océans, notamment la *Baleine franche*, que l'on pêche dans les mers boréales, fournissent au commerce une quantité considérable d'huile; au contraire les Baleines de la Méditerranée en donnent relativement peu. Aussi, après leur mort, les Baleines franches flottent-elles à la surface de la mer, tandis que les autres tombent au fond.

Le cerveau offre de nombreuses circonvolutions et l'encéphale pèse en moyenne quatre kilogrammes.

Les jeunes Baleines ou Baleineaux mesurent déjà six ou sept mètres au moment de leur naissance ; elles suivent d'ordinaire leur mère jusqu'à ce qu'elles aient atteint la moitié de leur taille définitive.

Pêche de la Baleine. — Autrefois, on pêchait la Baleine au moyen de harpons en fer, terminés en flèche et placés au bout d'une sorte de ligne ; le harponneur lançait l'engin à la mer lorsque l'animal était à proximité de l'embarcation.

Aujourd'hui, on tire les Baleines au canon, à une distance de trente ou quarante mètres. L'obus du projectile est muni d'un fer de lance et éclate dès qu'il a pénétré dans le corps : de la sorte, l'animal est foudroyé.

Le *Cachalot* (fig. 150) n'a de dents qu'à la mâchoire inférieure. Les os de son énorme tête sont creusés de vastes cavités, remplies d'une substance onctueuse blanchâtre, nommée *spermaceti* (ou blanc de baleine), qui entre dans la composition du cold-cream.

Le *Dauphin* a les deux mâchoires garnies de nombreuses

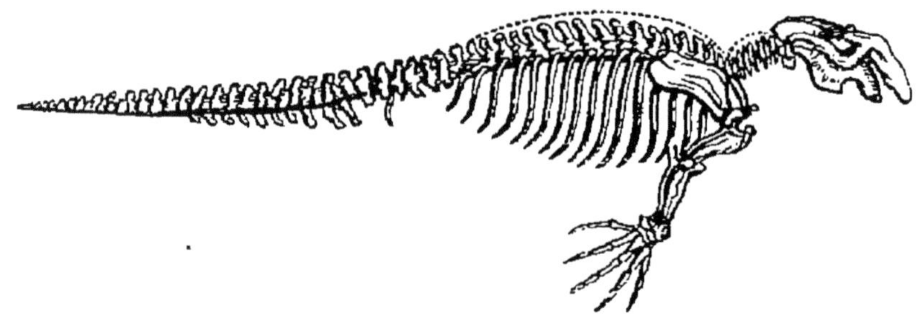

Fig. 151 *bis*. — Squelette de Dugong; (1^m,50).

dents coniques; il mesure de deux à trois mètres. Le *Marsouin* (fig. 77) est une espèce voisine.

Enfin le *Narval* se reconnaît aux deux longues défenses, dirigées en avant, qui arment sa mâchoire supérieure.

Sirénides. — Les *Sirénides*, contrairement aux Cétacés, ont les narines placées comme d'ordinaire à la partie antérieure de la tête; leurs *mamelles* sont *pectorales;* enfin leurs dents, nombreuses, ont une couronne tuberculeuse, adaptée au régime herbivore.

Les principaux genres sont : le *Lamantin* (fig. 151), long d'environ trois mètres, vivant à l'embouchure de l'Amazone; le *Dugong*, qui habite l'océan Indien; enfin la *Rhytine*, espèce aujourd'hui disparue, mais qui vivait encore au siècle dernier dans les mers boréales.

CHAPITRE II

CLASSE DES OISEAUX

Sommaire. — Caractères extérieurs : plumes ; bec. — Caractères intérieurs : sacs aériens. — Œufs. — Migrations des Oiseaux. — Sociétés d'Oiseaux.

Définition. — Les Oiseaux sont des Vertébrés ovipares, à sang chaud, et couverts de plumes.

Caractères extérieurs. — Ce qui distingue à première vue un Oiseau, ce sont les *plumes* qui garnissent son corps.

Plumes. — Les plumes se forment, comme les poils des Mammifères, dans le derme de la peau. Elles se composent de trois parties (fig. 152) : la *tige* (*a*), implantée à sa base dans la peau ; les *barbes* (*b*), placées de chaque côté de la tige ; enfin les *barbules* (*c*), petites ramifications des barbes, très serrées, courbées en arc et accrochées les unes aux autres.

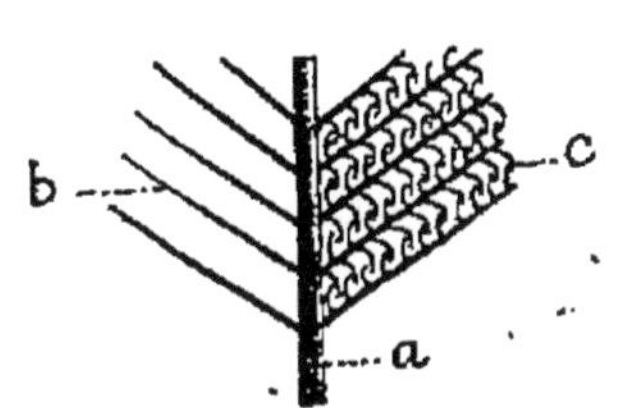

Fig. 152. — Parties d'une plume (fig. théorique).

Rémiges ; pennes rectrices. — Les grandes plumes qui sont fixées aux membres supérieurs et qui avec eux forment les ailes s'appellent *rémiges ;* celles de la queue, ordinairement au nombre de douze, portent le nom de *rectrices*, parce qu'en effet elles servent à régler la direction du vol, selon qu'elles s'élèvent, s'étalent ou s'abaissent (fig. 175).

A la base des grandes plumes de l'aile (fig. 153, *b*), on remarque les plumes *tectrices* (*b*) ou *couverture*, et, sur tout le reste du corps, d'autres plus petites et plus molles, constituant le *duvet*, qui préserve l'Oiseau contre la déperdition de la chaleur.

Plus les ailes sont longues et pointues, plus le vol de l'Oiseau est puissant; chez les Frégates, par exemple, qui peuvent franchir en pleine mer plusieurs centaines de kilomètres, elles offrent un remarquable développement;

Fig. 153. — Martin-pêcheur. *a*, rémiges ; *b*, tectrices ; *c*, rectrices.

au contraire, nos Oiseaux de basse-cour les ont si courtes par rapport au corps qu'ils peuvent à peine s'élever au-dessus du sol.

Bec. — Au lieu de lèvres charnues, les Oiseaux présentent deux mandibules cornées, constituant le *bec;* ils manquent de dents.

Caractères intérieurs. — L'anatomie des Oiseaux diffère par plusieurs points de celle des Mammifères.

Appareil digestif. — Sur l'œsophage, on remarque un renflement, appelé *jabot* (fig. 154, *b*), sorte de réservoir d'aliments. L'estomac est divisé en deux parties, savoir, le *ventricule succenturié* (*c*), à parois molles, sécrétant le suc gastrique, et le *gésier* (*g*), à parois musculaires très épaisses, destiné à triturer les grains que l'Oiseau avale sans les mâcher. L'intestin, qui est muni de deux cæcums (*h*), se jette dans le cloaque (*r*) avec les conduits urinaires et l'oviducte.

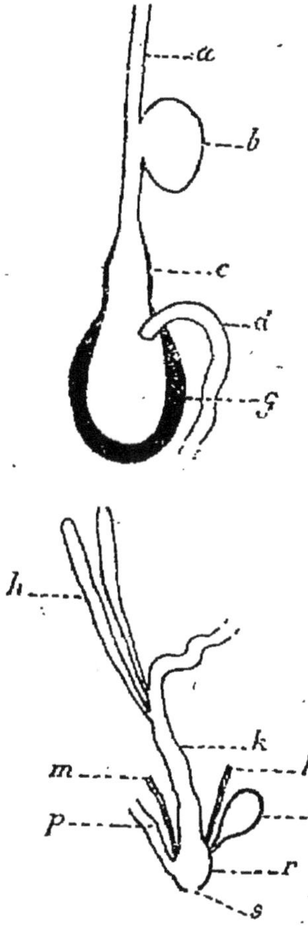

Par le grand nombre d'Insectes qu'ils détruisent, les Oiseaux sont pour les agriculteurs des auxiliaires précieux.

Appareil circulatoire. — Le cœur a quatre cavités, comme le nôtre, et la circulation du sang s'effectue comme chez les Mammifères.

Appareil respiratoire. — Il se compose essentiellement de la trachée artère et des poumons ; ceux-ci sont complètement accolés aux côtes.

Les poumons (fig. 155) communiquent ici avec neuf *sacs membraneux*, remplis d'air et placés dans les intervalles des organes.

Les *sacs aériens* servent surtout à alléger le vol. Ils communiquent avec les cavités des os, notamment avec celles des os des membres.

Fig. 154. — Appareil digestif de la Poule. *b*, jabot; *g*, gésier; *l*, *m*, conduits urinaires; *p*, oviducte.

La respiration des Oiseaux est extrêmement active ; aussi la température de leur corps est-elle fort élevée : elle varie de 41 à 44 degrés. C'est pendant le vol surtout que le dégagement de la chaleur est considérable.

Le larynx ordinaire est à peu près inactif dans la production des sons ; il en existe un autre à l'extrémité inférieure de la trachée ; c'est l'organe du chant des Oiseaux.

Squelette. — Le squelette des Oiseaux est construit sur le même plan général que celui des Mammifères.

Examinons par exemple (fig. 156) le membre supérieur, c'est-à-dire l'aile. L'épaule comprend ici trois os, au lieu de deux; les deux clavicules (*q*) constituent ce qu'on appelle la *fourchette*. On retrouve ensuite l'humérus (*b*); le radius et le cubitus (*c d*), et enfin plusieurs os pour la main. Les

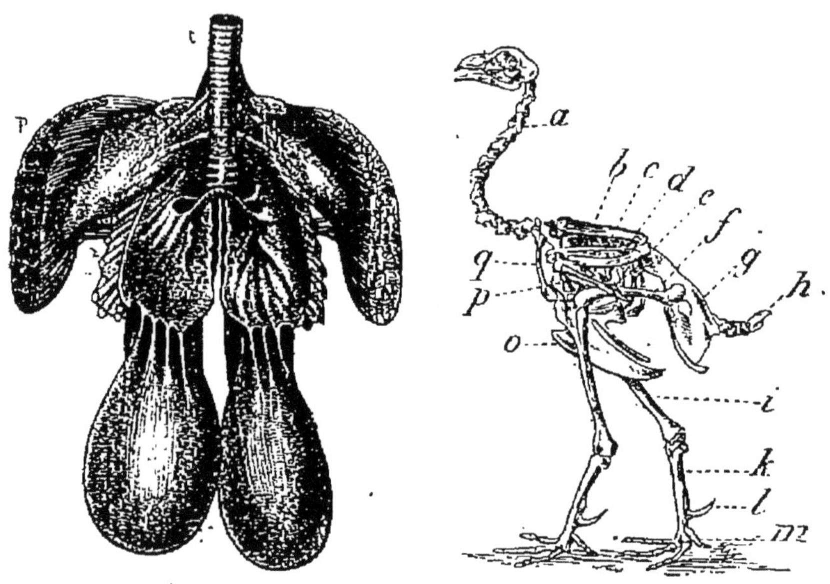

Fig. 155. — Sacs aériens des Oiseaux. *t*, trachée; *p*, muscles.

Fig. 156. — Squelette du Coq.

plumes de l'aile sont insérées seulement sur l'avant-bras et sur la main.

Dans le membre inférieur, on distingue le fémur (*f*), assez court; le tibia (*i*) et le péroné, ce dernier réduit à l'état de stylet; enfin le pied (*k*), très haut, ordinairement dégarni de plumes et terminé par quatre doigts, dont trois en avant et un en arrière.

L'arête vive du sternum (*o*), de chaque côté de laquelle s'insèrent les principaux muscles du vol, s'appelle *bréchet;* elle est surtout prononcée chez les Oiseaux bons voiliers.

Chez l'Autruche, Oiseau coureur, le bréchet manque.

Œufs. — Les Oiseaux sont des Vertébrés *ovipares*, et non plus vivipares comme les Mammifères. Ils déposent leurs œufs dans des nids construits avec un art remarquable, soit avec de la mousse et des brins d'herbe, comme le Merle, soit avec de la terre, comme les Hirondelles (fig. 159); parfois même, ils les garnissent de leur propre duvet.

Le nombre des œufs, ainsi que leur teinte, varie selon les espèces ; mais d'ordinaire il est plus considérable pour les petites espèces que pour les grandes. La ponte a lieu une seule fois par an ; toutefois, lorsque le nid disparaît par accident, beaucoup d'Oiseaux en reconstruisent un autre en un endroit différent et une nouvelle ponte a lieu.

La méfiance des Oiseaux envers l'Homme qui s'approche de leur nid est telle qu'il suffit de prendre les œufs à la main, puis de les remettre en place pour en éloigner définitivement la femelle. Parfois cependant, le couple transporte les œufs dans un autre nid, préparé à cet effet ; le Rossignol, l'Engoulevent et d'autres espèces encore agissent de la sorte.

Fig. 157. — Nid de la Poule d'eau.

C'est généralement la femelle seule qui se charge du soin d'incuber les œufs. Lorsque les jeunes sont éclos, la mère leur prodigue les soins les plus tendres pour assurer leur développement, tandis que le mâle recherche activement la nourriture dont ils ont besoin.

Certains Oiseaux trouvent plus commode de déposer leurs œufs dans le nid d'autres espèces et de les faire incuber par elles ; le plus remarquable à cet égard est le *Coucou*, dont il sera question plus loin.

Parties de l'œuf. — L'œuf de la Poule (fig. 158, 1) se compose de cinq parties principales :

1° Une *coquille calcaire*, qui protège les parties internes et laisse passer l'air nécessaire à la respiration du jeune poulet avant l'éclosion; 2° la *membrane coquillière*, qui est très délicate et tapisse intérieurement la coquille, sauf au gros bout de l'œuf où elle s'en détache pour former une sorte de chambre à air; 3° vient ensuite le *blanc d'œuf* ou albumine, matière azotée très nutritive; 4° le *jaune* (fig. 158, *b c*), formé surtout de matières grasses et colorantes; 5° enfin le *germe* (fig. 158 *a*), petite tache blanchâtre placée quelque part sur le jaune et constituant la partie fondamentale de l'œuf, puisque c'est elle qui donnera le poulet.

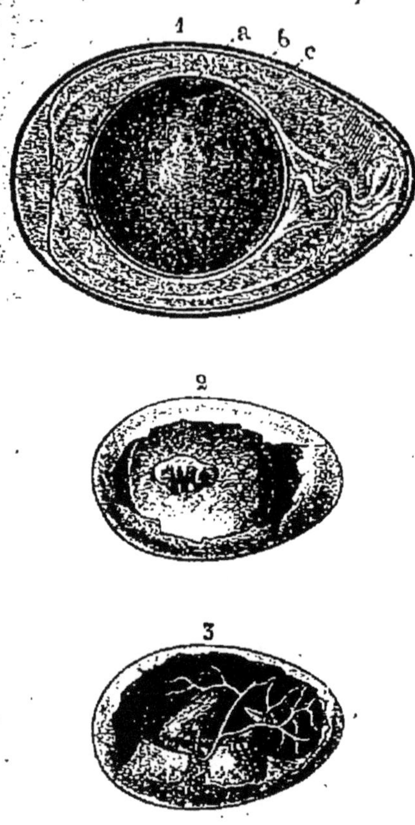

Fig. 158. — 1, Œuf de la Poule : *a*, germe; *b c*, jaune; 2, 3, développement du poulet.

Le blanc et le jaune ne sont pas autre chose que des matières nutritives de réserve que le germe absorbe lentement pendant l'incubation.

Migrations des Oiseaux. — Un assez grand nombre d'Oiseaux présentent le caractère curieux de changer de climat aux approches de l'hiver; ils accomplissent à cet effet des voyages souvent très longs pour trouver des conditions d'existence plus favorables. Ceux de nos pays vont passer l'hiver dans le Midi, en Afrique, et nous reviennent au printemps; au contraire, ceux des régions septentrionales viennent s'établir dans nos régions tempérées en automne, ou tout au moins les traversent pour s'enfoncer davantage vers le Sud, et cela à des époques parfaitement déterminées.

Les Oiseaux migrateurs, comme les Hirondelles (fig. 168), les Cigognes, sont d'ordinaire réunis au moment de leurs voyages en troupes considérables ; plusieurs jours avant le départ, ils s'exercent activement au vol. Les bandes de

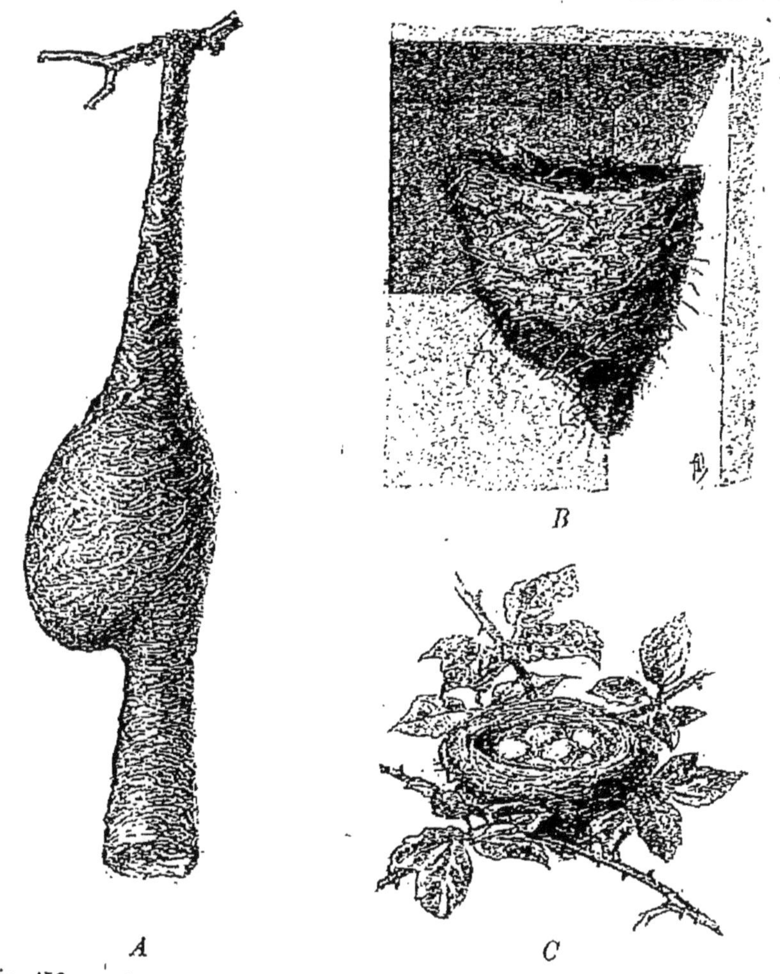

Fig. 159. — *A*, nid de Tisserin ; *B*, nid d'Hirondelle ; *C*, nid de Fauvette des roseaux.

Pigeons voyageurs sont parfois si serrées qu'elles obscurcissent le soleil au moment de leur passage. Un fait remarquable est que tous ces Oiseaux retrouvent exactement leur chemin et leur ancien gîte après une absence de plusieurs mois ; quelques-uns reprennent même possession du nid qu'ils avaient momentanément abandonné ; les Hirondelles et les Cigognes en sont des exemples frappants.

Quand des troupes de Canards sauvages, de Combattants ou d'autres Oiseaux encore entreprennent de longs voyages, elles se disposent en larges triangles, de façon à n'éprouver de la part de l'air que la moindre résistance possible. Au sommet du triangle et à une certaine distance des suivants se trouve placé l'animal le plus fort et le plus courageux, qui conduit la marche. Lorsqu'il est épuisé, il est immédiatement remplacé par un autre de bonne volonté et va occuper dans la colonne un poste moins fatigant.

Fig. 160. — Société de Républicains.

Sociétés d'Oiseaux. — Les Oiseaux vivent rarement en sociétés. Quelques-uns cependant comme les Mouettes, les Tisserins (fig. 159, *A*), bâtissent leurs nids tellement près les uns des autres qu'ils ne forment pour ainsi dire tous ensemble qu'une seule habitation : ceux des Tisserins sont suspendus aux branches des arbres aquatiques ; ceux des Mouettes sont simplement posés sur le sol au bord de la mer. Les associations les plus curieuses sont réalisées par le *Républicain*, sorte de Grosbec qui vit en troupes dans l'Afrique du Sud, notamment au cap de Bonne-Espérance. Les Républicains (fig. 160) fabriquent autour d'un tronc d'arbre, avec de la paille et de l'herbe, un large toit circulaire, parfaitement imperméable à l'eau, et disposent ensuite leurs nids à la face inférieure de cet abri collectif, mais seulement vers le bord. Les nids n'ont pas tous une ouverture libre : généralement une entrée est commune à trois d'entre eux.

Comme les nids ne servent qu'une fois, d'autres sont

construits chaque année au-dessous des précédents et l'édifice s'agrandit tellement qu'il finit par se rompre. Une association de ce genre peut compter alors plus de trois cents habitations.

Classification des Oiseaux

Sommaire. — Rapaces. — Grimpeurs : mœurs du Coucou. — Passereaux. — Gallinacés. — Colombins. — Coureurs. — Echassiers. — Palmipèdes.

Pour diviser la classe des Oiseaux en ordres, familles, etc., on se base principalement sur la forme du bec et des pattes.

On arrive ainsi à distinguer huit ordres, savoir : les *Rapaces*, les *Grimpeurs*, les *Passereaux*, les *Gallinacés*, les *Pigeons*, les *Coureurs*, les *Échassiers* et les *Palmipèdes*.

Rapaces. — Les Oiseaux de proie se reconnaissent à leur bec puissant et crochu, et à leurs pattes ou *serres* munies de griffes très développées (fig. 161). Le bec est tranchant ; sa mandibule supérieure recourbée en pointe le rend apte à déchirer la chair. Les Rapaces vivent tantôt de proies

Fig. 160 *bis*. — Chouette du Cap, en plein vol.

vivantes, telles que de petits Mammifères, des Insectes ou d'autres Oiseaux, tantôt d'animaux morts et plus ou moins décomposés. Presque tous sont puissamment organisés pour le vol; aussi peuvent-ils s'élever dans les airs en des régions qu'aucun autre être vivant n'a le pouvoir d'atteindre. Le Condor des Andes plane quelquefois à plus de dix mille mètres d'altitude.

Principales familles. — On distingue les Rapaces diurnes et les Rapaces nocturnes.

1° Les *Rapaces diurnes* ne chassent que pendant le jour; leurs pattes sont incomplètement emplumées; leurs yeux dirigés sur le côté ; enfin leur plumage est très serré.

Ce groupe comprend le *Faucon*, qui se reconnaît à

Fig. 161. — Aigle; (0m,60).

Fig. 161 *bis*. — Vautour; (0m,50)

la dent proéminente de sa mandibule supérieure ; excellent voilier, fondant sur sa proie avec une incroyable rapidité, il est par là même un parfait Rapace. Certaines espèces de Faucons étaient autrefois dressées pour la chasse. La *Crécerelle* de nos pays appartient à ce genre.

L'*Aigle* (fig. 161), dont l'envergure dépasse quelquefois trois mètres, vit solitaire sur les hauts sommets. Il niche dans les rochers et pond en moyenne deux œufs. On le trouve en Orient. Il peut enlever des biches, des agneaux, des Lièvres, etc.

Le *Vautour* (fig. 161 *bis*) est remarquable par l'acuité de sa vue et par sa grande puissance (*Vautour des agneaux*);

il vit surtout d'animaux morts. On le reconnaît à son cou dégarni de plumes. Ce Rapace habite les Alpes.

Enfin le *Serpentaire*, qui court plutôt qu'il ne vole, habite l'Afrique et fait la chasse aux Serpents.

L'*Épervier*, le *Milan*, la *Buse*, sont aussi des Rapaces diurnes.

2° Les *Rapaces nocturnes* ne se mettent en chasse que durant la nuit. Leurs pattes sont complètement emplumées et terminées par quatre doigts dont deux sont dirigés en avant, un sur le côté et un autre en arrière ; les yeux sont grands et dirigés en avant ; enfin le plumage de ces Oiseaux est plus lâche et plus moelleux que celui des Rapaces

Fig. 162. — Chouette ; (0m,22). Fig. 163. — Pic tacheté ; (0m,20).

diurnes, ce qui leur permet de voler sans bruit et de mieux surprendre leur proie.

Ce groupe comprend le *Hibou*, le *Grand-duc*, le *Chat-huant* ou *Hulotte*, l'*Effraie* et la *Chouette* (fig. 162). Presque tous ont un cri spécial auquel on peut les reconnaître ; celui du Hibou est sonore et plaintif.

Grimpeurs. — Les Grimpeurs ont à chaque patte *deux doigts en avant et deux en arrière*, ce qui leur permet de mieux se cramponner aux branches des arbres qu'ils visitent pour y chercher leur nourriture. Ils vivent généralement d'Insectes.

Principaux genres. — Les principaux genres sont : le *Pic*, le *Coucou*, le *Perroquet* et le *Toucan*.

Le *Pic* (fig. 163), dont une espèce, le Pic vert, est surtout répandue dans nos régions, se distingue par son bec allongé et droit, et par sa langue protractile, barbelée à l'extrémité. En frappant de son bec l'écorce des arbres, il fait sortir des crevasses les Insectes dont il se nourrit. Le Pic installe son nid dans les trous des vieux arbres ; une espèce de Californie y fait même des provisions pour la mauvaise saison, particularité assez rare chez les Oiseaux.

Le *Coucou* (fig. 164) est un Oiseau à plumage gris, aux ailes longues et pointues, au bec légèrement recourbé à la pointe ; il se nourrit surtout de chenilles. Il vit solitaire dans les bois et ne se laisse que très difficilement approcher par l'Homme ; de fort loin on le reconnaît à son chant, qui est caractéristique. Les Coucous arrivent dans nos pays vers la fin d'avril.

Fig. 164. — Coucou ; ($0^m,25$).

Mœurs du Coucou. — Un instinct curieux pousse certaines espèces de Coucous à déposer leurs œufs dans le nid d'autres Oiseaux. Celui d'Europe les confie d'ordinaire à la Fauvette d'hiver, à la Bergeronnette ou à l'Alouette des prés, et, chose remarquable, ses œufs présentent à peu près la même couleur et les mêmes marques que ceux de l'Oiseau qui se charge de les couver ; il y a là comme une sorte de subterfuge dont se sert le Coucou pour tromper le père et la mère nourriciers.

Lorsqu'une Fauvette a fait éclore l'œuf de Coucou qui lui a été confié, le jeune intrus ne tarde pas à débarrasser le nid des œufs et oisillons qu'il peut renfermer : ceux-ci sont purement et simplement jetés par-dessus bord. Si deux ou plusieurs jeunes Coucous se trouvent en présence ils se disputent la possession du nid avec une ardeur sans pareille, et la victoire reste nécessairement au plus fort. La Fauvette soigne alors le vainqueur, comme s'il était de sa propre famille.

Le *Perroquet* est un Grimpeur des pays chauds, caractérisé par sa mandibule supérieure fortement recourbée et par les teintes très vives de son plumage. La mémoire et l'instinct d'imitation sont développés chez cet Oiseau à un haut degré. Les Perroquets abondent dans l'Amérique du Sud; les *Perruches* sont surtout nombreuses en Australie.

Le *Toucan*, qui vit au Brésil, se reconnaît à son bec dentelé véritablement énorme.

Passereaux. — L'ordre des Passereaux contient un nombre considérable d'Oiseaux de petite taille, générale-

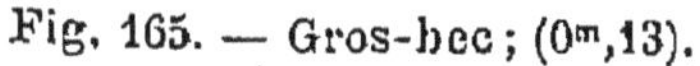

Fig. 165. — Gros-bec; (0m,13).

Fig. 166. — Grive; (0m,18).

ment chanteurs, les uns insectivores, les autres granivores; souvent même ils sont insectivores au printemps et granivores en automne (Alouette). Leurs pattes sont grêles et terminées par trois doigts en avant et un en arrière. La plupart des Passereaux sont des Oiseaux de passage.

Principales familles.— La division de l'ordre des Passereaux en familles est basée sur la forme du bec.

Fig. 167. — Corbeau ; (0m,28).

Certains Passereaux ont le *bec conique et court;* parmi eux se trouvent le Gros-bec (fig. 165), le Bouvreuil, l'Alouette, le Moineau, le Pinson.

D'autres ont le *bec* plus *allongé*, légèrement arqué et

Fig. 168. — Hirondelle de cheminée ; (0m,12).

muni d'une *échancrure* de chaque côté de la mandibule supérieure ; tels sont le Corbeau (fig. 167), la Corneille, la

Pie, le Geai, la Mésange, la Grive (fig. 166), le Merle, le Hochequeue, le Rossignol (fig. 171).

Dans une troisième famille, le bec est *long et ténu*, comme par exemple chez les *Colibris*, les plus petits de tous les Oiseaux.

Chez l'Hirondelle (fig. 168), le Martinet et l'Engoulevent, il est *court*, mais *aplati* et largement fendu.

Une espèce d'Hirondelle, la *Salangane*, fabrique un nid blanchâtre comestible, avec des fragments d'Algues qu'elle agglutine au moyen de sa salive; elle vit en Chine.

Les *Martinets* construisent leur nid à terre ou dans les trous des vieux murs, à peu près comme les Hirondelles; on les reconnaît facilement à leurs pattes complètement emplumées, dont les doigts sont tous les quatre dirigés en avant.

Fig. 169. — Martin-pêcheur; ($0^m,12$). Fig. 170. — Tête de Corneille.

L'*Engoulevent* est remarquable par la vitesse considérable de son vol.

Une dernière famille de Passereaux comprend les *Martins-pêcheurs* (fig. 169), qui vivent de Poissons, et les *Guêpiers*, qui happent les Insectes au vol.

Mœurs des Corneilles. — Les mœurs de certains Passereaux sont fort curieuses. Les Corneilles (fig. 170) par exemple, qui se distinguent des Corbeaux par leur plumage clair en dessous, vivent en communautés au sein desquelles règne une parfaite discipline. Les étrangers qui essayent de s'y faufiler sont fort mal reçus et chassés sans pitié; ceux qui se livrent au pillage et dérobent à leurs voisins des fragments de bois pour construire leur nid sont soumis à un châtiment exemplaire. D'abord leur ouvrage est détruit ; puis les Corneilles se rassemblent en grand nombre et se constituent en véritable tribunal pour juger les malfaiteurs. Une grande clameur s'élève, après quoi les

Fig. 171. — Rossignol ; (0m,12).

prisonniers sont roués de coups jusqu'à ce que mort s'ensuive. L'assemblée se sépare ensuite, laissant les cadavres derrière elle.

Gallinacés. — Les Gallinacés sont des Oiseaux granivores, à ailes courtes et rudes. Leur vol est lourd et bruyant. Ils se tiennent d'ordinaire à terre et nichent dans les prés, dans les moissons, dans les bruyères. Les mâles, comme le Coq, sont armés aux pattes d'un ergot recourbé.

Principaux genres. — A cet ordre appartiennent : le *Coq* et la *Poule*, pourvus sur la tête d'une crête charnue rouge ; le *Faisan*, dont la queue comprend dix-huit longues plumes ; le *Paon* (fig. 172), à la tête ornée d'une

Fig. 172. — Paon ; (0m,70).

Fig. 173. — Perdrix ; (0m,25).

aigrette; la queue forme chez le mâle une magnifique parure qu'il étale non sans orgueil; le *Dindon*, etc.

Le *Coq de bruyère* et la *Gelinotte* sont de gros Gallinacés qui habitent les montagnes. On en trouve dans les parties les plus élevées des Vosges, où ils se tiennent d'ordinaire à terre, dans les bruyères, dans les forêts de Sapins. Ils nichent sur les rochers. Les braconniers savent les attirer pendant la nuit en imitant leur cri.

Dans un autre groupe de Gallinacés se rangent la *Perdrix*, (fig. 173) dont il existe deux espèces, la *Perdrix grise* et la *Perdrix rouge ;* puis la *Caille*.

Colombins. — Les Colombins rappellent beaucoup les Gallinacés. Ils sont cependant meilleurs voiliers; leur bec est long et faible; les narines sont recouvertes d'une écaille renflée et membraneuse.

Fig. 174. — Pigeon ramier; (0m,22).

Un caractère spécial aux Colombins est que leur jabot sécrète une substance crémeuse très nutritive, destinée à l'alimentation des jeunes; ceux-ci sortent de l'œuf à peu près nus, contrairement aux Gallinacés.

Principaux genres. — L'ordre des Colombins comprend le *Biset*, espèce sauvage qui a donné naissance aux diverses variétés de *Pigeons domestiques ;* le *Pigeon ramier* (fig. 174); le *Pigeon migrateur*, que l'on rencontre en bandes considérables en Amérique, au moment où il se dispose à changer de climat; enfin la *Tourterelle*, aux formes plus gracieuses.

Une race particulièrement importante de Pigeons domestiques est celle des *Pigeons messagers*. Lorsqu'on les éloigne du lieu où se trouve leur progéniture et qu'ensuite on les remet en liberté, ils reviennent en droite ligne au point de départ, quelque grande que soit la distance qui les en sépare : ils peuvent ainsi transmettre des messages. On

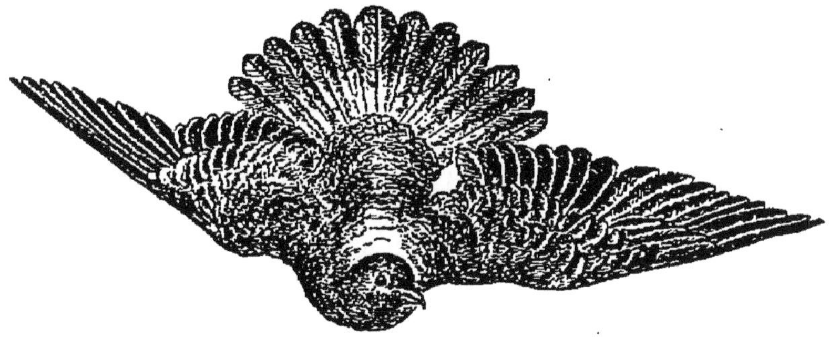

Fig. 175. — Pigeon volant en bas.

voit par là l'importance des services que les colombiers militaires sont destinés à rendre en temps de guerre.

Fig. 176. — Autruche ; (haut. : 2m,20). Fig. 176 *bis*. — Aptéryx ; (0m,45).

Coureurs. — Cet ordre comprend des Oiseaux de très grande taille dont les ailes sont tellement courtes qu'il leur est impossible de voler ; par contre, ils sont très agiles à la course. Leurs pattes sont terminées par deux ou trois doigts seulement.

Les Coureurs comprennent : l'*Autruche* (fig. 176), le plus grand de tous les Oiseaux actuels ; l'espèce d'Afrique n'a que deux doigts, celle d'Amérique en a trois. Le *Casoar*, pourvu de trois doigts, habite l'Australie.

Les Autruches déposent leurs œufs dans la terre qu'elles grattent au préalable, puis les recouvrent de sable. Pendant le jour l'incubation en est confiée au soleil ; durant la nuit le mâle couve. On élève les Autruches aux environs d'Alger pour leurs plumes.

A l'ordre des Coureurs appartiennent aussi les *Dinornis*, Oiseaux gigantesques, aujourd'hui complètement éteints. Les *Aptéryx* (fig. 176 *bis*) sont en voie de disparition.

Échassiers. — Les Échassiers se reconnaissent immédiatement à la grande longueur de leurs jambes et de leur cou.

Les uns, comme la *Cigogne*, sont terrestres ; d'autres, tels

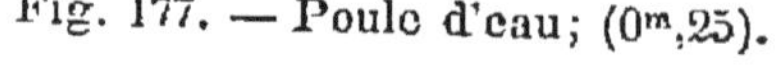

Fig. 177. — Poule d'eau ; (0m,25).

Fig. 178. — Nid de la Poule d'eau.

que les *Flamants*, se tiennent dans les eaux basses ; d'autres enfin, comme le *Râle d'eau*, sont nageurs. Ils se nourrissent de Poissons, de Grenouilles ou de Mollusques ; leurs nids sont grossièrement construits et placés d'ordinaire au bord de l'eau (fig. 178).

Principaux genres. — L'*Outarde* a le *bec court et renflé* ;

elle est dépourvue du doigt postérieur. L'espèce dite *cane-petière*, qui vit dans les marécages, est un gibier assez abondant sur nos marchés.

D'autres Échassiers ont le *bec long et fort*. Par exemple la *Cigogne*, au grand bec rouge; le *Héron* (fig. 179), dont la tête est ornée d'une longue aigrette; la *Spatule*, au bec large et aplati.

Fig. 179. — Héron; (0m,50).

La *Bécasse* (fig. 180) la *Bécassine*, le *Combattant* sont caractérisés par un *bec long et grêle;* l'*Ibis* a le sien recourbé en faux. Les Combattants sont remarquables par les luttes acharnées auxquelles se livrent les mâles à certains moments de l'année.

Le *Flamant* se reconnaît à son beau plumage rose; ses pattes très hautes sont palmées. Ce genre est donc intermédiaire entre les autres Échassiers et les Palmipèdes.

Mœurs des Cigognes. — Les Cigognes vivent en troupes nombreuses; elles construisent leurs nids avec de l'herbe et de petites branches sur les hauts édifices, sur les cheminées abandonnées, etc.; chaque année elles reviennent à leur ancien séjour, à moins qu'on ne les ait inquiétées. Elles sont fréquentes en Alsace, où l'on dispose pour elles, sur des cheminées ou autres endroits élevés, de larges paniers dans lesquels elles installent leur nid; on les voit souvent se réunir en grand nombre sur les prés, où elles recherchent avidement les Vers et autres animaux.

Mœurs du Vanneau. — Le *Vanneau* (fig. 181) appartient

9.

aussi à l'ordre des Échassiers. « Quand un Vanneau a faim, il se met en quête d'un trou de Ver de terre. L'ayant trouvé, il piétine le sol tout autour pendant quelque temps, puis il attend que le Ver, dans son alarme, cherche à sortir de son trou et le saisit aussitôt. Il fréquente également les en-

Fig. 180. — Bécasse ; (0m,25).

Fig. 181. — Vanneau huppé ou Pluvier vert ; (0m,25).

Fig. 182. — Sarcelle; (0m,25).

droits où il y a des Taupes, parce que ces animaux, en faisant la chasse aux Vers, en font sortir un certain nombre qui deviennent la proie de l'Oiseau. »

Palmipèdes. — Les Palmipèdes, comme leur nom l'indique, ont les *pattes palmées*, c'est-à-dire conformées pour la nage. Sur la terre ferme ils marchent péniblement, parce que leurs pattes sont situées très en arrière, ce qui met le corps dans un équilibre très instable. Leur plumage, grâce à deux glandes abdominales, est constamment huilé, et par conséquent préservé des atteintes de l'eau.

Les Palmipèdes nagent et plongent admirablement; quelques-uns, comme la *Frégate*, sont en outre d'excellents voiliers (fig. 183). Ils déposent le plus souvent leurs œufs

Fig. 183. — Mouette. (Envergure : 0m,70.)

Fig. 184. — Cygne à bec rouge. (Long. : 0m,45).

au bord de l'eau, dans des trous qu'ils creusent à cet effet.

Dans certaines îles, les Palmipèdes sont tellement nombreux que leurs excréments y forment des amas considérables d'engrais, nommé *guano*.

Principaux genres.— Le *Canard*, l'*Oie*, le *Cygne* (fig. 184) se reconnaissent à leur *bec élargi*, muni en dedans de nombreuses *lamelles cornées transversales*. L'extrémité du bec, qui est très sensible, permet à ces Oiseaux de trouver leur nourriture dans la vase.

Fig. 185. — Manchot ; (0^m,50).

Une espèce de Canard, l'*Eider*, qui vit dans les mers du Nord, est très recherchée pour son duvet qui constitue l'édredon.

Le *Sterne* ou *Hirondelle de mer*, la *Mouette*, le *Goéland*, le *Pétrel* ou *Oiseau des tempêtes* ont le *bec long* et les *ailes* remarquablement *développées* : tous sont d'excellents voiliers. Les *Albatros* peuvent soutenir leur vol en pleine mer pendant plusieurs semaines, même par les gros temps.

Mœurs des Mouettes. — Chez les Mouettes (fig. 183), l'instinct de rapine est poussé à un haut degré. Ces Oiseaux ont l'habitude de se rassembler aux endroits où les *Guillemots*, autres Palmipèdes plongeurs, ont découvert un banc de Poissons; posés sur l'eau, ils attendent qu'un Guillemot paraisse avec un Poisson et l'en dépouillent aussitôt.

Mœurs des Frégates. — Les Frégates, au bec très long et recourbé en crochet à l'extrémité, sont aussi des voleurs de profession. Elles s'attaquent aux Fous pour leur faire rendre non seulement le Poisson qu'ils viennent d'attraper, mais encore celui que contient déjà leur estomac. Comme ils font grande résistance, les Frégates les lardent de leur bec puissant, jusqu'à ce qu'elles obtiennent satisfaction.

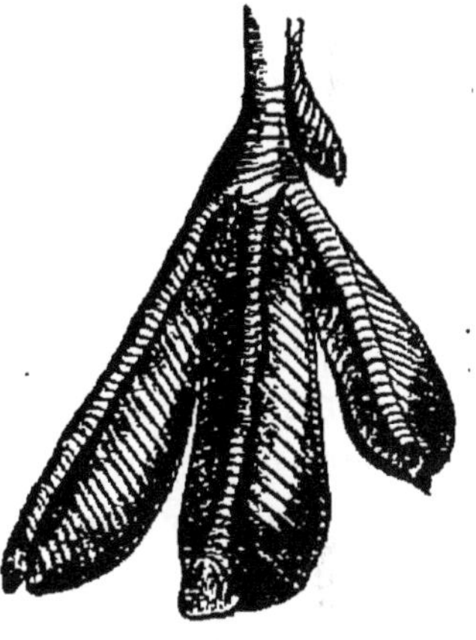

Fig. 185 *bis*. — Patte de Grèbe.

Mœurs du Pélican. — Le Pélican porte au-dessous de son long bec une poche dans laquelle il amasse le Poisson. A l'occasion il sait agir de concert avec ses semblables : c'est ainsi qu'on voit souvent les Pélicans s'aligner en travers d'un lac et chasser le Poisson devant eux, absolument comme le feraient des pêcheurs avec un filet.

Mœurs du Manchot. — Le Manchot (fig. 185) se reconnait à ses ailes rudimentaires, dépourvues de rémiges. Il vit dans les îles de l'Océan Pacifique et niche sur les côtes. Au moment de la ponte, on voit les Manchots dressés verticalement sur leurs pattes, appuyés sur leur queue et rangés en grand nombre les uns à côté des autres; chaque Manchot pond un œuf unique, et il le couve dans la même position (fig. 185).

CHAPITRE III

CLASSE DES REPTILES

Sommaire. — Caractères extérieurs. — Caractères intérieurs ; cœur. — Chéloniens. — Sauriens. — Ophidiens. — Crocodiliens.

Définition. — Les Reptiles sont des Vertébrés ovipares, à sang froid et à respiration pulmonaire.

Caractères extérieurs.— Le corps des Reptiles est ordinairement allongé (fig. 189) et couvert d'écailles (*Lézards*) ou de plaques ossifiées (*Tortues*). Les membres, au nombre de quatre, ont la même structure que ceux des Mammifères ; les Serpents en sont dépourvus.

La plupart des Reptiles sont terrestres ; quelques-uns se tiennent de préférence dans l'eau (*Crocodiles*).

Ce sont des animaux indolents, à intelligence très bornée. Ils abandonnent leurs œufs immédiatement après la ponte ; exceptionnellement ceux-ci éclosent dans le corps avant la ponte, par exemple chez la *Vipère*.

Caractères intérieurs. — La conformation des organes, en ce qu'elle a d'essentiel, est à peu près la même que celle des Mammifères et des Oiseaux, excepté toutefois pour l'appareil circulatoire.

Les poumons (fig. 186) sont beaucoup plus simples que ceux des animaux à sang chaud ; ils consistent en deux simples sacs membraneux divisés en un petit nombre d'alvéoles. Aussi la respiration et la production de la chaleur sont-elles peu actives chez les Reptiles.

La température du corps étant à peine supérieure à celle du milieu ambiant, les Reptiles sont qualifiés d'*animaux à sang froid*, par opposition aux Mammifères et aux Oiseaux, qui sont les Vertébrés à sang chaud.

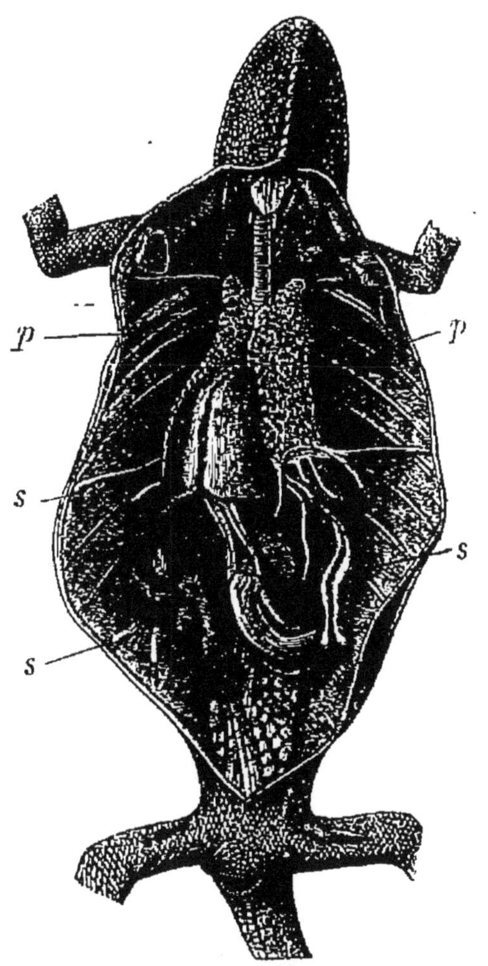

Fig. 186. — Caméléon. *pp*, poumons; *ss*, sacs aériens; (au-dessous des poumons, le foie).

Cœur. — Le cœur des Reptiles (fig. 187) n'a plus que trois cavités, savoir : deux oreillettes et un ventricule (sauf chez les Crocodiles, où il a quatre cavités).

Aussi l'artère aorte renferme-t-elle toujours un *mélange de sang artériel et de sang veineux*, car le sang artériel de l'oreillette gauche et le sang veineux de l'oreillette droite sont déversés tous deux dans l'unique ventricule. Cette disposition organique explique pourquoi l'activité vitale des Reptiles est si faible.

Classification des Reptiles.

Les Reptiles se divisent en quatre classes : les *Chéloniens* ou Tortues, les *Sauriens* (Lézards), les *Crocodiliens* (Crocodiles) et les *Ophidiens* ou Serpents.

Chéloniens. — Les Tortues (fig. 188) ont le dos couvert d'une carapace bombée, formée de plusieurs rangées de plaques ossifiées, auxquelles les côtes sont soudées. On donne le nom de *plastron* au bouclier ventral, qui est aplati.

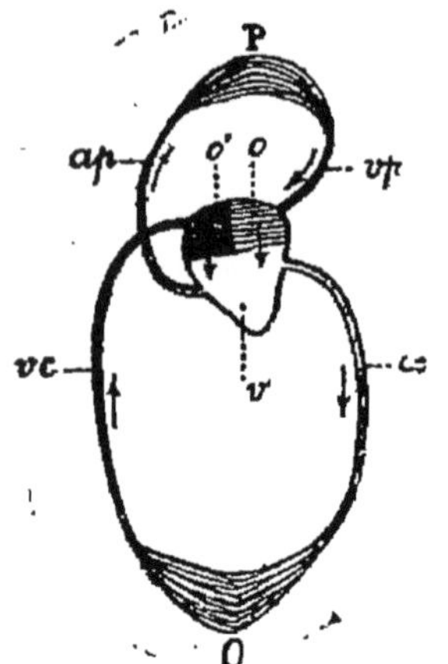

Fig. 187. — Circulation chez les Reptiles. — *o'*, oreillette droite; *o*, or. gauche; *v*, ventricule; *a*, aorte; *O*, organe; *vc*, veines caves; *ap*, artère pulmonaire; *P*, poumons; *vp*, veines pulmonaires.

La tête, les membres et la queue peuvent se retirer complètement dans la carapace.

La bouche est dépourvue de dents, mais armée d'un bec corné puissant; l'épaule comprend trois os, comme chez les Oiseaux.

Les Tortues vivent dans les climats chauds. Les unes sont terrestres (*Tortue grecque*); d'autres vivent dans les fleuves ou dans les marais; d'autres enfin sont marines.

Leur régime est essentiellement végétal.

Les Tortues marines, dont quelques-unes, comme le *Caret*, sont de très grande taille, sont chassées pour leur chair, et aussi pour l'*écaille* que fournissent les plaques du bord de la carapace.

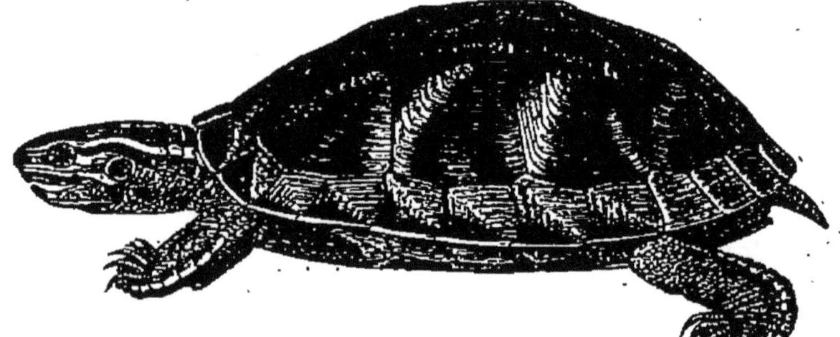
Fig. 188. — Tortue; (0m,30).

La ponte s'effectue pendant la nuit; les Tortues marines donnent environ une centaine d'œufs chacune; les autres Tortues un petit nombre. A l'aide de leurs larges pattes palmées, les Tortues de mer creusent dans le sable fin des trous qu'elles remplissent successivement de leurs œufs; cette opération dure environ une quinzaine de jours. Puis elles couvrent le tout d'une couche de sable et laissent les œufs éclore librement.

Sauriens. — Les Sauriens ont tous plus ou moins la

Fig. 189. — Gecko des murs; (0m,16).

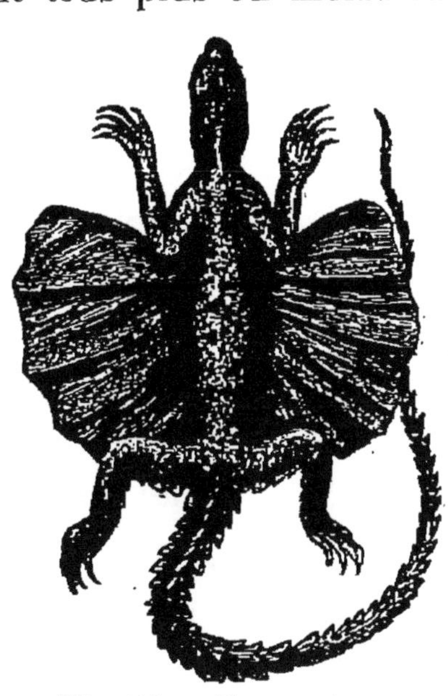

Fig. 190. — Dragon à gorge rouge; (0m,18).

forme générale des Lézards, c'est-à-dire du genre le plus commun de l'ordre. Leurs dents sont en général simplement fixées sur les mâchoires et non implantées dans des alvéo-

Fig. 191. — Orvet; (0m,40); Saurien.

les, ce qui les rend beaucoup moins solides. La langue est bifide chez les Lézards.

Les principaux genres sont: le *Lézard* (Lézard gris ou des murailles, Lézard vert, etc.), commun dans nos pays; le *Gecko* (fig. 189), aux doigts garnis de ventouses qui lui permettent de grimper contre les murs; l'*Iguane*, sorte de

Lézard de grande taille (un mètre), vivant dans l'Inde et au Brésil ; le *Dragon* (fig. 190), caractérisé par un repli latéral de la peau, qui lui sert de parachute ; le *Scinque*, au corps serpentiforme, autrefois employé en médecine ; l'*Orvet* (fig. 191), dépourvu de membres ; enfin le *Caméléon*, Saurien grimpeur, à peau chagrinée susceptible de changer de couleur.

Crocodiliens. — Les Crocodiliens se distinguent des

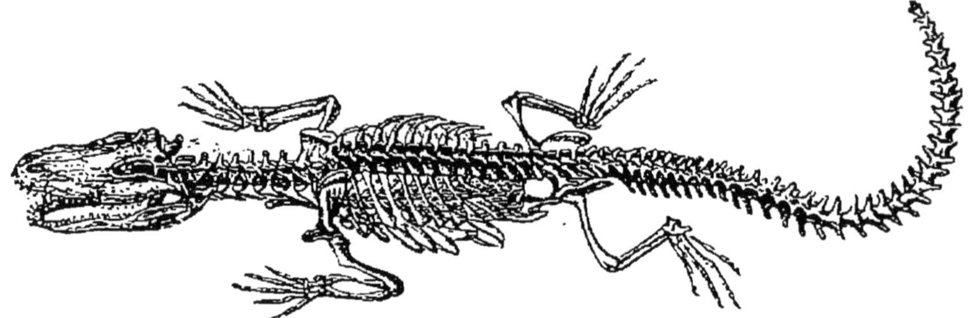

Fig. 192. — Squelette de Crocodile ; (2m,50).

Sauriens, dont ils rappellent la forme générale : par leurs dents qui sont implantées dans des alvéoles comme celles des Mammifères ; par les plaques ossifiées qui couvrent leur corps ; enfin par leur cœur à quatre cavités. Ce sont les Reptiles les plus élevés en organisation.

On distingue trois genres : le genre *Crocodile* (fig. 192), qui vit en Afrique ; le *Caïman* ou *Alligator*, qui habite l'Amérique ; enfin le *Gavial* (fig. 193), au museau très allongé, fréquent dans le Gange. Tous se tiennent dans les cours d'eau.

Fig. 193. — Tête de Gavial.

Les Crocodiles peuvent chasser de concert. On les voit parfois le soir s'aligner de façon à barrer la rivière, puis remonter le courant pour chasser devant eux le Poisson qu'ils veulent capturer.

Ophidiens. — Les Serpents (fig. 194) sont totalement

dépourvus de membres. Ils se déplacent en rampant, grâce aux ondulations de la colonne vertébrale et aux mouvements des côtes. Les dents existent non seulement sur les mâchoires, mais encore sur la voûte palatine.

Fig. 194. — Platurus, Serpent de mer vivipare.

Un grand nombre de Serpents possèdent à la mâchoire supérieure deux crochets venimeux (fig. 195), communiquant chacun avec une glande qui sécrète le venin ; celui-ci s'écoule, selon les genres, par le canal central des crochets ou par une simple rainure.

On peut impunément avaler le venin des Serpents : il n'est pas absorbé. Il ne devient dangereux que lorsqu'il est introduit dans le sang, ce qui arrive précisément au moment de la morsure.

La mâchoire inférieure des Serpents est formée de deux branches, unies en avant par un ligament élastique très extensible, grâce auquel elles peuvent s'écarter considérablement ; cette disposition, jointe à l'élasticité de l'œsophage, permet à ces animaux d'avaler des proies plus grosses qu'eux.

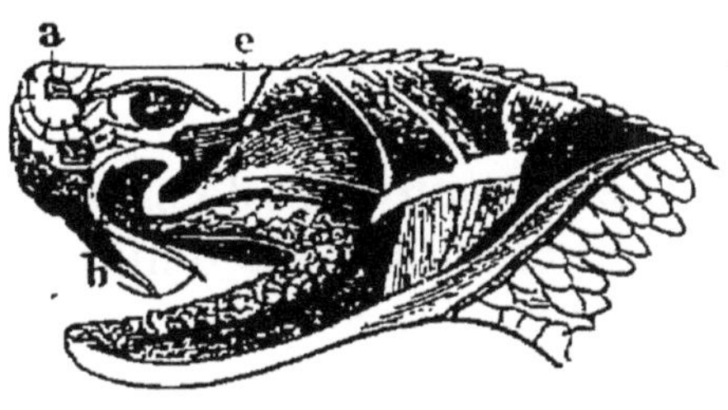

Fig. 195. — Crochets et glandes à venin des Serpents.

Principaux genres. — On distingue deux familles principales dans l'ordre des Ophidiens : 1° les Serpents venimeux ; 2° les Serpents non venimeux.

Parmi les *Serpents venimeux* se rangent : la *Vipère* (fig. 196), dont la tête triangulaire, très élargie en arrière, est couverte de petites écailles semblables à celles que présente le corps; le *Naja*, appelé encore *Serpent à lunettes*, à cause de la double tache qu'il présente sur le cou; le *Crotale* ou *Serpent à sonnette*, dont la queue est terminée par une suite de bourrelets, emboîtés les uns dans les autres et qui résonnent pendant la reptation.

Parmi les *Serpents non venimeux* se trouvent principalement : la *Couleuvre*, qui se distingue de la Vipère par sa tête peu élargie en arrière et couverte de plaques plus grandes que celles qui garnissent le reste du corps (fig. 197);

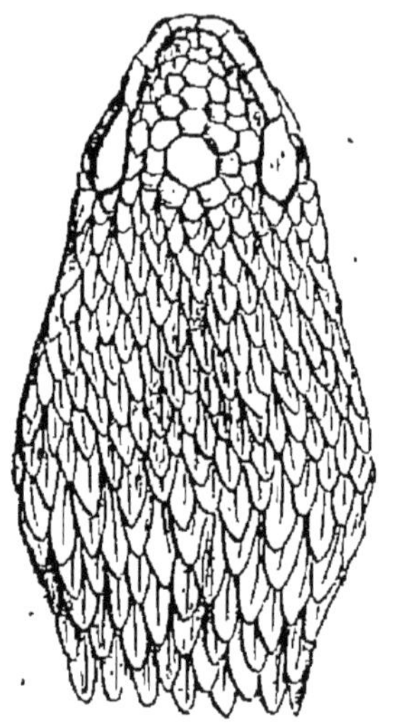

Fig. 196. — Tête de Vipère.

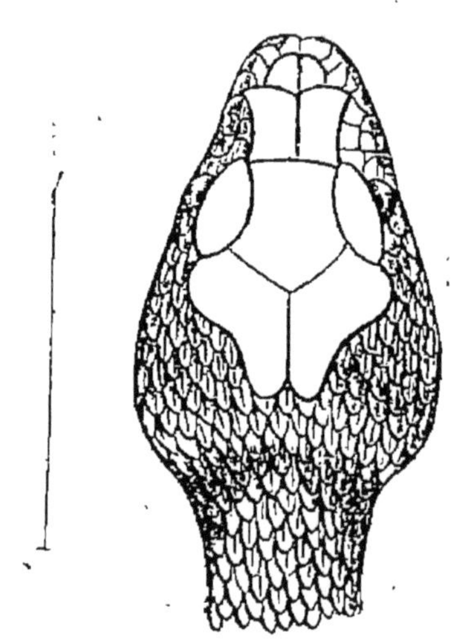

Fig. 197. — Tête de Couleuvre.

le *Boa;* le *Python*, etc. Ces deux derniers genres sont de très grande taille.

Le *Python* offre le caractère, exceptionnel chez les Reptiles, d'incuber ses œufs.

Mœurs des Serpents. — Il est reconnu que les Serpents ont le pouvoir de fasciner d'autres animaux, des Écureuils par exemple : ceux-ci perdent peu à peu leur équilibre, se laissent choir et deviennent inévitablement la proie de leur adversaire.

Par contre, les Serpents se laissent eux-mêmes fasciner par la musique. C'est en effet par le son d'une sorte de fifre que les charmeurs attirent les Serpents qu'ils veulent capturer et apprivoiser.

CHAPITRE IV

CLASSE DES BATRACIENS

Sommaire. — CARACTÈRES EXTÉRIEURS. — CARACTÈRES INTÉRIEURS ; cœur. — Métamorphoses ; têtard. — Anoures. — Urodèles. — Pérennibranches. — Apodes.

Les Batraciens ou Amphibiens sont des Vertébrés ovipares à sang froid, respirant par des branchies dans le jeune âge et par des poumons à l'âge adulte. La *Grenouille* est le genre vulgaire de cette classe.

Caractères extérieurs. — Le corps des Batraciens (fig. 205) est nu et ordinairement pourvu de quatre membres ; leur peau est molle et visqueuse ; la queue, très longue dans certains genres, comme la Salamandre, manque complètement dans d'autres, comme la Grenouille.

Les Batraciens se tiennent dans le voisinage de l'eau et y pondent toujours leurs œufs.

Caractères intérieurs. — L'*appareil digestif* est complet et rappelle celui des Reptiles ; les dents, quand elles existent, revêtent non seulement les mâchoires, mais la voûte palatine et d'autres parties de la bouche.

Les Batraciens sont remarquables par leur résistance aux effets d'un jeûne prolongé : une Grenouille, par exemple, peut vivre un an sans manger.

L'*appareil respiratoire* et l'*appareil circulatoire* de l'adulte sont construits sur le même plan que ceux des Reptiles : le cœur, par exemple, n'a que trois cavités, et par conséquent l'aorte renferme toujours du sang mélangé.

Fig. 198. — Pipa ; (0m,11).

La respiration est peu active ; elle se fait non seulement par les poumons, mais par la peau, qui est toujours molle.

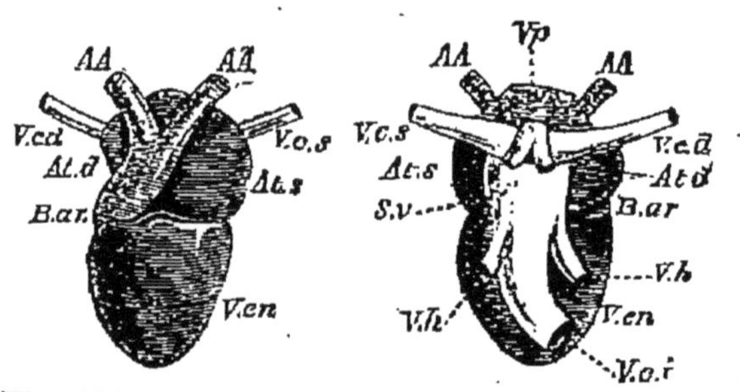

Fig. 190. — Cœur de la Grenouille ; à gauche, face antérieure : *V. en*, ventricule ; *AA*, aortes ; à droite, face postérieure ; *V. ci*, veine cave inférieure.

Les globules du sang des Batraciens (fig. 26, D) sont beaucoup plus gros que ceux de l'Homme, mais par contre moins nombreux ; ceux de la Grenouille atteignent près de six fois la taille des nôtres.

On peut les voir circuler dans les vaisseaux capillaires, en examinant directement sous le microscope la membrane transparente d'une patte de Grenouille, sans d'ailleurs nuire en rien à l'animal.

Métamorphoses. — Contrairement aux animaux que nous avons étudiés jusqu'ici, les Batraciens ne sortent pas de l'œuf avec la forme et l'organisation qu'ils présenteront à l'âge adulte. Pendant leur développement, ils subissent des changements très importants, nommés *métamorphoses*.

Etudions, par exemple, les métamorphoses de la Grenouille (fig. 200-204). Les œufs, pondus dans l'eau en grand nombre, se présentent sous la forme d'amas gélatineux,

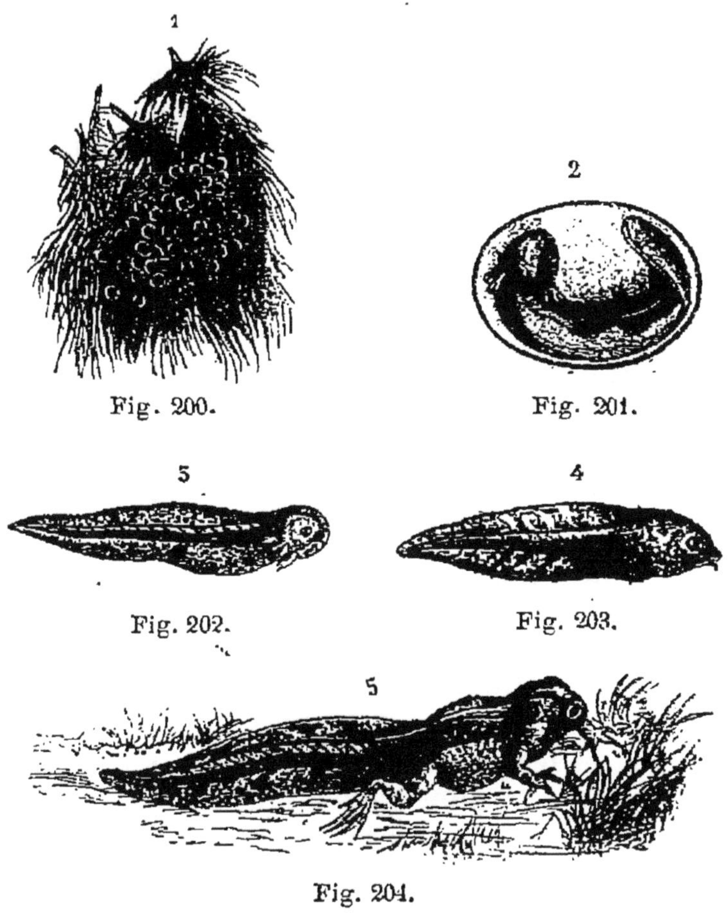

Fig. 200. Fig. 201.

Fig. 202. Fig. 203.

Fig. 204.

1, Œufs de Grenouille; 2, 3, 4, 5, Têtard aux divers âges de son développement.

attachés aux herbes (fig. 200), sur le bord des ruisseaux ou dans les flaques d'eau qui les avoisinent. Ils se composent d'un petit germe, entouré d'une couche de substance gélatineuse qui les agglutine par centaines les uns aux autres et qui se gonfle beaucoup dans l'eau.

Lorsqu'on observe ces œufs pendant plusieurs jours, on voit le germe se développer en une petite larve allongée, recourbée sur elle-même, et nommée *têtard* (fig. 201). Le têtard est bientôt mis en liberté et nage dès lors dans l'eau ambiante. Son corps renflé est terminé en arrière par une longue queue; en avant, se trouve la bouche qui conduit dans un tube digestif cylindrique et enroulé sur lui-même.

De chaque côté de la tête sont disposés de petits filaments rameux, nommés *branchies externes* (fig. 202), qui sont les organes respiratoires du têtard. Au bout de quinze jours, ces branchies se flétrissent et disparaissent complètement. D'autres se développent sous la peau au même endroit : ce sont les *branchies internes;* elles communiquent avec l'extérieur par deux fentes latérales situées au niveau du cou (fig. 203). Pendant ce temps, les pattes de derrière apparaissent; plus tard seulement se développeront celles de devant (fig. 204).

Fig. 205. — Grenouille; ($0^m,08$).

Au bout d'un mois, les branchies internes disparaissent à leur tour, et les *poumons*, qui se sont développés à l'intérieur du corps, commencent à fonctionner. A ce moment, l'animal a acquis à peu près la forme d'une Grenouille, sauf cependant par la queue qui n'a pas encore tout-à-fait disparu. Ce n'est qu'au bout d'environ deux mois, que les métamorphoses sont complètement achevées.

On voit que, pendant le très jeune âge, les Batraciens respirent simplement l'air dissous dans l'eau, au moyen de branchies, comme les Poissons; au contraire, à l'âge adulte, les branchies font place aux poumons et la respiration devient aérienne, comme chez les Vertébrés pulmonés (Mammifères, Oiseaux, Reptiles).

Classification des Batraciens

Les Batraciens se divisent en quatre ordres :

1° **Anoures.** — Les *Anoures* sont les Batraciens dépourvus de queue. Ils comprennent : la *Grenouille*, le *Crapaud*, le *Pipa* (fig. 198). Ces animaux manquent complètement de côtes et ne peuvent par conséquent inspirer et expirer l'air

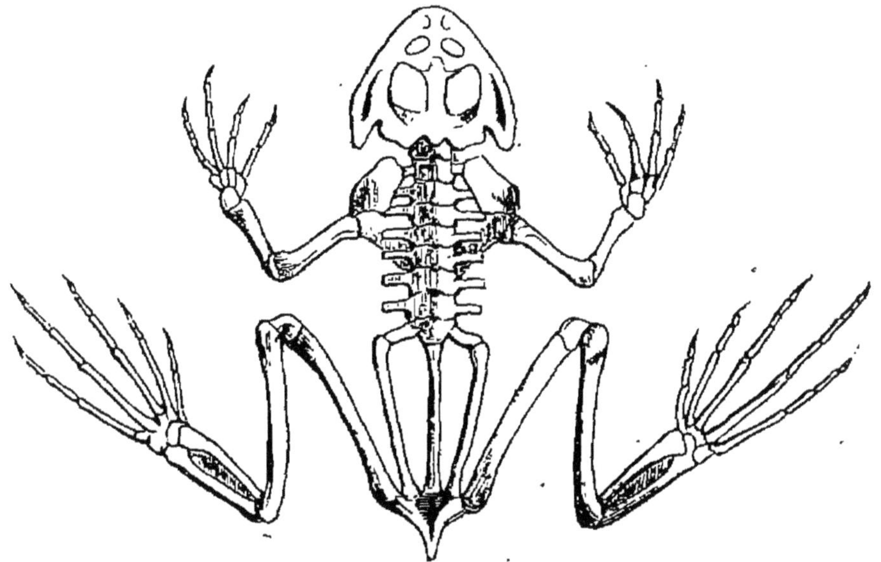

Fig. 206. — Squelette de la Grenouille.

par le moyen ordinaire (élévation et abaissement des côtes); ils sont obligés de l'avaler, de le déglutir. Cela explique pourquoi la gorge de la Grenouille se gonfle et se dégonfle périodiquement.

Les *Rainettes* se distinguent des Grenouilles par la présence aux doigts de petites ventouses qui leur permettent de grimper sur les arbres.

Certains faits montrent que les Grenouilles ne manquent pas de jugement. « Par un beau clair de lune, une quantité de Grenouilles qui, jusque-là, avaient coassé à gorge déployée et mené grand vacarme, cessèrent à un moment donné brusquement leur concert. Étonné de ce changement, je vis en regardant autour de moi un Hibou, silencieux comme la mort, posé sur le haut d'un fossé, tout près de l'orchestre. »

Fig. 207. — Triton à crête ; (0m,12).

Le *Crapaud* manque de dents, contrairement à la Grenouille. De chaque côté de la tête, ainsi que sur les pattes

Fig. 208. — Axolotl ; (0m,17).

postérieures, sa peau sécrète une substance visqueuse, qui est très irritante.

Le *Pipa* ou Crapaud de la Guyane a des mœurs curieuses.

Lorsque les œufs sont pondus, le mâle les place au fur et à mesure sur le dos de la femelle; comme ils irritent la peau, ils se trouvent bientôt entourés d'un boursouflement de cette dernière, et chacun d'eux est ainsi logé dans un alvéole où le têtard effectuera son développement (fig. 198).

2° **Urodèles.** — Les *Urodèles* sont les Batraciens pourvus d'une queue. A cet ordre appartiennent la *Salamandre terrestre*, dont une espèce est tachetée de jaune, et la *Salamandre d'eau* ou *Triton* (fig. 207); leurs métamorphoses sont les mêmes que celles des Grenouilles, mais elles durent plusieurs mois.

3° **Pérennibranches.** — Certains Batraciens conservent à l'âge adulte les branchies externes qu'ils possédaient dans le jeune âge, tandis que chez les autres Batraciens, elles se flétrissent au bout de peu de temps. Ceux-là *respirent donc à la fois par des branchies et des poumons.*

Ce groupe comprend la *Sirène*, le *Protée* et l'*Axolotl* (fig. 208).

C'est chez le Protée que l'on trouve les plus gros globules du sang : ils mesurent environ un quinzième de millimètre (fig. 26, D). Le Protée vit dans les grottes de la Carniole et de la Dalmatie.

4° **Apodes.** — Les Apodes se distinguent des autres Batraciens par l'absence de membres postérieurs et par leur corps serpentiforme. Le genre principal de cet ordre est la *Cécilie.*

CHAPITRE V

CLASSE DES POISSONS

Sommaire. — CARACTÈRES EXTÉRIEURS. — CARACTÈRES INTÉRIEURS : vessie natatoire; branchies; cœur. — Ponte; mœurs de l'Epinoche. — Migrations. — Pisciculture. — POISSONS OSSEUX; mœurs de l'Anabas; de la Baudroie. — POISSONS CARTILAGINEUX : Requins; Raies; Lamproies. — GANOÏDES : Esturgeon.

Définition. — Les Poissons sont des Vertébrés ovipares à sang froid, à cœur formé seulement d'une oreillette et d'un ventricule, et à respiration branchiale.

Caractères extérieurs. — La conformation externe des Poissons est remarquablement adaptée au genre de vie de ces animaux. Le corps revêt en effet la forme d'un fuseau, ce qui lui permet de se déplacer dans l'eau sans en éprouver une trop grande résistance.

Ecailles. — La peau est d'ordinaire couverte de nombreuses écailles imbriquées les unes dans les autres comme les tuiles d'un toit. Tantôt les écailles sont arrondies (*Carpe*, *Truite*); tantôt elles sont dentelées (*Perche*); ailleurs même elles se présentent hérissées de piquants (*Coffres*).

Certains Poissons portent, au lieu d'écailles, de larges plaques ossifiées; tels sont les *Esturgeons*.

Nageoires. — Les nageoires (fig. 209) sont les organes locomoteurs des Poissons. Il y en a de deux sortes :

1° Les *nageoires paires*, disposées symétriquement de chaque côté du corps; ce sont : les *nageoires pectorales* (*a*), placées immédiatement en arrière de la tête et les *nageoires abdominales* (*b*), insérées vers l'extrémité opposée du corps; dans quelques genres, ces dernières sont placées au niveau même des nageoires pectorales, par exemple dans la Perche (fig. 210) et le Merlan. Les nageoires paires correspondent à nos membres supérieurs et inférieurs.

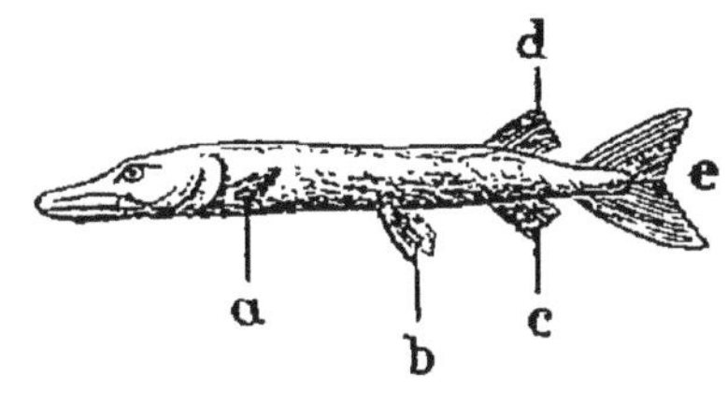

Fig. 209. — Brochet. *a*, *b*, nageoires pectorales et abdominales; (0m,50).

2° Les *nageoires impaires*, placées isolément, comprennent la *nageoire dorsale* (figure 209, *d*), simple ou double, la *nageoire caudale* (*e*), qui forme la queue, et la *nageoire ventrale* (*c*). Elles sont constituées essentiellement par des rayons osseux, unis entre eux par un repli de la peau.

Caractères intérieurs. — La conformation intérieure du corps présente des différences très nettes avec celle des animaux que nous avons précédemment étudiés, notamment

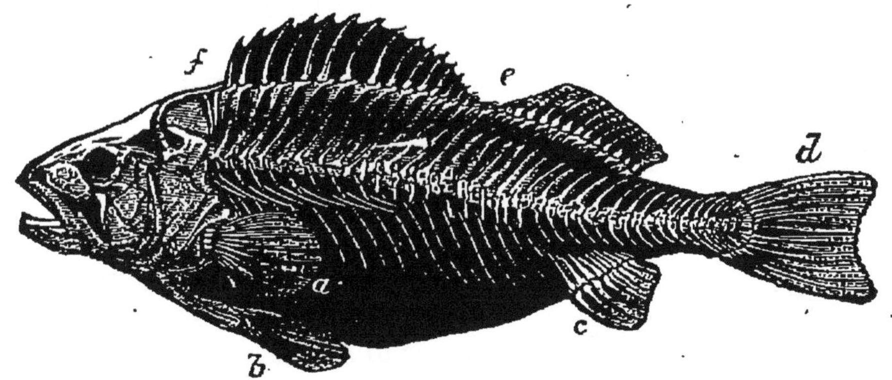

Fig. 210. — Squelette de la Perche.
a, *b*, nageoires paires; *f*, *e*, nageoires dorsales; *d*, nageoire caudale; *c*, nageoire ventrale.

pour l'appareil circulatoire et pour l'appareil respiratoire.

Tube digestif; vessie natatoire. — Le tube digestif (fig. 211) est complet. La bouche est large et munie de dents nombreuses et parfois très puissantes, par exemple chez les Requins. Les Poissons sont très voraces; ils vivent ordinairement d'autres Poissons qu'ils avalent sans les diviser.

A l'appareil digestif se rattache la poche nommée *vessie*

natatoire (fig. 211, *S*), qui est située sous la colonne vertébrale et se présente tantôt fermée (*Perche*), tantôt en communication avec l'œsophage par un fin canal (*Carpe*).

La vessie natatoire sert aux Poissons à monter ou à

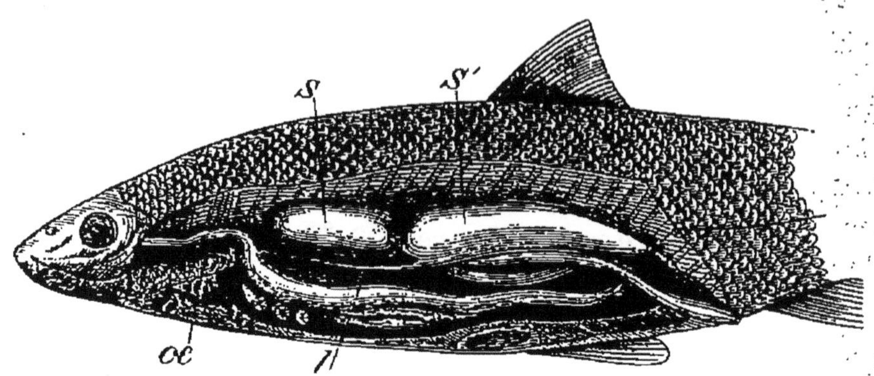

Fig. 211. — *oe*, œsophage ; *S*, *S'*, vessie natatoire avec son canal (*l*).

descendre dans l'eau entre deux limites déterminées : pour descendre, ils la compriment en contractant les muscles latéraux du tronc ; au contraire pour remonter, ils la relâchent, ce qui augmente de nouveau leur volume.

Appareil respiratoire. — L'appareil respiratoire se compose d'organes appelés *branchies.*

Chez les Poissons osseux, comme le Brochet, le Merlan, la Truite, il y a huit branchies (fig. 212), logées quatre par quatre de chaque côté du pharynx dans une cavité, nommée *chambre branchiale.* Cette chambre, qui est en rapport avec la bouche, communique d'autre part avec le dehors par deux longues fentes verticales, les *ouïes*, situées de chaque côté de la tête. Les ouïes peuvent être élargies ou rétrécies par le déplacement d'une sorte de volet mobile, appelé *opercule.*

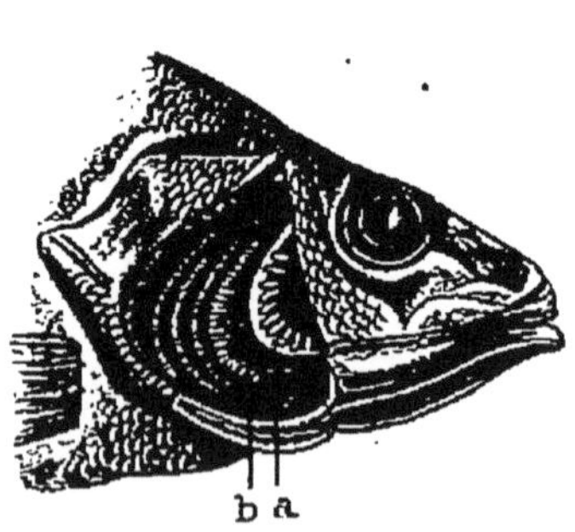

Fig. 212. — Branchies d'un Poisson osseux.

Chaque branchie se compose d'un arc osseux (*a*), parallèle aux arcs voisins, et couvert en dehors de nombreuses lamelles (*b*); c'est dans ces lamelles branchiales que circule le sang veineux qui doit se transformer en sang artériel.

Pour voir les branchies, il suffit de soulever l'opercule : on les reconnaît immédiatement à la teinte rouge que leur communiquent leurs vaisseaux sanguins.

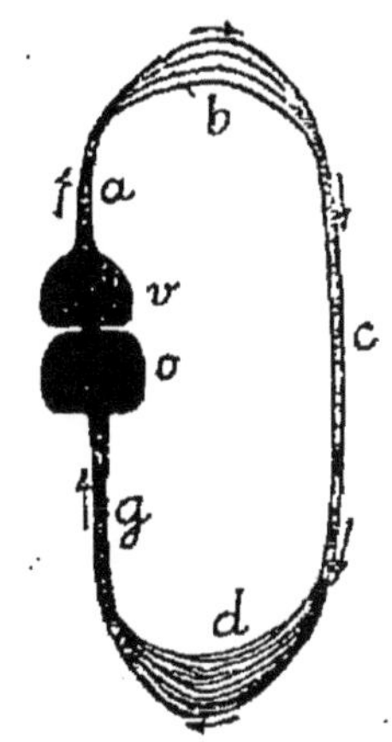

Fig. 213. — Circulation chez les Poissons. *o*, oreillette; *v*, ventricule; *b*, branchies; *c*, aorte; *d*, organes; *g*, veines.

La respiration se fait de la manière suivante. L'eau, qui contient de l'air en dissolution, entre par la bouche, passe dans le pharynx, puis de chaque côté dans la chambre branchiale; là elle baigne les branchies, cède l'oxygène au sang veineux et reçoit en échange l'acide carbonique abandonné par ce dernier. Devenue ainsi impropre à l'entretien de la respiration, l'eau est rejetée au dehors par les ouïes. — Certains Poissons possèdent plus de deux chambres branchiales. Les *Requins* et les *Raies* en ont dix, comme le montrent les cinq fentes expiratrices (fig. 225) situées de chaque côté de la tête.

Les *Lamproies* possèdent quatorze branchies en forme

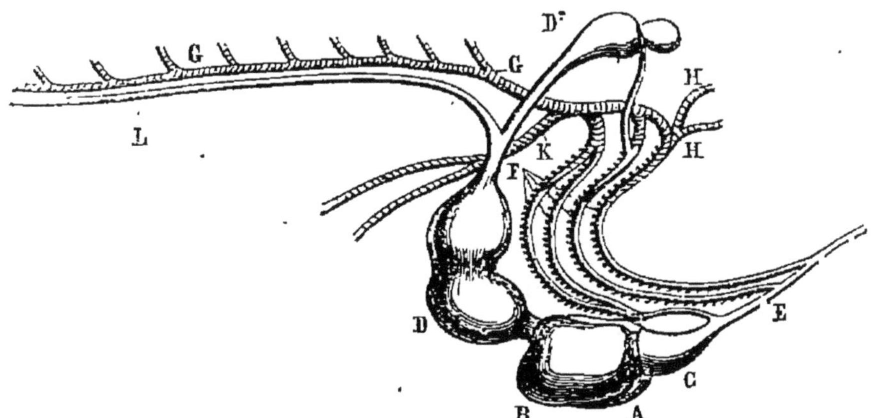

Fig. 214. — Appareil circulatoire du Rouget. *L*, veine cave; *D*, sac veineux; *B*, oreillette; *A*, ventricule; *C E*, artère branchiale; *F*, vaisseaux des branchies; *G*, aorte.

de poches arrondies, communiquant au dehors, de chaque côté du cou, par sept petits orifices (fig. 229).

Appareil circulatoire. — Le cœur des Poissons ne se compose que d'une oreillette et d'un ventricule et il est constamment traversé par le sang veineux.

Du ventricule (fig. 213) le sang veineux se rend dans l'artère branchiale (*a*) qui le mène aux branchies (*b*). Une fois devenu artériel, il passe directement dans l'aorte (*c*), qui chemine le long de la colonne vertébrale et le distribue aux différents organes; au sortir de ces derniers, il revient à l'état veineux dans l'oreillette (*o*), puis passe dans le ventricule, et la circulation recommence.

Ponte; mœurs de l'Épinoche. — Les Poissons déposent leurs œufs au fond de l'eau, et dans la majorité des cas les abandonnent immédiatement après la ponte.

Fig. 215. — Epinoche et son nid.

Quelques espèces toutefois sont douées d'instincts très remarquables. Les Épinoches, par exemple, construisent des nids dans les fonds sableux (fig. 215) avec de petites racines, des Algues, etc., et y pondent leurs œufs; elles pourvoient aussi à la subsistance des jeunes pendant tout leur développement et les préservent avec le plus grand soin contre les atteintes de leurs ennemis : lorsque, par exemple, les jeunes s'élèvent à une trop grande hauteur au-dessus du fond ou s'écartent du nid, elles les prennent aussitôt dans leur bouche et les ramènent doucement à leur place.

Migrations. — Un assez grand nombre de Poissons accomplissent chaque année de fort longs voyages; les Harengs, par exemple, nous viennent des mers du Nord en bancs immenses vers l'automne.

Quelquefois ces migrations sont liées à la ponte. Ainsi

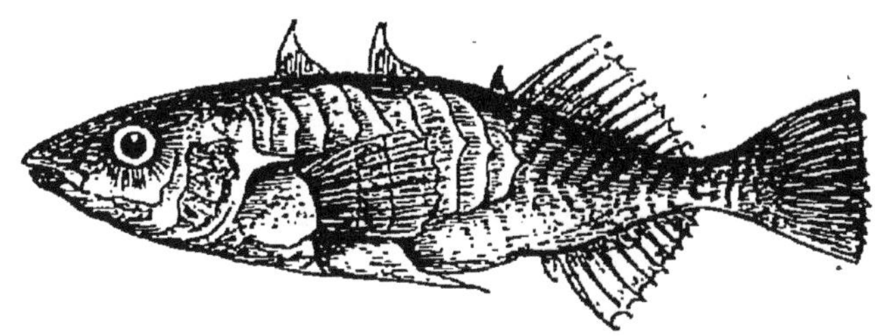

Fig. 216. — Épinoche ; (0m,10).

les *Saumons* quittent la mer tous les ans et remontent les fleuves pour y frayer; il est même reconnu qu'ils reviennent plusieurs années de suite au même endroit. Les *Anguilles*, au contraire, vont frayer dans la mer en automne, et ce sont les jeunes qui, au printemps, remontent les cours d'eau.

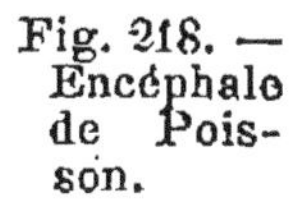

Fig. 218. — Encéphale de Poisson.

Durant ces voyages périodiques, les Poissons déploient une énergie étonnante pour surmonter les obstacles qu'ils rencontrent sur leur route; ils peuvent franchir en peu de temps des espaces considérables. Pour faciliter aux Saumons la montée des cours d'eau, on dispose quelquefois, au niveau des chutes d'eau un peu hautes, des échelles de forme variable que ces Poissons arrivent à gravir sans trop de peine.

Pisciculture. — La pisciculture est l'art d'élever les Poissons, notamment les espèces utiles à l'Homme, comme la Truite, le Saumon, dans le but d'en peupler ensuite les cours d'eau.

Les Chinois pratiquent la pisciculture depuis la plus haute antiquité. Partout ils recueillent soigneusement le *frai* (œufs) et lui donnent un abri dans lequel les jeunes puissent se développer plus sûrement que s'ils étaient abandonnés aux hasards du fleuve.

Aujourd'hui on opère de la manière suivante. Au moment de la ponte, alors que les femelles sont gonflées d'œufs tout prêts à s'échapper, on saisit ces dernières d'une main en arrière de la tête, tandis que de l'autre on exerce une douce pression sur le corps d'avant en arrière (fig. 218) : les nombreux œufs ainsi expulsés sont reçus dans une cuve remplie d'eau bien claire. On fait la même opération avec le mâle qui fournit ce qu'on appelle la *laitance* et on mêle le tout.

On place ensuite les œufs fécondés dans des caisses,

Fig. 218. — Récolte des œufs de Poissons.

mises directement dans les rivières, ou dans des appareils incubateurs spéciaux.

Un *appareil incubateur* se compose d'une série d'auges (fig. 219) placées les unes au-dessus des autres en gradins et munies chacune, un peu au-dessus du fond, d'une sorte de grille en verre, destinée à retenir les œufs. L'eau vive que reçoit la première auge s'écoule au fur et à mesure dans les suivantes, jusqu'au bas des gradins, de sorte que les jeunes se trouveront dans une eau toujours pure et aérée, indispensable aux Truites et aux Saumons. Les jeunes ou *alevins* ne tardent pas à éclore dans ces conditions ; ils portent au-dessous du corps une sorte de sac, la vésicule ombilicale (fig. 219, *a*), qui les nourrit pendant quelque temps ;

après quoi on leur donne à manger de petits Crustacés, nommés Daphnies, ainsi que certaines larves d'Insectes. Quand les alevins ont une certaine taille, on les jette dans

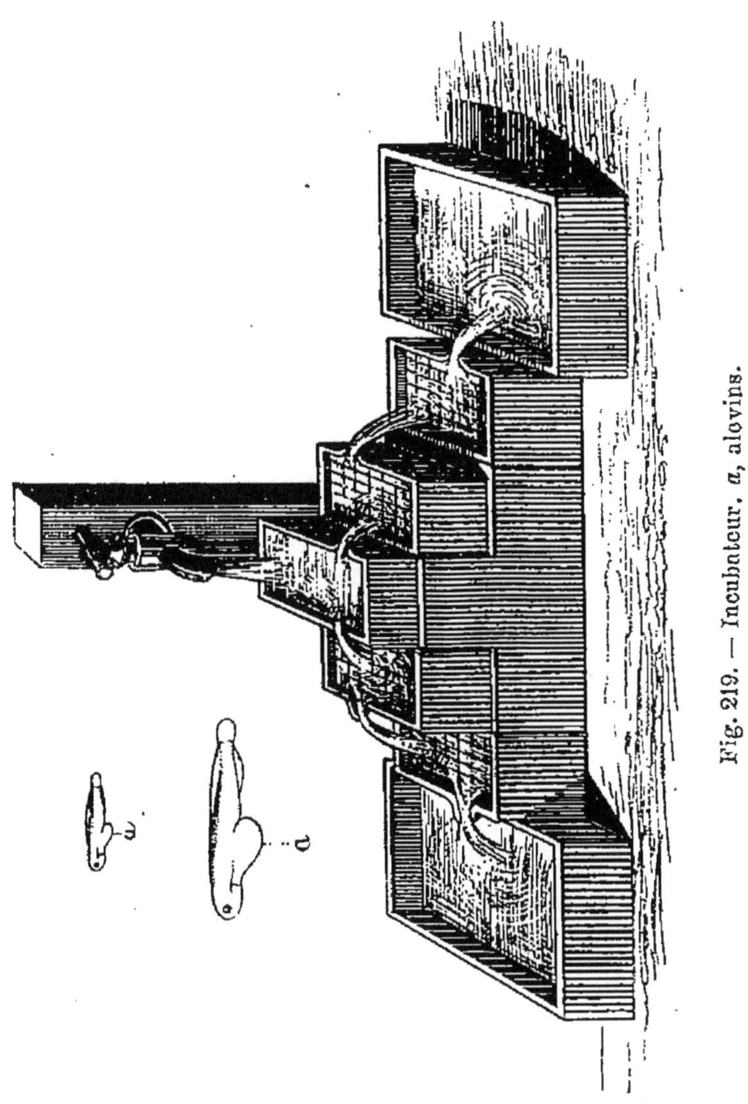

Fig. 219. — Incubateur. *a*, alevins.

les rivières qu'on veut empoissonner. Il existait en France une grande pisciculture, à Huningue, petite ville d'Alsace, qui fait partie, aujourd'hui, du territoire annexé.

Classification des Poissons

La classification des Poissons est basée principalement sur la nature du *squelette*, qui est tantôt osseux, tantôt cartilagineux, sur le nombre et la disposition des *branchies* et sur l'aspect de la peau, qui peut être nue ou garnie d'*écailles* de formes diverses.

On distingue trois grands groupes : les *Poissons osseux*, les *Poissons cartilagineux* et les *Ganoïdes;* ceux-ci sont, en quelque sorte, intermédiaires entre les deux premiers groupes.

I. Poissons osseux. — Chez les Poissons osseux, comme

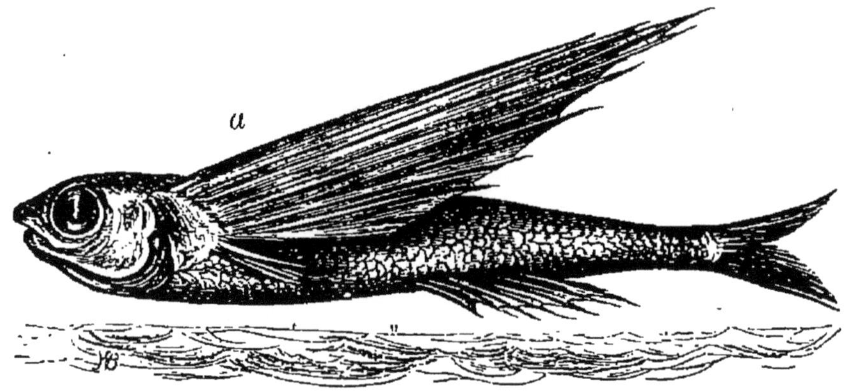

Fig. 220. — Exocet volant; (0m,35). *a*, nageoires pectorales.

la Truite, le Merlan, le squelette est complètement ossifié; la peau est couverte de petites écailles imbriquées; les ouïes sont au nombre de deux, limitées par un opercule mobile.

On les divise en deux ordres principaux :

1° Dans le premier se rangent tous les Poissons osseux dont la *nageoire dorsale* est *piquante, épineuse;* il comprend plus de la moitié des Poissons connus. Parmi eux, on peut citer : la *Perche* (fig. 210), Poisson marin et fluviatile ; le *Dactyloptère volant* (fig. 220), aux nageoires pectorales très développées, lui servant d'ailes et lui permettant de se soutenir dans l'air sur un espace de plus de vingt mètres ; le *Thon*, abondant dans la Méditerranée où on le pêche activement ; il atteint jusqu'à cinq mètres de longueur ; l'*Epi-*

noche, remarquable par son instinct de nidification; le *Maquereau*, qui vit par bandes dans la mer du Nord ; etc.

L'*Espadon* se reconnaît à sa mâchoire supérieure, allongée en une sorte de lance très puissante avec laquelle il attaque les Baleines (fig. 228).

Mœurs de l'Anabas. — L'Anabas (fig. 221) présente au-dessus de ses branchies un ensemble de petites cavités très irrégulières (*b*), qui retiennent une certaine quantité d'eau. Cette curieuse conformation permet à ce Poisson de sortir des rivières où il se tient d'ordinaire et de ramper sur la terre à une assez grande distance : les branchies sont

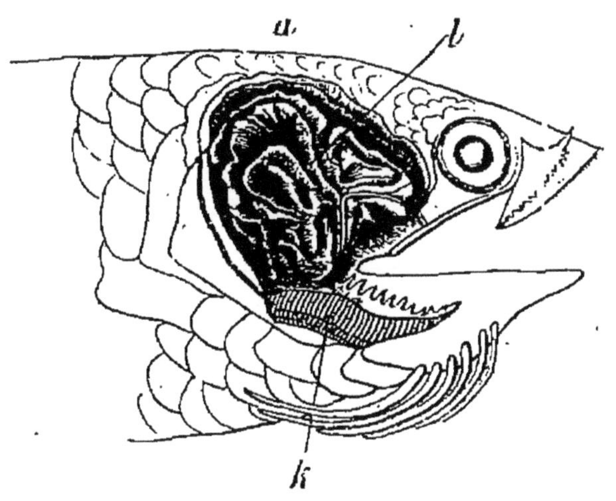

Fig. 221. — Anabas; *k*, branchies.

en effet maintenues humides par la provision d'eau qui tombe sur elles goutte à goutte. L'Anabas peut même grimper sur les arbres en s'accrochant avec ses opercules.

Mœurs de la Baudroie et du Chelmon. — Ces deux Poissons se signalent par des mœurs fort bizarres.

La *Baudroie* se cache dans la vase et dans les herbes marines, tout en agitant dans l'eau les filaments dont elle est pourvue au-dessus du museau. Attirés par le mouvement de ces sortes de lignes, d'autres Poissons approchent et sont aussitôt saisis par le pêcheur.

Le *Chelmon* fait mieux encore. De sa bouche il projette avec force et précision une goutte d'eau, en frappe comme d'une balle les Mouches ou autres Insectes posés au-dessus de l'eau, puis s'en empare.

2° Les Poissons osseux du second ordre ont la *nageoire dorsale molle*, contrairement aux genres précédents.

Les principaux genres sont : le *Brochet*, Poisson carnassier, très vorace ; la *Carpe*, le *Saumon* (fig. 222), le *Hareng*, l'*Anchois*, la *Sardine ;* enfin la *Truite*, qui se plaît dans les eaux vives et remonte les ruisseaux, dans les montagnes, parfois jusque dans le voisinage de leur source.

Certains genres se distinguent à ce caractère que les nageoires abdominales sont placées au même niveau que les nageoires pectorales, près des ouïes ; parmi eux se rangent

Fig. 222. — Saumon ; (0m,60).

le *Merlan ;* la *Morue*, importante pour l'huile tonique qu'on extrait de son foie ; la *Sole* et la *Plie*, Poissons aplatis par le côté, etc.

D'autres genres enfin manquent de nageoires abdominales ; par exemple l'*Anguille* et la *Gymnote électrique.*

Les *Anguilles* sortent souvent des étangs le soir, quand l'eau devient trop basse, et voyagent dans les prairies humides en quête d'une eau plus abondante.

La *Gymnote* vit dans les fleuves et marais de l'Amérique méridionale ; elle peut atteindre 2 mètres. Elle a le pouvoir de donner des commotions électriques assez intenses pour tuer un Cheval. Les organes dans lesquels s'accumule l'électricité se présentent sous la forme de quatre cordons cylindriques qui s'étendent dans toute la longueur du corps, à partir de la tête ; ils sont divisés en nombreux compartiments remplis d'une substance gélatineuse et reçoivent d'importantes ramifications nerveuses.

Lorsqu'une Gymnote a donné plusieurs décharges, il lui faut quelque temps de repos pour charger de nouveau ses organes électriques; elle est alors sans danger pour l'Homme. Aussi, au moment de pêcher les Gymnotes, fait-on pénétrer dans les marais qu'elles fréquentent des Chevaux sauvages, qui reçoivent leurs décharges répétées; lors-

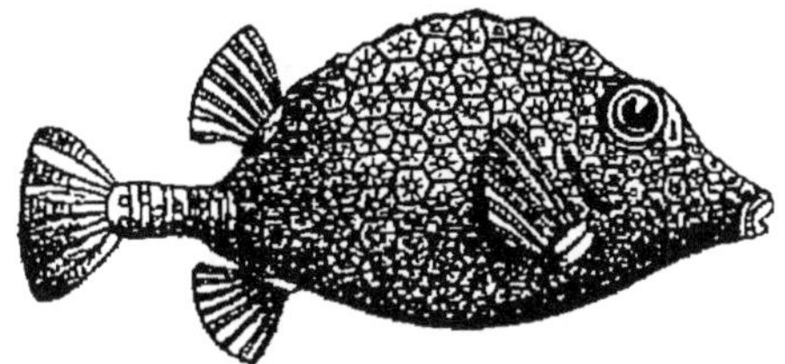

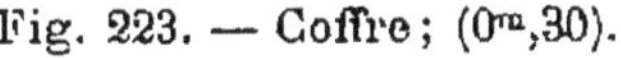

Fig. 223. — Coffre; ($0^m,30$).

Fig. 224. — Hippocampe; (0^m10).

qu'elles sont épuisées, elles peuvent être prises avec un filet.

Coffres; Syngnathes. — Aux Poissons osseux se rattachent les *Coffres* (fig. 223), de forme triangulaire; les *Diodons* et *Tétrodons*, Poissons globuleux, hérissés de piquants, qui peuvent se gonfler en avalant de l'air et flotter ainsi à la dérive à la surface de la mer; les *Syngnathes*, à la tête très allongée, et enfin les *Hippocampes* ou Chevaux marins (fig. 224), à forme contournée très bizarre.

II. **Poissons cartilagineux.** — Dans ce groupe, le squelette est cartilagineux; les branchies sont au nombre de cinq ou sept paires, munies chacune d'un orifice extérieur; la peau, dépourvue d'écailles, est rugueuse, chagrinée.

On distingue deux groupes de Poissons cartilagineux : les *Sélaciens* et les *Cyclostomes*.

Fig. 225. — Tête de Requin; *a*, fentes branchiales.

Sélaciens. — Les Sélaciens possèdent *cinq paires de branchies;* leur bouche (fig. 225) est une large fente transversale située à la face inférieure du museau; enfin leur nageoire caudale est située presque tout entière d'un même côté de la colonne vertébrale, contrairement à celle des Poissons osseux.

Les Sélaciens se divisent en deux familles : 1° la famille des *Squales*, comprenant le *Squale proprement dit*, le *Requin*, le *Marteau* et la *Scie*; tous ont le corps élancé, et les cinq fentes branchiales sont situées de chaque côté du cou. Les Marteaux tirent leur nom des prolongements latéraux de leur tête, à l'extrémité desquels se trouvent les yeux (fig. 226).

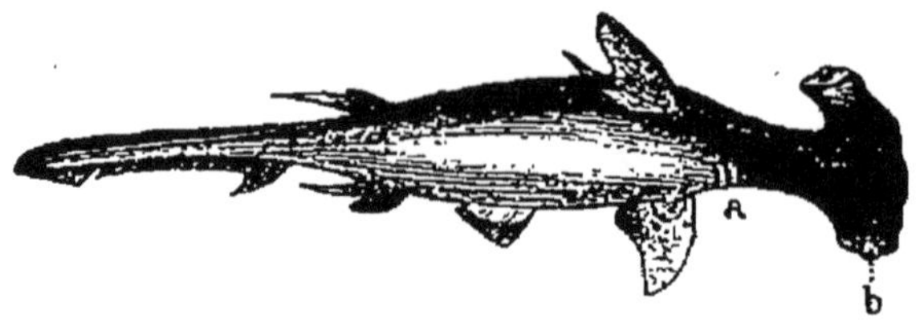

Fig. 226. — Marteau; (1 mètre). *a*, ouvertures des branchies; *b*, yeux.

2° La famille des *Raies* comprend principalement la Raie ordinaire et la Torpille; ces Poissons sont aplatis et les ouvertures branchiales sont placés sur la face ventrale du corps.

La *Torpille électrique* peut donner des commotions, comme la Gymnote, mais moins intenses. Ses organes électriques sont très volumineux et situés dans la partie antérieure du corps, de chaque côté (fig. 227). Lorsqu'on sectionne les nerfs qui s'y ramifient, l'animal perd la faculté de produire de l'électricité.

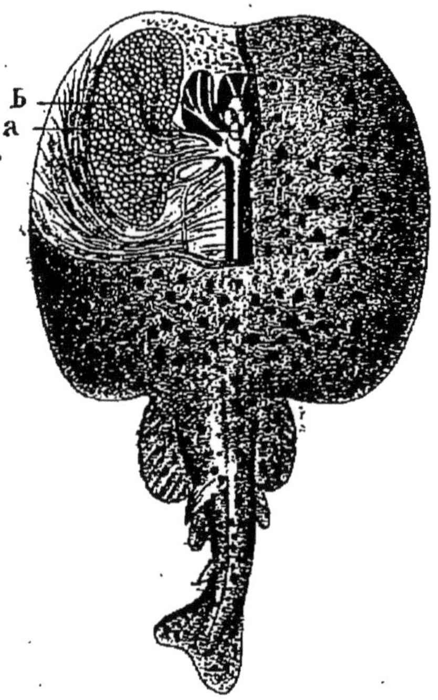

Fig. 227. — Torpille électrique; (0m,40). *b*, nerfs de l'organe électrique; *a*, encéphale.

Mœurs des Requins. — Les Requins sont curieux par les assauts qu'ils livrent aux Baleines. Lorsqu'une Baleine montre son dos hors de l'eau, les Requins bondissent en l'air, puis retombent violemment sur leur adversaire, en lui administrant de terribles coups de queue; quand la Baleine reparaît à la surface de l'eau, elle nage parfois dans une véritable mare de sang.

On assure que souvent les Espadons agissent de concert avec les Requins contre leur puissant adversaire et poi-

Fig. 228. — Baleine attaquée par des Espadons.

gnardent la Baleine vers le bas, tandis que les Requins concentrent leurs efforts du côté opposé (fig. 228).

Cyclostomes. — Les Cyclostomes ont le corps cylindrique; leur squelette, très réduit, ne comprend pour ainsi dire qu'une colonne vertébrale cartilagineuse; leurs branchies sont au nombre de six ou sept paires. La bouche, garnie de nombreuses dents cornées, est organisée pour la succion :

les Cyclostomes vivent en parasites sur d'autres Poissons auxquels ils se fixent solidement par la bouche.

Les genres principaux sont : la *Lamproie* (fig. 229), pourvue de sept orifices branchiaux de chaque côté du cou ; la *Myxine* ; etc.

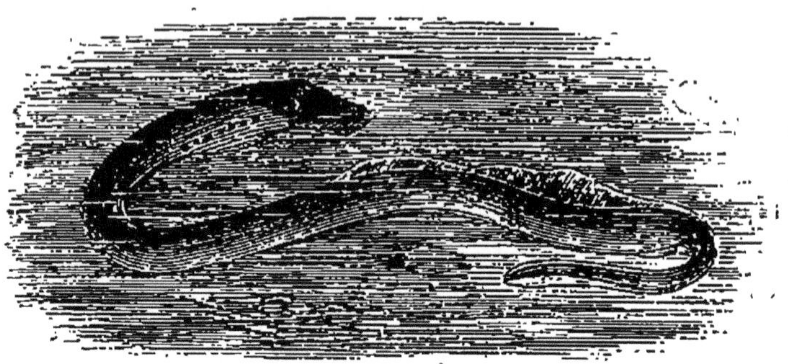

Fig. 229. — Lamproie ; (0m,70).

III. **Ganoïdes.** — Les Ganoïdes ont le corps couvert, tantôt de larges plaques (*Esturgeon*), tantôt d'écailles rhomboïdales (*Lépidostée*). Ils ont deux ouïes comme les Poissons osseux. Leur squelette est tantôt cartilagineux (*Esturgeon*), tantôt osseux (*Lépidostée*).

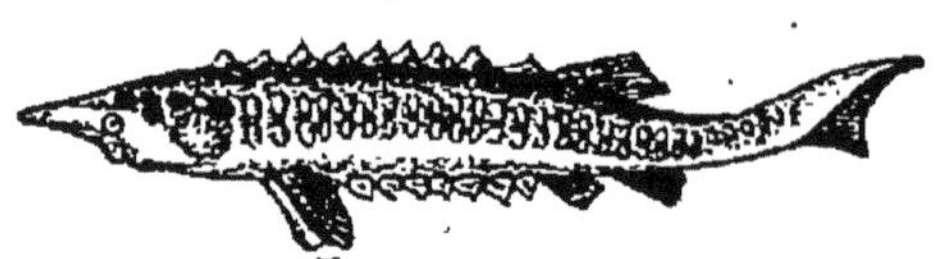

Fig. 230. — Esturgeon ; (2 mètres).

L'*Esturgeon commun* (fig. 230), qui peut atteindre cinq mètres de longueur, est important pour sa vessie natatoire qui sert à faire la colle de poisson et pour ses œufs qui constituent le mets appelé *caviar*. On le trouve dans la mer Noire, dans la mer Caspienne et dans les grands fleuves.

ANIMAUX INVERTÉBRÉS

Les animaux invertébrés ne possèdent pas, comme les Vertébrés, de squelette intérieur osseux ou cartilagineux. Leur organisation, fort variée, a permis de les diviser en sept embranchements dont les caractères essentiels ont été donnés plus haut (page 72).

Ces embranchements sont : les *Articulés*, les *Vers*, les *Mollusques*, les *Echinodermes*, les *Cœlentérés*, les *Spongiaires* et les *Protozoaires*.

Étudions-les successivement.

ARTHROPODES OU ANIMAUX ARTICULES

Caractères généraux. — Les animaux articulés (fig. 231) ont le corps formé d'anneaux placés bout à bout, et ordinairement entouré d'une cuirasse résistante qui protège les organes internes.

Leurs membres, en nombre variable selon les classes, sont constitués par des segments durs, séparés les uns des autres par des parties molles et rendus ainsi mobiles : ils sont, en un mot, *articulés;* de là le nom de l'embranchement.

Les Articulés se divisent en quatre classes : les *Insectes*, les *Arachnides*, les *Myriapodes* et les *Crustacés*.

CHAPITRE I

CLASSE DES INSECTES

Sommaire. — CARACTÈRES EXTÉRIEURS : tête ; armature buccale ; thorax ; abdomen. — Métamorphoses des Insectes. — Utilité des Insectes. — CARACTÈRES INTÉRIEURS : appareils digestif, circulatoire, respiratoire, nerveux.

Caractères extérieurs. — Le corps des Insectes offre toujours trois parties distinctes à considérer (fig. 231) : la *tête*, le *thorax* et l'*abdomen*. Ils ont toujours aussi trois paires de pattes et ordinairement deux paires d'ailes.

Les manifestations d'intelligence dont les Insectes nous rendent témoins les font placer au premier rang parmi les Invertébrés, par conséquent immédiatement à la suite des Vertébrés.

I. **Tête.** — La tête porte à sa face supérieure deux sortes de cornes, nommées *antennes* (fig. 231, *f*), qui sont des organes du toucher délicat et aussi de l'odorat ; puis des *yeux* de deux sortes, savoir : deux gros yeux, les *yeux composés*, situés de chaque côté de la tête (*g*), et deux ou trois *yeux simples*, beaucoup plus petits, placés vers le milieu.

Les yeux composés sont limités par un grand nombre de facettes qui agissent comme autant d'yeux différents : de là leur autre nom d'*yeux à facettes*.

A la face inférieure de la tête, on remarque la *bouche*, entourée d'un ensemble de petites pièces mobiles, servant à la préhension et à la mastication des aliments ; ces pièces forment ce qu'on appelle l'*armature buccale.*

Armature buccale. — L'armature buccale varie de forme selon le régime des Insectes.

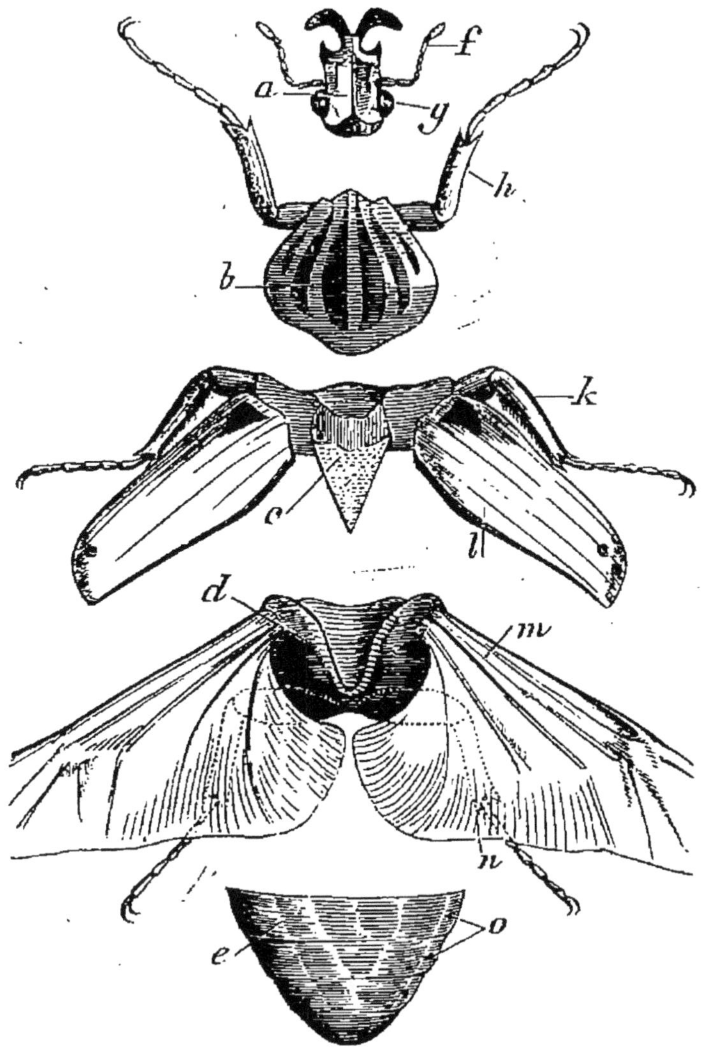

Fig. 231. — Goliath désarticulé. *a*, tête ; *b*, *c*, *d*, thorax ; *e*, abdomen.

Examinons par exemple un *Insecte broyeur*, c'est-à-dire un Insecte qui se nourrit de substances solides, telles que des feuilles (*Hanneton*, *Carabe doré*). Au-dessus de la bouche se trouve une petite pièce carrée, la *lèvre supérieure* (fig. 232, *a*); de chaque côté, les *mandibules* (fig. 232, *c*), pièces très fortes, courbées en serpe et dentées intérieurement; elles servent à inciser les aliments; chez le *Lucane* ou *Cerf-volant*, elles sont fort développées.

Après les mandibules viennent les *mâchoires* (*d*), munies chacune d'un petit doigt ou *palpe* (*e*), qui saisit les aliments; enfin, en arrière de la bouche, la *lèvre inférieure* (*b*), munie également de deux palpes mobiles (*f*).

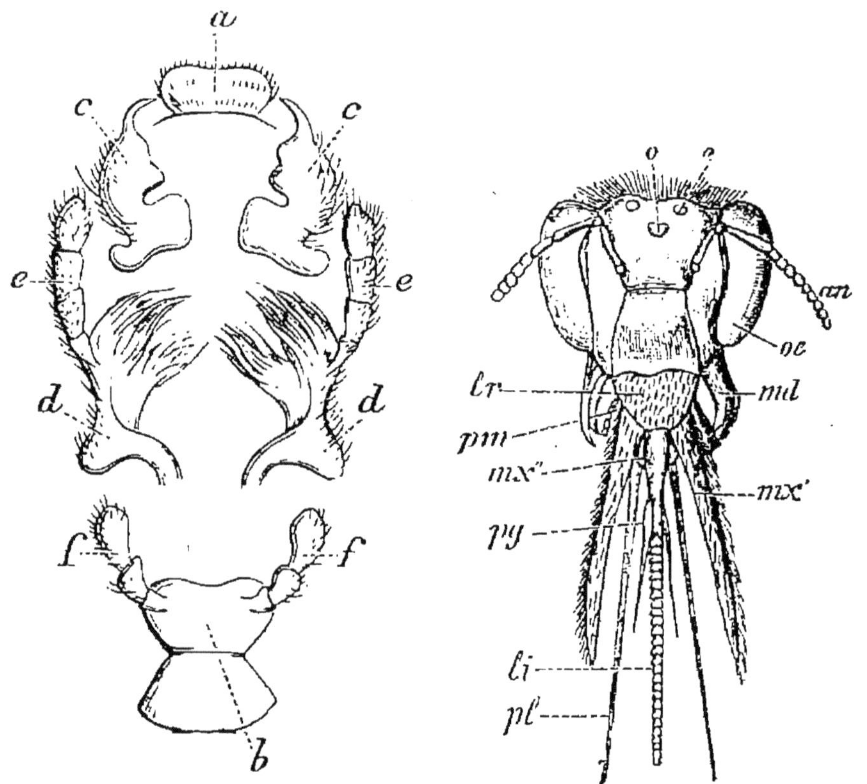

Fig. 232. — Pièces buccales d'un Insecte broyeur.

Fig. 233. — Pièces de la bouche d'une Abeille.

Chez les *Insectes lécheurs*, tels que l'Abeille et la Guêpe, qui se nourrissent de substances pulvérulentes sucrées, ou encore des sucs épais des fruits charnus, les mêmes pièces se retrouvent (fig. 233); mais ici les mâchoires (*mx'*) et la lèvre inférieure (*li*) sont allongées en lames flexibles et barbelées, aptes à recueillir les matières nutritives.

Lorsqu'une Abeille, par exemple, se pose sur un grain de raisin, on voit distinctement sa lèvre inférieure ou *languette* s'allonger et pénétrer dans la pulpe sucrée du fruit.

Les *Insectes suceurs*, c'est-à-dire les Papillons, ont la bouche prolongée en une trompe (fig. 279), sorte de tube enroulé au-dessous de la tête à l'état de repos et qui se déroule lorsque l'Insecte veut aspirer les liquides sucrés des fleurs ou des fruits.

Enfin les *Insectes piqueurs*, tels que le Cousin, le Taon des Bœufs, la Punaise, sont pourvus de stylets perforants très acérés (fig. 234) avec lesquels ils piquent les animaux

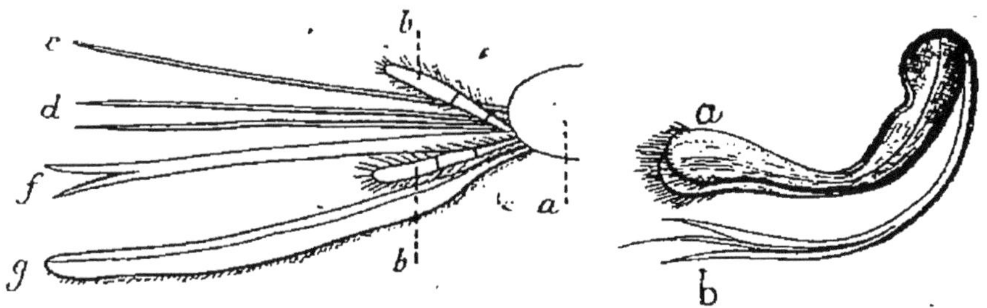

Fig. 234. — Stylets perforants du Cousin.

Fig. 235. — Tarière du Cynips. *a*, étui ; *b*, lancettes.

ou même certaines plantes, pour sucer ensuite les liquides dont ils provoquent la sortie.

II. **Thorax**. — Le thorax ou corselet (fig. 231, *b*, *c*, *d*) est formé de trois anneaux, portant chacun une paire de pattes. Le deuxième et le troisième anneau sont de plus munis chacun d'une paire d'ailes (*l*, *m*); les nervures qui les sillonnent ont des dispositions particulières, suivant les ordres d'Insectes que l'on considère.

III. **Abdomen**. — L'abdomen se compose ordinairement d'une dizaine d'anneaux mobiles, dépourvus de membres (fig. 231, *e*). Chacun d'eux est muni sur le côté de deux orifices en forme de boutonnière, qui laissent entrer et sortir l'air nécessaire à la respiration : ce sont les *stygmates* ou orifices respiratoires (*o*).

A l'extrémité de l'abdomen, on trouve quelquefois des appendices, tels que des *tenailles* chez le Perce-oreilles (fig. 248), un *aiguillon venimeux* chez l'Abeille, ou une *tarière* formée de lancettes avec lesquelles les femelles piquent les feuilles pour y déposer leurs œufs, par exemple chez le Cynips (fig. 235).

Métamorphoses des Insectes. — Au moment où les Insectes sortent de l'œuf, ils ont une forme bien différente de celle qu'ils revêtiront à l'âge adulte. Pour acquérir leur aspect définitif, ils subissent, comme les Batraciens, des métamorphoses.

Étudions, par exemple, le développement du *Hanneton* (fig. 237). La femelle pond ses œufs dans le sol. Chaque œuf donne naissance à une larve, nommée communément *Ver blanc* (fig. 236), qui demeure dans la terre et y vit aux

Fig. 236. — Ver blanc ; (0m,035).

Fig. 237. — Hanneton ; (0m,025).

dépens des racines des plantes : elle cause ainsi de grands dégâts dans les prés et dans les jardins.

Le Ver blanc est allongé et offre deux parties seulement : la tête qui porte une armature buccale apte à broyer, analogue à celle de l'adulte, et le corps proprement dit, divisé en une douzaine d'anneaux et muni en avant de trois paires de fausses pattes. Pendant deux années entières, le Ver blanc reste dans la terre et y subit plusieurs mues ; en hiver, il cesse de manger.

Au commencement de la troisième année, il entre dans une seconde phase, caractérisée par l'immobilité absolue : l'enveloppe du corps, qui devient brune et demi-transparente, laisse alors apparaître les ailes, qui se sont peu à peu développées au-dessous d'elle. Cette phase est désignée sous le nom de *nymphe* ou *chrysalide* (fig. 280, 4).

Enfin, lorsque la nymphe a achevé son développement,

elle brise son enveloppe, et l'*Insecte parfait*, le Hanneton ailé, apparaît; il reste encore quelques jours sous terre pour acquérir plus de force, puis remonte à la surface et s'envole sur les arbres voisins, les Cerisiers et les Chênes par exemple, dont il mange les feuilles.

Avant de se transformer en nymphes, certaines chenilles se construisent une sorte d'abri qui les enveloppe de toute part; le cocon de la chenille dite Ver à soie en est un exemple bien connu.

Métamorphoses complètes ou incomplètes. — La plupart des Insectes passent par les trois phases, larve, nymphe et Insecte parfait, que nous venons d'indiquer pour le Hanneton; on dit alors que leurs métamorphoses sont *complètes.* Elles s'accomplissent d'ordinaire en quelques mois.

Fig. 238. — Éphémère adulte (en haut); (0m,03); en bas, sa larve.

D'autres Insectes ne présentent pas la phase de nymphe, et la larve, après un certain nombre de mues, donne directement l'Insecte parfait, dont elle ne diffère guère que par l'absence d'ailes; tels sont l'Éphémère (fig. 238), la Sauterelle, la Cochenille. On les appelle Insectes à métamorphoses *incomplètes.*

Quand une larve d'Éphémère doit achever son développement, elle sort de l'eau qu'elle avait jusqu'alors habitée et grimpe sur les objets avoisinants, par exemple sur des joncs. Là, par l'effet de mouvements brusques du corps, la peau se fend sur le dos et donne directement passage à l'Insecte ailé qui s'envole (fig. 238).

Utilité des Insectes. — Un grand nombre d'Insectes causent à l'agriculture un dommage considérable par les racines, feuilles ou fleurs qu'ils détruisent. Leurs ravages sont d'autant plus redoutables qu'ils se multiplient avec une prodigieuse rapidité.

Les *Sauterelles*, dont les invasions sont si funestes à l'Algérie et à la Provence, détruisent chaque année des récoltes entières; les Anthonomes (fig. 247) s'attaquent au printemps aux bourgeons à fleurs des Pommiers et dévorent le germe du fruit, etc.

D'autres Insectes heureusement compensent ces dévastations par les services qu'ils rendent à l'Homme; parmi eux il suffit de citer le Ver à soie, l'Abeille et la Cochenille.

Caractères intérieurs. — *Appareil digestif.* — L'appareil digestif des Insectes est assez compliqué. A la bouche fait suite l'œsophage, pourvu d'un petit renflement, le *jabot*, sorte de réservoir alimentaire; les Insectes broyeurs ont en outre un renflement musculaire, le *gésier*, destiné à triturer les aliments. L'estomac est hérissé de petits prolongements; enfin l'intestin est muni à son origine de plusieurs tubes, appelés *tubes de Malpighi*, qui représentent les reins et même le foie des Insectes.

Appareil circulatoire. — L'appareil circulatoire des Insectes est d'une grande simplicité : il se compose uniquement d'un *vaisseau dorsal* (fig. 239), sans ramification aucune, cheminant d'une extrémité du corps à l'autre sous la peau. La moitié postérieure de ce vaisseau (*c*) est un peu plus renflée et divisée en sept ou huit loges, pourvues chacune de deux orifices sur les côtés : on l'appelle *cœur*, et on réserve le nom d'*aorte* (*ao*) à la moitié antérieure, plus grêle, du vaisseau dorsal.

Le sang est incolore ; il contient des globules blancs.

La circulation se fait de la manière suivante. Par la contraction du cœur, le sang est poussé en avant dans l'aorte, car des valvules s'opposent à ce qu'il s'échappe par les orifices latéraux. Arrivé dans la tête, il s'écoule dans les cavités du corps, entre les organes, pour nourrir ces derniers, car il n'y a pas de vaisseaux capillaires. Le sang revient ensuite au cœur, par les ouvertures latérales, chargé des matières nutritives absorbées par l'intestin.

Appareil respiratoire. — Contrairement à l'appareil cir-

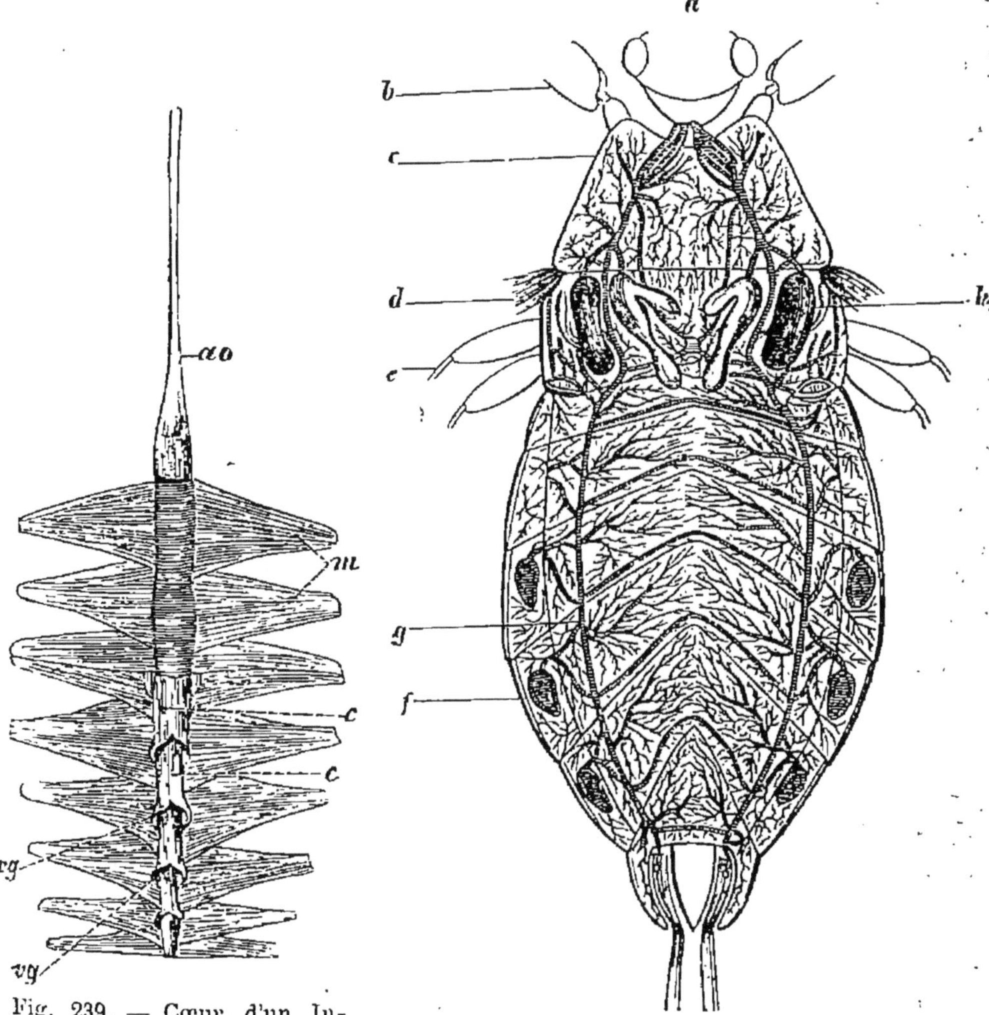

Fig. 239. — Cœur d'un Insecte. *m*, muscles qui le retiennent ; *ao*, aorte ; *c*, cœur.

Fig. 240. — Trachées de la Nèpe. *f*, stygmates ; *g*, trachées ; *h*, sacs à air.

culatoire, l'appareil respiratoire offre un haut degré de développement. Il se compose de tubes très déliés, nommés *trachées* (fig. 240), qui partent des stygmates de l'abdomen et se ramifient dans toutes les parties du corps. Le long des trachées on remarque quelquefois des renflements, sortes de réservoirs d'air pour la respiration; l'Abeille en présente deux très gros à l'origine de l'abdomen.

La respiration des Insectes est très active. L'air pur entre par les stygmates dans les trachées, puis en sort chargé d'acide carbonique, grâce aux dilatations et contractions de l'abdomen. Ces mouvements sont très visibles après le vol, car la respiration est alors plus vive.

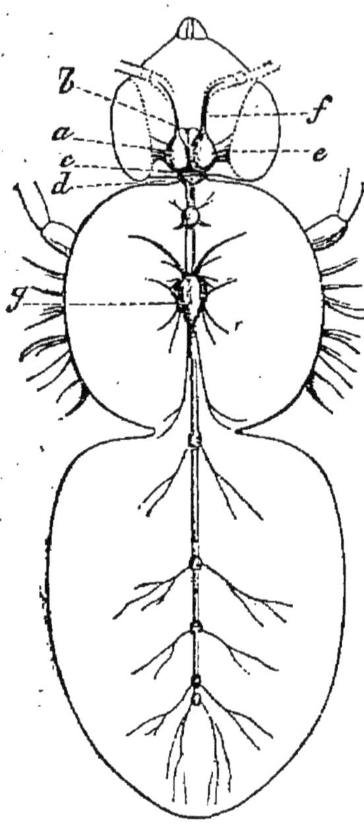

Fig. 241. — Système nerveux de l'Abeille. *a*, cerveau.

Système nerveux. — Le système nerveux des Insectes (fig. 241) se compose de petites masses nerveuses, nommées *ganglions*, d'où partent les nerfs destinés aux divers organes.

Dans la tête on trouve, sur l'œsophage, une première masse nerveuse, formée de deux ganglions soudés : elle représente le *cerveau* de l'Insecte (*a*).

Au-dessous du tube digestif se trouve tout une *chaîne de ganglions* (*dg*), dont le nombre varie selon les genres; ainsi il y a huit ganglions chez l'Abeille, trois seulement chez le Hanneton, unis les uns aux autres par des filaments nerveux.

Le premier ganglion de la chaîne ventrale est toujours uni au cerveau par deux filaments formant une sorte de *collier* autour de l'œsophage (*c*).

CHAPITRE II

CLASSIFICATION DES INSECTES.

Sommaire. — Coléoptères; Cantharide; mœurs du Sitaris. — Orthoptères. — Névroptères; mœurs des Termites. — Hémiptères ; Phylloxéra. — Hyménoptères : Abeilles; sociétés de Fourmis. — Lépidoptères ; Ver à soie. — Diptères.

Pour classer les Insectes, on se base principalement sur les caractères tirés de la conformation des ailes, de l'armature buccale et des pattes. On arrive ainsi à les diviser en sept ordres, savoir : les *Coléoptères*, les *Orthoptères*, les *Névroptères*, les *Hémiptères*, les *Hyménoptères*, les *Lépidoptères* et les *Diptères*.

Tous les Insectes possèdent deux paires d'ailes, sauf les Diptères (*Mouche*) qui, comme leur nom l'indique, n'en ont qu'une paire, et certains Hémiptères (*Pou*, *Punaise*) qui en manquent complètement.

Coléoptères. — *Caractères généraux.* — Les Coléoptères se distinguent immédiatement à leurs ailes antérieures cornées (fig. 231, *l*), nommées *élytres*, qui recouvrent exactement au repos les ailes postérieures, membraneuses. Celles-ci sont très longues et se plient transversalement sous les élytres au repos.

Les pièces de la bouche sont conformées pour broyer des substances plus ou moins dures, telles que des feuilles, du bois, etc. Les métamorphoses sont complètes.

Principaux genres. — L'ordre des Coléoptères comprend près de cent mille espèces ; les plus grandes et les plus belles vivent dans les régions équatoriales. Parmi les plus communes dans nos pays, citons : le *Hanneton*, précédemment étudié ; le *Carabe des jardins ;* le *Lucane cerf-volant ;* la *Cétoine ;* la *Chrysomèle ;* la *Coccinelle* ou bête à bon Dieu ; le *Charançon du Blé ;* la *Cantharide* ou mouche d'Espagne (fig. 242), le Lampyre ou Ver luisant (fig. 243), etc.

Certaines larves de Coléoptères sont comestibles. Ainsi on mange aux Antilles le *Ver palmiste*, larve d'une grosse espèce de Charançon qui vit dans le bourgeon terminal des Palmiers.

Ver luisant. — Le Lampyre mâle est ailé et ne répand

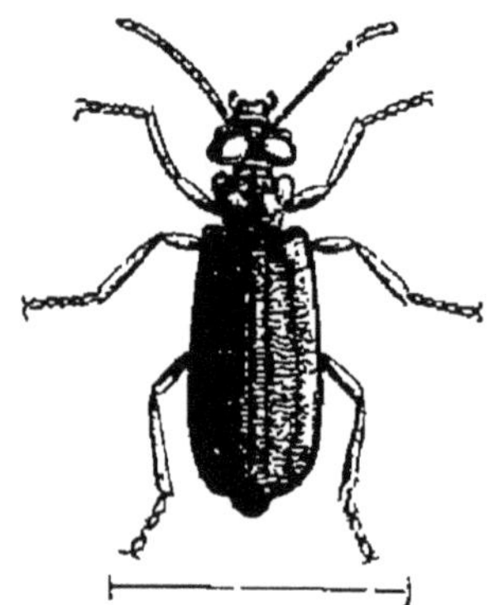

Fig. 242. — Cantharide ; ($0^m,17$).

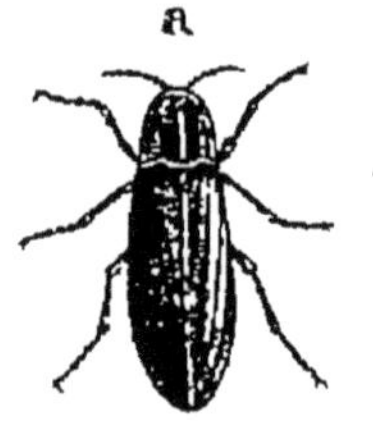

Fig. 243. — Ver luisant. *a*, mâle ; *b*, femelle ; ($0^m,015$).

que peu de lumière, tandis que la femelle, dépourvue d'ailes, se reconnaît immédiatement pendant la nuit, dans les buissons et les haies où elle se tient, à sa belle phosphorescence. C'est dans l'abdomen que se produit la substance d'où émane la lumière (fig. 243).

Cantharide. — Les Cantharides (fig. 242) ont les élytres d'un beau vert doré ; elles vivent dans le Midi, sur les Frênes. Pour les recueillir, on secoue ces arbres de bon matin et on reçoit les Insectes encore engourdis sur des draps étalés à terre. Les Cantharides renferment une substance très irritante qui, appliquée sur la peau, produit vite des ampoules ; de là l'emploi de ces Insectes dans la préparation des vésicatoires.

Un autre Coléoptère, le *Mylabre* (fig. 246), qui vit dans

nos pays sur la Chicorée, a comme la Cantharide des propriétés vésicantes.

Mœurs du Scarabée. — Le *Scarabée* (fig. 245), dont une espèce était sacrée pour les anciens Égyptiens, a des mœurs fort curieuses. Il enfouit ses œufs dans des boulettes de fiente rappelant un peu des pilules; et les roule ensuite jusqu'à un endroit spécial, où il les enterre.

Lorsqu'une boulette est trop forte, ou que le terrain présente des obstacles, quelques autres Scarabées viennent en

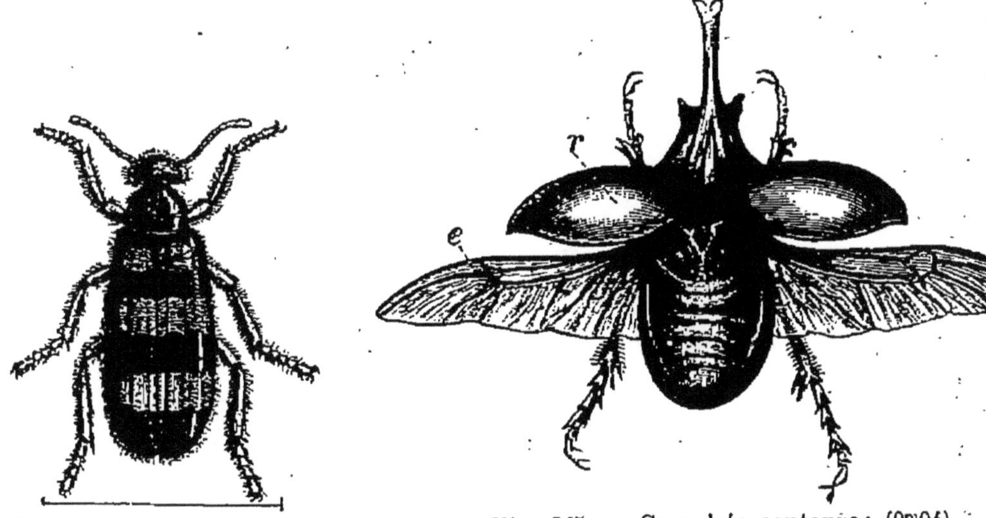

Fig. 244. — Mylabre de la Chicorée; (grossi deux fois).

Fig. 245. — Scarabée centaure; (0m04). r, élytres; e, ailes membraneuses.

aide à leur compagnon, puis retournent à leur travail dès que le fardeau a été amené en lieu sûr.

Les *Nécrophores* ou Scarabées fossoyeurs appartiennent à un autre genre d'Insectes qui s'entr'aident également pour enterrer des animaux morts; ceux-ci servent non seulement de pâture, mais encore de retraite à leurs jeunes.

Les Nécrophores grattent la terre autour du cadavre, qui s'enfonce ainsi peu à peu; puis, lorsqu'ils ont atteint une profondeur convenable, ils le recouvrent de terre par en haut.

Mœurs du Sitaris. — Le plus remarquable Coléoptère, au point de vue de l'instinct, est assurément le *Sitaris*, qu'on trouve dans le midi de la France, notamment en Provence. Son histoire se rattache à celle d'un Insecte hyménoptère, l'Anthophore.

L'*Anthophore* est une sorte d'Abeille maçonne, qui creuse des galeries dans les roches tendres de cette région et y construit son nid, qu'elle remplit de miel. Après avoir déposé un œuf à la surface de chaque loge, l'Insecte en mure l'entrée avec un mortier fort résistant, sauf cependant en un point, où il ne laisse que de la boue molle par où le jeune pourra sortir. Or, bien souvent sortent de ces nids non des Anthophores, mais des Sitaris, et c'est d'une manière fort curieuse que ces derniers sont arrivés dans cette demeure étrangère.

En automne, la femelle du Sitaris, poussée par un ins-

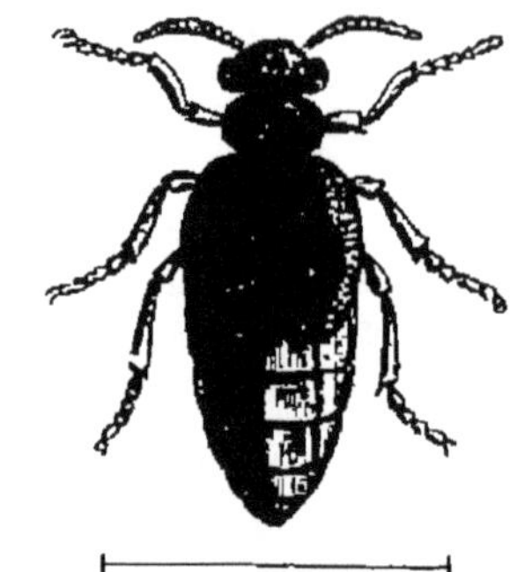

Fig. 246. — Méloë ; (0^m,02) ; (Insecte voisin du Sitaris).

Fig. 247. — Anthonome du Pommier ; (0^m,006).

tinct irrésistible, va pondre ses œufs devant les loges murées de l'Anthophore ; les jeunes qui en proviennent restent là durant tout l'hiver, mêlés aux poussières amenées par le vent. Au printemps suivant, les Abeilles éclosent à leur tour et sortent de leurs loges murées. C'est à ce moment précis qu'un jeune Sitaris, jusque-là à l'aguet, grimpe sur le dos d'un Anthophore, s'y fixe avec ses pattes crochues et attend patiemment le moment où l'Abeille pondra ses œufs. Dès qu'un œuf apparaît, le Sitaris s'y cramponne et se trouve ainsi porté avec lui dans le nid sur le miel de la loge : celle-ci est ensuite murée par l'Abeille.

Après un jeûne de plusieurs mois, l'intrus dévore l'œuf grâce auquel il avait été amené jusque-là, mais se garde bien de toucher au miel, pour lequel il n'a aucun goût et où il se noierait inévitablement. Quelques temps après, il change de forme et aussi de goût ; il mange alors fort bien le miel que tout à l'heure il dédaignait, et lentement achève son développement. Puis, n'ayant plus que faire dans la loge, il ouvre cette dernière et s'envole vers ses semblables.

Orthoptères.—*Caractères généraux.*—Les Orthoptères possèdent, comme les Coléoptères, deux élytres cornés, mais cependant moins durs; leurs ailes membraneuses, lorsqu'elles sont au repos, sont pliées, non plus transversalement, mais longitudinalement à la manière d'un éventail.

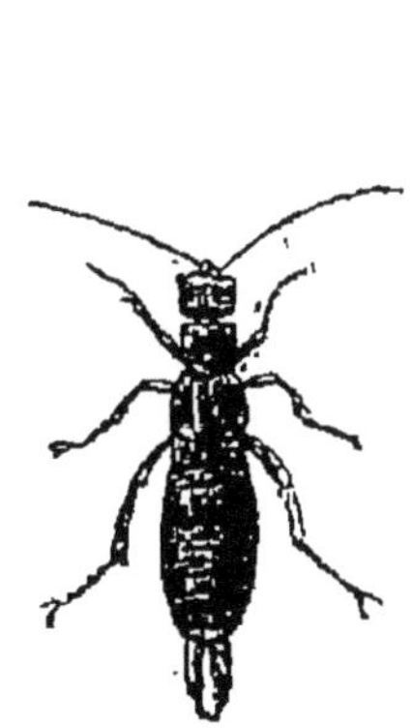

Fig. 248. — Perce-oreille; (0m,017).

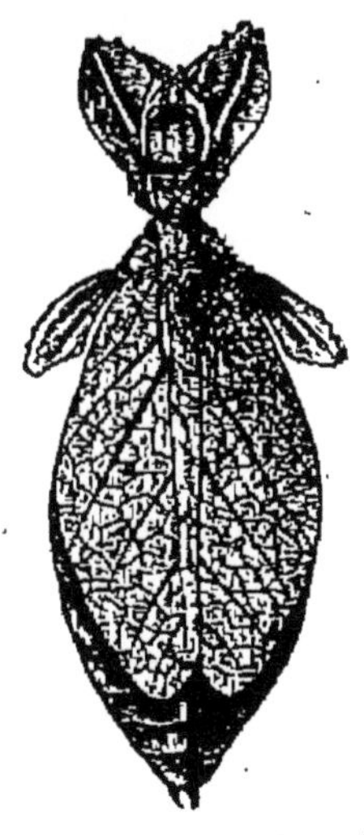

Fig. 249. — Phyllie; (0m,05).

L'armature buccale est conformée pour broyer. Les métamorphoses sont incomplètes.

Principaux genres. — Dans cet ordre se rangent : la *Forficule* ou Perce-oreille (fig. 248), qui incube quelquefois ses œufs; la *Blatte*, au corps aplati, qui vit dans les retraites obscures; la *Mante religieuse*, munie de pattes antérieures ravisseuses, terminées par une griffe fort développée; la *Phyllie*, Insecte tropical fort bizarre (fig. 249), au corps très aplati et vert, simulant tout à fait une feuille; le *Criquet* se tient dans les champs et les prés et produit un mouvement de stridulation spécial en frottant ses pattes postérieures contre les élytres; le *Grillon*, genre voisin du précédent; la *Taupe-grillon* ou *Courtilière*, Insecte souterrain très nuisible, à pattes antérieures courtes et larges, aptes à fouir ; enfin la *Sauterelle* qui, avec le Criquet, cause de si grands dégâts dans le Midi.

Criquets pèlerins. — Les Criquets pèlerins arrivent en Algérie au mois de juin en quantités immenses, détruisant toutes les récoltes. Les femelles pondent chacune une centaine d'œufs environ ; elles les déposent dans la terre qu'elles fouillent au préalable avec leur abdomen. Les Étourneaux et les Alouettes détruisent bien un grand nombre de ces œufs ; mais depuis quelques années l'Homme lui-même a dû intervenir et mettre en œuvre tout un outillage pour combattre le fléau.

Fig. 250. — Criquet ; (0m,04).

Névroptères.— *Caractères généraux.*—Chez les Insectes de cet ordre, les ailes sont membraneuses, très délicates et munies d'un riche réseau de nervures. Les pièces buccales sont disposées pour mordre et se rapprochent par conséquent de celles des deux précédents ordres.

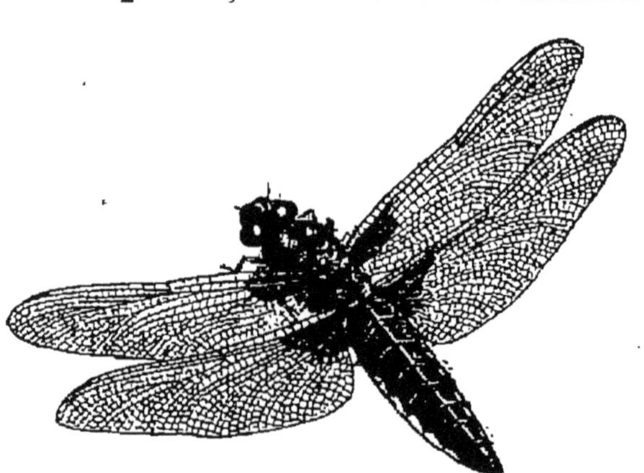

Fig. 251. — Libellule ; (0m,045).

Certains Névroptères, comme la *Phrygane* (fig. 253), ont des métamorphoses complètes ; d'autres plus nombreux, comme la *Libellule* ou Demoiselle (fig. 251), l'*Agrion*, l'*Éphémère* (fig. 238), le *Termite* (fig. 257), ont des métamorphoses incomplètes. Ces dernières ont été étudiées pour l'Éphémère à la page 193.

Larves de l'Éphémère et de la Phrygane. — Les larves de plusieurs genres de Névroptères sont aquatiques.

Celle de l'Éphémère (fig. 238) se reconnaît aux prolongements latéraux de son abdomen, sortes de rames blanchâtres servant à la respiration de la larve; on y trouve, en effet, de nombreuses trachées. A l'état d'Insecte ailé, l'Ephémère ne vit que quelques heures, durant lesquelles elle ne prend aucune nourriture et se consacre exclusivement à la ponte.

On trouve souvent les Éphémères au bord des rivières où elles voltigent en grand nombre par les chaudes soirées d'été. Elles se reconnaissent aux trois longues soies qui terminent le corps.

La larve de la Phyrgane (fig. 252), qui vit au fond de l'eau,

Fig. 252. — Ver de paille (larve de Phrygane) ; ($0^m,03$).

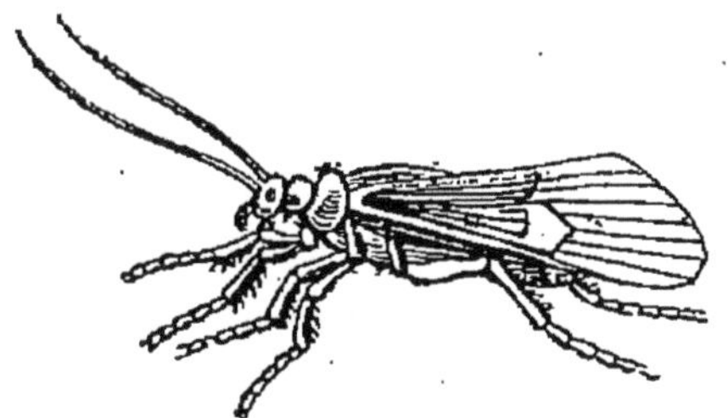

Fig. 253. — Phrygane ; Insecte parfait ; ($0^m,03$).

sur le sable, est enveloppée d'une sorte de tuyau, qu'elle construit avec de petits fragments de bois et des grains de sable; sa tête seule est visible. Les Truites la mangent avec avidité.

Mœurs du Fourmilion. — La larve du Myrméléon, connue sous le nom de *Fourmilion*, est étonnante par ses procédés de chasse. A force de travail et de persévérance, elle se creuse un trou en forme d'entonnoir (fig. 254), dans quelque endroit sablonneux et sec, à l'abri du vent; puis, enfoncée dans le sable au fond de son gîte, elle attend patiemment qu'il se présente une proie. Dès qu'une Fourmi paraît sur le bord de l'entonnoir, il se produit un petit éboulement de sable : la larve, ainsi mise en éveil, projette aussitôt sur sa proie le sable qui la recouvre, l'accable bien vite et la fait rouler en avalanche au fond du trou pour la dévorer.

Mœurs des Termites. — Les plus curieux Névroptères sont assurément les Termites (ou Fourmis blanches), qui vivent en sociétés parfaitement organisées (fig. 257). Ces

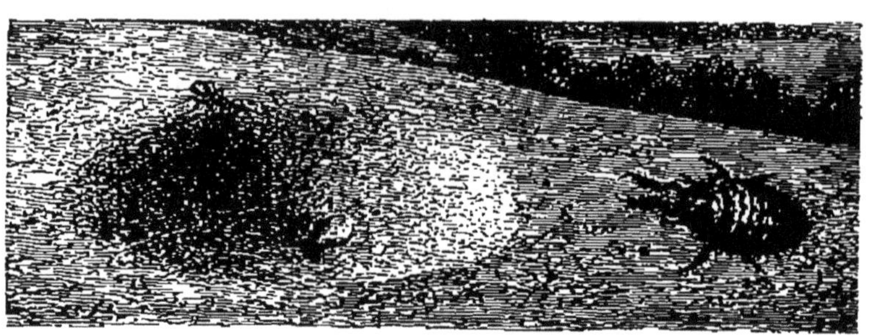

Fig. 254. — Fourmilion; (un autre est caché dans son trou).

Insectes habitent surtout l'Afrique tropicale; les Nègres les mangent. En France, on en rencontre à La Rochelle et à Rochefort, où ils causent de grands dommages en minant tous les bois de construction, tels que poutres et rampes, qui sont à leur portée, si bien qu'il n'en reste, après leur départ, qu'une mince et fragile enveloppe.

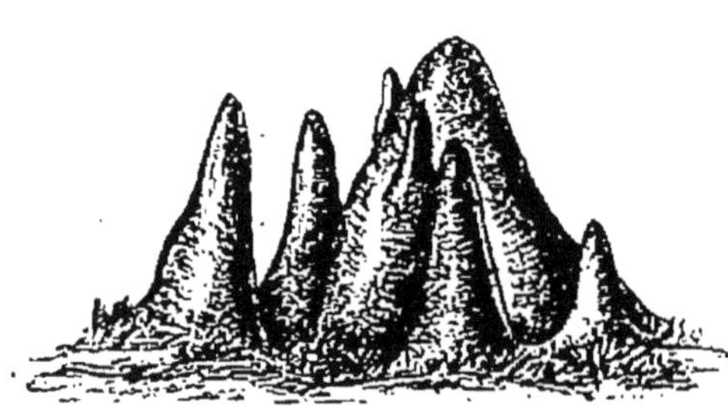

Fig. 255. — Termitières.

En Afrique, les Termites construisent avec de la terre, des pierres et des morceaux de bois qu'ils agglutinent avec leur salive, des édifices très solides, nommés *termitières*, en forme de pains de sucre, et hauts de trois à six mètres.

Leur aménagement intérieur est assez compliqué.

Une société de Termites se compose (fig. 256-257) d'une femelle ou *reine*, de *mâles ailés*, de neutres ou *ouvriers* et enfin de *soldats*. Ceux-ci se distinguent facilement à leur grosse tête et à leurs puissantes mâchoires.

Au centre de chaque termitière, point qui offre le plus de sécurité, se trouve la résidence royale dont la forme rappelle un peu celle d'un four à voûte (fig. 258). Comme les issues en sont assez petites, la reine y meurt sans en être jamais sortie.

Au moment de la ponte, la reine est extraordinairement

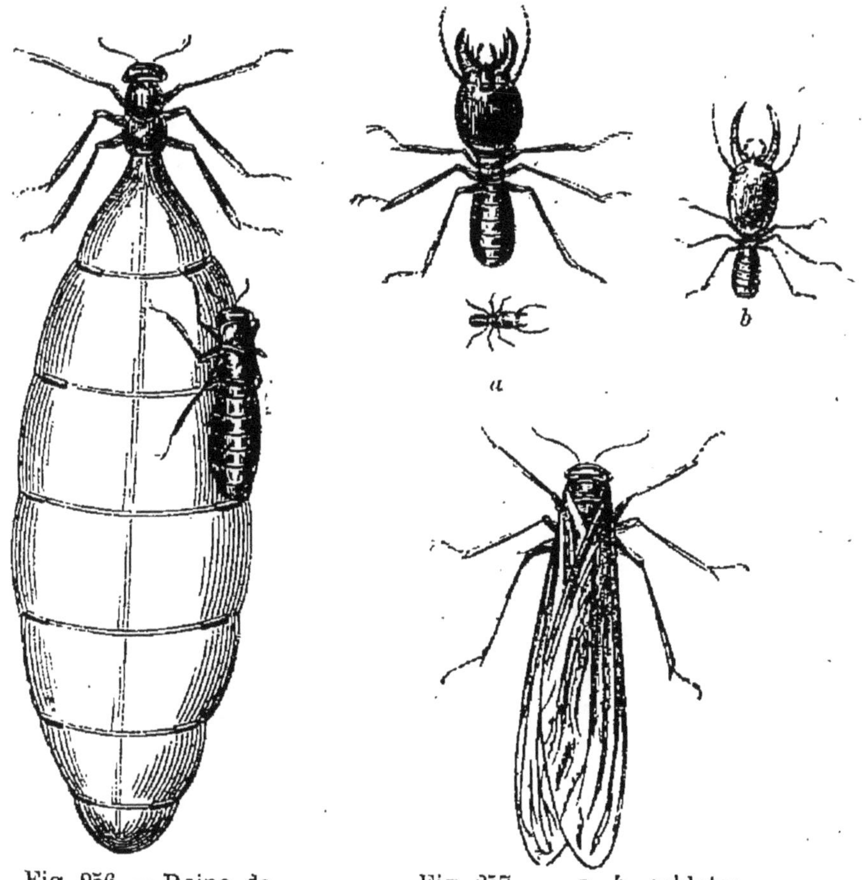

Fig. 256. — Reine de Termites, avec un ouvrier.

Fig. 257. — *a*, *b*, soldats; *c*, mâle.

grosse : elle acquiert environ deux ou trois mille fois la taille d'un sujet. Sa demeure, qui a dû nécessairement s'agrandir, mesure alors un mètre et demi de diamètre sur cinquante centimètres de hauteur.

Tout autour de la loge royale sont disposées de nombreuses salles d'élevage, destinées aux œufs et par conséquent aux larves; puis viennent les cellules des neutres ou ouvriers, affectés au service de la reine; enfin, plus encore vers l'extérieur, les chambres des soldats ou gardes du corps, entre lesquelles se répartissent des magasins rem-

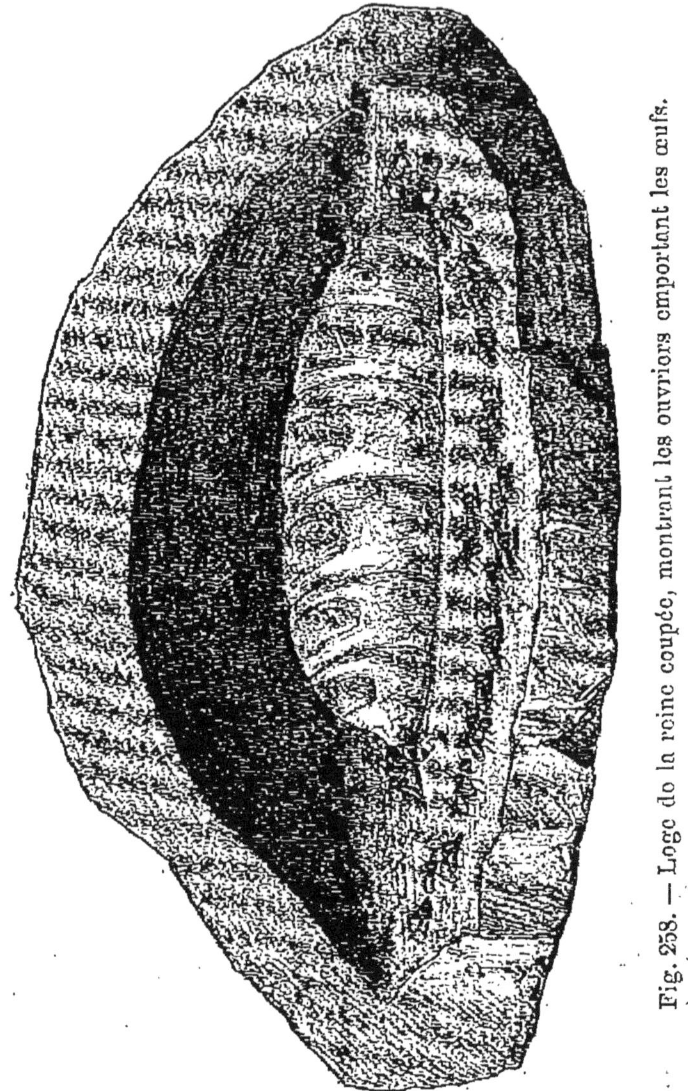

Fig. 258. — Loge de la reine coupée, montrant les ouvriers emportant les œufs.

plis de provisions, telles que gommes, résines, grains, fruits, bois, etc.

Chaque termitière est de plus munie de conduits souterrains qui assurent l'écoulement des eaux en cas d'inondation.

La reine pond un œuf par seconde pendant toute l'année.

Les ouvriers, qui sont assez petits pour pouvoir pénétrer dans sa loge, tournent en procession autour d'elle, s'emparent des œufs et les emportent dans les chambres qui leur sont réservées.

Rien n'est intéressant comme l'ardeur des travailleurs

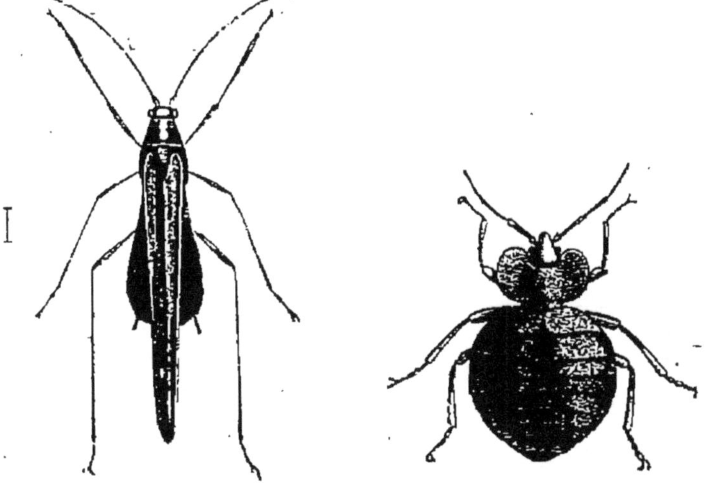

Fig. 259. — Puceron; (0m,003). Fig. 260. — Punaise des lits; (0m,005).

Fig. 261. — Pou de la tête; (0m,002).

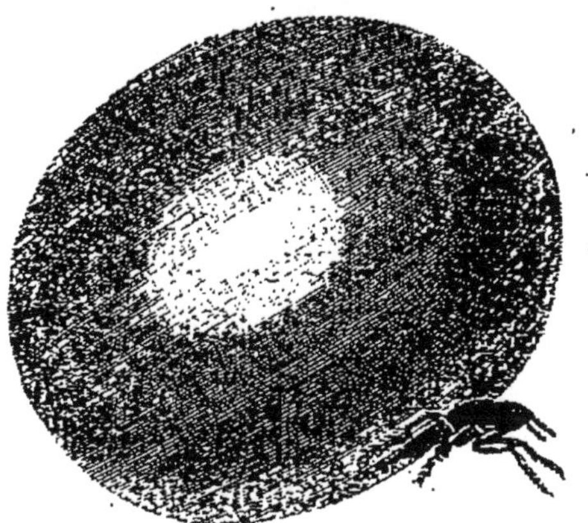

Fig. 262. — Puce chique femelle.

et des soldats au moment du danger. Une brèche vient-elle à être faite à la paroi de la termitière, immédiatement les soldats se précipitent de tous côtés au dehors du dôme, marchent à la rencontre de l'ennemi et lui livrent, s'il y a lieu, un combat acharné. Puis des nuées de travailleurs, la bouche pleine de mortier, arrivant de l'intérieur du nid et des sous-sols, se mettent à l'œuvre et comblent la brèche en toute hâte, sans que jamais dans cette foule affairée aucun désordre se produise. Que l'ennemi revienne à la charge, et les ouvriers disparaissent comme par enchantement pour laisser place à la masse belliqueuse des soldats, car jamais il n'arrive aux travailleurs de se battre, ni aux soldats de travailler.

On peut du reste soi-même, à volonté, faire tour à tour travailler et se battre ces curieux Insectes.

Hémiptères. — *Caractères généraux.* — Les Hémiptères

Fig. 263. — Cigale ; (long. : 0m,04).

constituent un ordre complexe. En effet, certains genres sont pourvus de quatre ailes complètement membraneuses (*Cigale*, *Pucerons*) ; chez d'autres, au contraire, les ailes de la première paire sont cornées dans leur moitié antérieure, et membraneuses seulement dans leur moitié postérieure, ce qui constitue des *demi-élytres* (*Notonecte* ou Punaise d'eau, *Nèpe* ou Scorpion d'eau, *Hydromètre*) ; enfin quelques genres manquent complètement d'ailes (*Punaise des lits*, *Pou*, *Puce*).

La bouche des Hémiptères est munie d'une petite trompe à plusieurs articles (fig. 265, *b*), dans laquelle se meuvent quatre stylets très acérés, représentant les mandibules et les mâchoires. Ces Insectes vivent de sucs, qu'ils se procurent en piquant les animaux ou les plantes.

Principaux genres. — Parmi les Hémiptères les plus importants, citons : la *Cigale*, les *Pucerons*, le *Phylloxéra* et la *Cochenille*.

Cigale. — La *Cigale* (fig. 263) porte de chaque côté de l'abdomen, tendue sur un petit cadre corné, une membrane élastique qui, en vibrant, produit son chant monotone ; elle

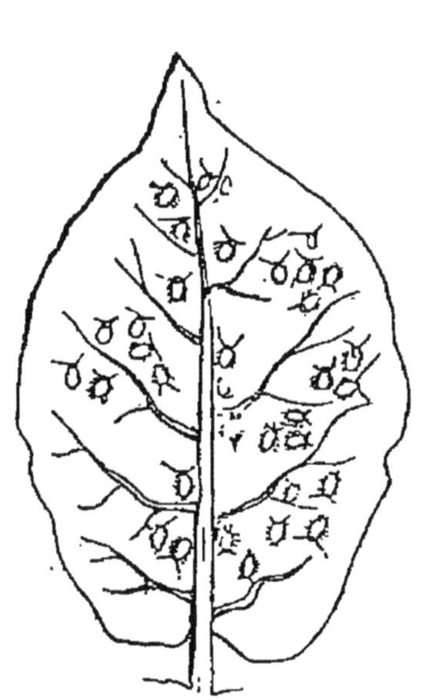

Fig. 264. — Pucerons sur une feuille de Pomme de terre.

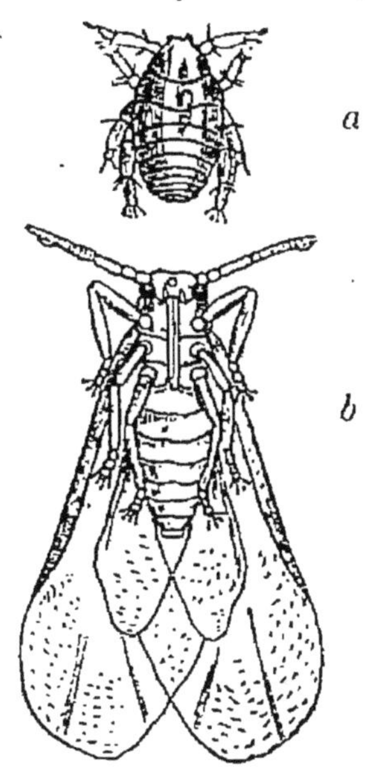

Fig. 265. — Phylloxéra. *a*, larve ; *b*, Insecte ailé (très grossi).

vit surtout du suc ou *manne* des jeunes pousses du Frêne.

Pucerons. — Les *Pucerons* (fig. 259) vivent en nombre considérable sur les Tilleuls, sur les Sapins ; les Rosiers en sont parfois littéralement couverts, au point que les jeunes pousses sont gênées dans leur végétation. Ils prennent souvent la teinte verte des feuilles sur lesquelles ils se tiennent, ce qui les rend difficiles à voir (fig. 264).

Vers l'extrémité de leur abdomen, sur le dos, débouchent deux tubes à miel, qui laissent exsuder de petites gouttelettes sucrées dont les Fourmis sont très avides.

Un fait curieux est que certaines générations de Pucerons

sont complètement aptères, tandis que d'autres sont ailées : il y a, comme on dit, *génération alternante*.

Phylloxéra. — Au groupe des Pucerons appartient le Phylloxéra, qui nous est venu d'Amérique et cause dans nos vignobles, comme chacun le sait, des dégâts considérables (fig. 265).

Lorsqu'on examine au printemps les racines d'un cep de Vigne infecté, on y trouve une sorte de poussière jaune, composée exclusivement de femelles dépourvues d'ailes, qui aspirent avec leur rostre la sève de la plante. Les œufs

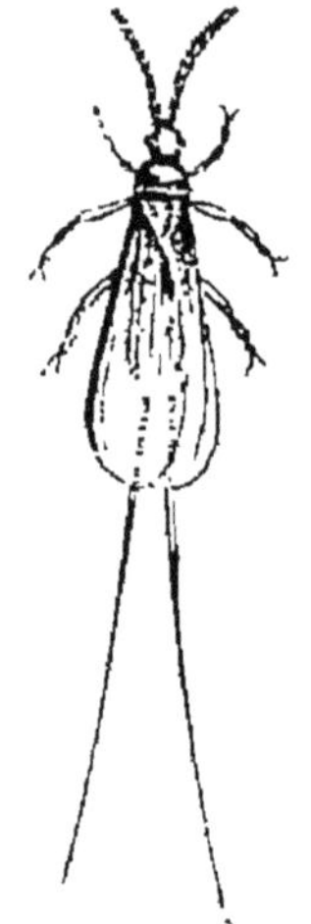

Fig. 266. — Cochenille mâle ; ($0^m,006$).

Fig. 267. — Cochenille femelle ; ($0^m,001$).

Fig. 268. — Cactus avec Cochenille.

pondus par ces femelles mettent environ vingt jours à éclore : les jeunes qui en proviennent sont l'origine d'une série de générations, dont quelques-unes sont formées de Phylloxéras ailés qui s'envolent au loin pour se fixer sur d'autres ceps. En automne, les dernières femelles aptères, qui ne prennent aucune nourriture, pondent un œuf unique assez gros et muni d'un crochet qui lui permet de rester fixé aux racines de la Vigne pendant la mauvaise saison. Ce sont ces *œufs d'hiver* qui éclosent au printemps suivant et reproduisent les diverses générations dont nous venons de parler.

Cochenille.— La *Cochenille* vit sur une espèce de Cactus, désignée communément sous le nom de Figuier de Barbarie. On l'élève aux Antilles, au Mexique, en Algérie. Le mâle (fig. 266) est ailé et ne vit que fort peu de temps; la femelle (fig. 267), qui est beaucoup plus grosse, est aptère. A l'aide de son long rostre, elle pique les feuilles du Figuier de Barbarie, puis en aspire la sève.

Après la ponte, les femelles meurent sur place, se dessèchent et forment de petits corps bruns, constituant la Cochenille du commerce, dont on extrait le carmin.

Hyménoptères.—*Caractères généraux.*—Les Hyménoptères ont les quatre ailes membraneuses, parcourues par un réseau de nervures à mailles larges. Leur bouche

Fig. 269. — 1, 2, larves d'Abeilles ouvrières; 3, 4, nymphes.

(fig. 233) est organisée pour lécher; sa pièce principale est une languette allongée et flexible. Les métamorphoses sont complètes.

Un grand nombre d'Hyménoptères sont pourvus d'un *aiguillon venimeux*. Chez l'Abeille, par exemple, on trouve dans l'abdomen deux petites glandes dont le produit de sécrétion s'écoule dans un aiguillon, muni de petites dents dirigées d'arrière en avant, comme celles d'un hameçon : aussi l'aiguillon reste-t-il fréquemment dans l'organe où l'Abeille l'enfonce, ce qui occasionne la mort de l'Insecte.

Principaux genres. — L'ordre des Hyménoptères comprend principalement les *Abeilles* et les *Fourmis,* si remarquables par leurs instincts; les *Guêpes;* les *Bourdons* (fig. 276); les *Cynips;* etc.

Sociétés d'Abeilles. — Une société d'Abeilles se compose d'une *reine*, dont l'unique fonction est de pondre des œufs, de quelques centaines de *mâles* ou *faux bourdons* et enfin d'une vingtaine de mille *ouvrières* (fig. 271).

Propolis. — Lorsqu'elles s'installent dans une ruche, les ouvrières commencent par enduire leur future demeure d'une substance résineuse, nommée *propolis*, qu'elles vont cueillir sur les bourgeons du Peuplier et du Sapin; elles s'en servent aussi pour boucher les ouvertures, à l'exception d'une seule qui sert pour l'entrée et la sortie.

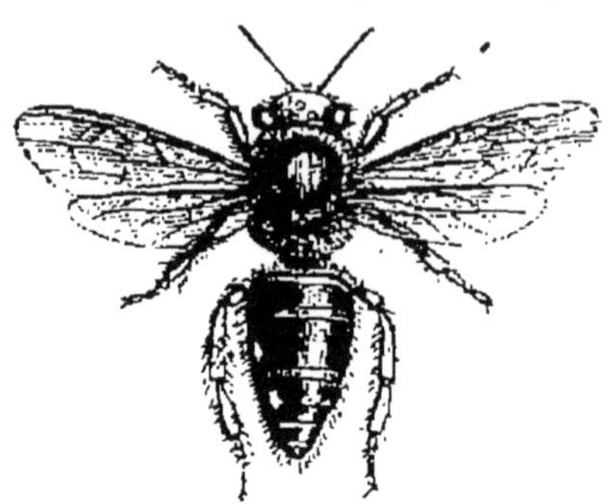

Fig. 270. — Reine d'Abeille.

Fig. 271. — Abeille ouvrière.

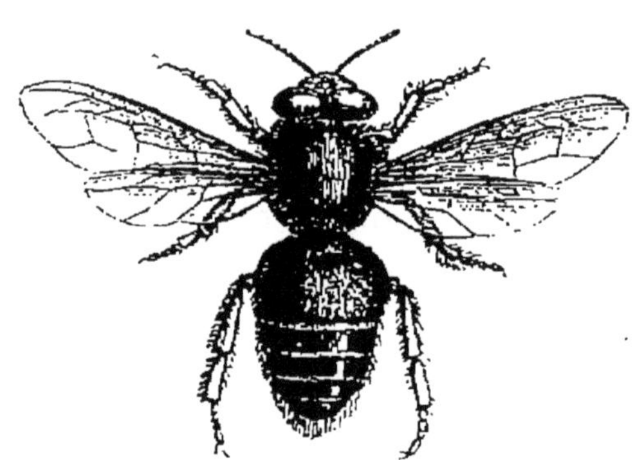

Fig. 272. — Abeille mâle.

Alvéoles. — Les ouvrières construisent ensuite sur les parois de la ruche un grand nombre d'*alvéoles* polygonales en cire, toutes à peu près semblables (fig. 273), sauf une douzaine plus larges que les autres et appelées *alvéoles royales*, parce que les œufs qui y sont pondus donnent naissance à des reines.

Cire. — La *cire* est sécrétée par les portions molles comprises entre les anneaux de l'abdomen; elle transsude au dehors en gouttelettes pâteuses et se durcit bientôt en petites lamelles.

La fabrication de la cire est une grosse affaire pour les

Abeilles; souvent elles éprouvent de grandes difficultés à trouver dans les fleurs la quantité de nectar qui leur est nécessaire. Aussi dispose-t-on aujourd'hui dans les ruches des rayons de cire tout préparés, dans lesquels les ouvrières emmagasinent immédiatement le miel.

Miel. — Pour fabriquer le *miel*, les Abeilles avalent dans leur jabot les matières sucrées ou *nectar* des fleurs : là ces matières subissent certaines modifications qui les amènent à l'état de miel, que l'Insecte régurgite ensuite dans les alvéoles.

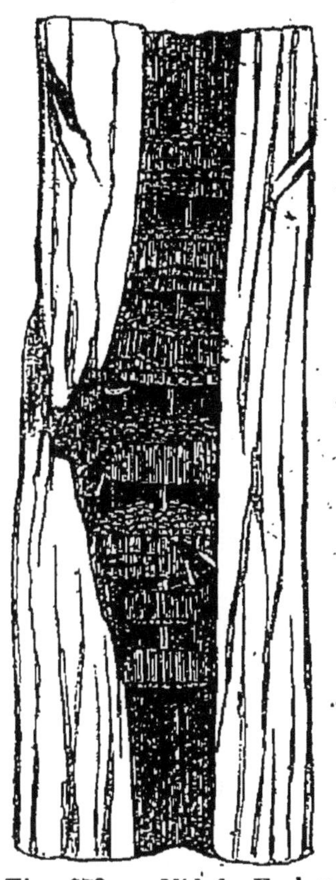

Fig. 273. — Nid de Frelons.

Larves. — La reine, escortée d'un certain nombre d'ouvrières, nommées *nourrices*, pond alors un œuf dans chaque logette. Après l'éclosion des œufs, les nourrices prodiguent aux larves des soins empressés : elles leur apportent une sorte de pâte, nommée *pain d'Abeille*, qui est un mélange de matières sucrées et de pollen. Le meilleur pain est réservé aux larves des cellules royales, et cette alimentation de choix est précisément la raison pour laquelle ces larves se développent en reines, et non en faux bourdons ou en ouvrières.

Dès que les larves ont passé à l'état de nymphes, les nourrices bouchent l'ouverture des alvéoles avec un couvercle de cire.

Essaimage. — Quand toutes les jeunes Abeilles ont achevé leur développement, la colonie devient trop nombreuse pour la ruche : aussi un assez grand nombre d'individus, sous la conduite de la reine, s'apprêtent-ils à émigrer pour aller s'établir ailleurs; c'est ce qu'on appelle un *essaim*. Quelques jours avant l'essaimage, qui se répète plusieurs fois dans l'année, une grande activité, accompagnée de bourdonnements, règne dans la ruche; la température s'y élève alors jusqu'à 50 degrés.

Dès que l'essaimage a eu lieu, l'heure de la liberté a sonné pour les jeunes reines, qui jusqu'alors avaient été maintenues emprisonnées dans leurs alvéoles, avec raison, car l'ancienne reine les aurait piquées à mort. Les ouvrières ne les laissent sortir qu'une à une; au fur et à mesure, les jeunes reines partent avec un nouvel essaim. Lorsque la saison de l'essaimage est passée, toutes les reines restantes sont affranchies à la fois: une lutte terrible s'engage alors entre elles et celle qui survit à la mêlée est aussitôt élue souveraine.

Fig. 274. — Fourmi noire (grossie à gauche).

En automne, tous les faux bourdons, devenus inutiles, sont mis à mort par les ouvrières.

Sociétés de Fourmis. — Les Fourmis (fig. 274) vivent en sociétés qui ne le cèdent en rien à celles des Abeilles au point de vue de la division du travail; elles témoignent même en bien des circonstances d'un plus haut degré d'intelligence.

Fourmilière. — Une société de Fourmis se compose de *mâles* et de *femelles ailés;* d'*ouvrières* et de *soldats aptères.* Elle s'installe dans des galeries légèrement souterraines qu'elle recouvre ensuite d'un monticule arrondi, formé de terre et de petits fragments de bois, et haut de 50 centimètres à 2 mètres.

Lorsqu'on fouille dans une fourmilière, on aperçoit de petits corps ovales, blanchâtres, longs de 2 à 3 millimètres : ce sont les *cocons* qui renferment les chrysalides. Dès que les jeunes Fourmis sont écloses, elles sont lavées, brossées et nourries par leurs aînées avec le plus grand soin; puis les cocons vides sont portés hors de la fourmilière.

Mœurs. — Les Fourmis sont très avides du liquide sucré produit par l'abdomen des Pucerons. Elles recherchent même les œufs de ces Insectes, les soignent dans leurs galeries comme les leurs et les nourrissent après l'éclosion : les Pucerons ainsi domestiqués leur servent ensuite de véritables Vaches à lait.

D'autres espèces, dites *Fourmis moissonneuses*, récoltent pendant l'été diverses graines, par exemple du Mouron, qu'elles emmagasinent pour l'hiver.

Fig. 275. — Fourmi à miel ; (grossie à droite).

Les Fourmis ont la singulière habitude d'héberger dans leur nid certains autres Insectes, notamment de petits Coléoptères, qui, selon toute apparence, ne leur sont pourtant d'aucune utilité.

Si elles donnent ainsi la mesure de leur hospitalité, par

Fig. 276. — Bourdons visitant des fleurs.

contre elles pratiquent l'*esclavage* sur une assez grande échelle ; trois espèces au moins sont dans ce cas. Les Fourmis rouges, par exemple, attaquent en masse le nid des Fourmis noires, et, si elles sont victorieuses, s'emparent des chrysalides, les emportent et les soignent pour en tirer des esclaves. Ceux-ci vaquent exclusivement aux soins de l'intérieur et il leur est interdit de sortir.

Quelques Insectes, comme certaines Punaises, semblent même servir aux Fourmis de bêtes de somme pour le transport de leur approvisionnement.

Les différentes espèces de Fourmis se font la *guerre* avec une férocité sans égale, et de plus avec une remarquable tactique; elles savent éclairer la marche de leurs colonnes, renforcer tel ou tel point au moment de l'assaut

Fig. 277. — Galles de Chêne.

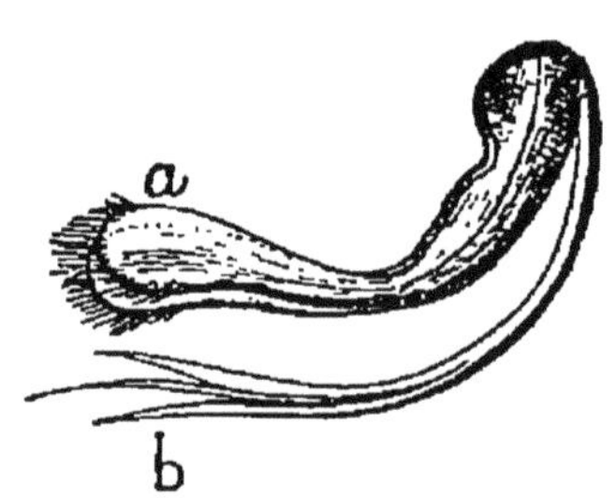

Fig. 278. — Tarière du Cynips.

et au besoin protéger leur retraite. Les batailles les plus sanglantes sont celles que se livrent de temps à autre les Amazones; elles se précipitent avec fureur les unes sur les autres et se mettent littéralement en pièces.

Entre espèces différentes, c'est ordinairement le pillage d'un nid par les Fourmis à esclaves qui est la cause de l'entrée en campagne.

Notons enfin le soin avec lequel les Fourmis disposent de leurs morts. S'ils appartiennent à la colonie, elles leur donnent la sépulture; si au contraire ils sont esclaves ou d'une communauté étrangère, elles en extraient d'abord tous les sucs, puis les déposent dans une sorte de fosse commune à l'écart.

Cynips : galles. — Les femelles des *Cynips* sont munies, à l'extrémité postérieure de leur abdomen, d'une *tarière* formée de trois stylets perforants maintenus entre deux lames arrondies au bout (fig. 278). Au moyen de cet appareil, elles piquent les feuilles d'une espèce particulière de Chêne et déposent un œuf dans la plaie. Celui-ci, par l'irritation qu'il produit sur la plante, provoque la formation d'excroissances arrondies très dures, nommées *galles* (fig. 277), d'où sortira plus tard la larve issue de l'œuf.

Les galles nous viennent surtout de Smyrne et d'Alep; on en extrait du tannin, matière astringente.

Sur les Chênes de nos pays, sur les Rosiers sauvages, etc., on trouve aussi des galles dues à des Cynips.

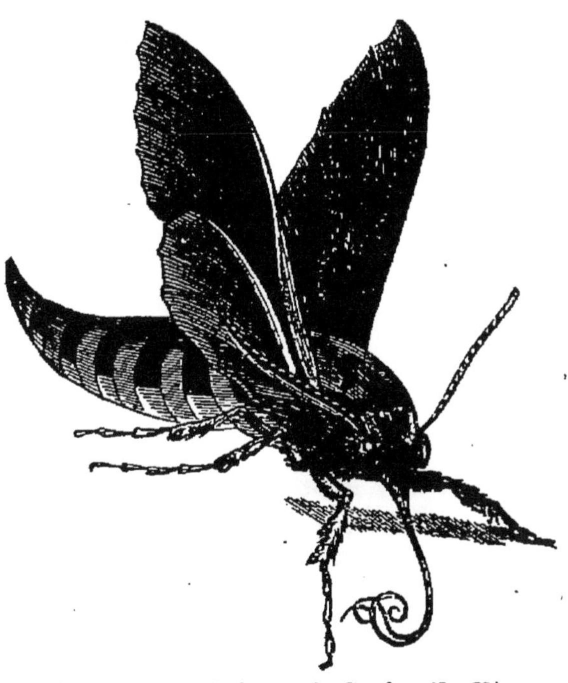

Fig. 279. — Sphynx du Saule; ($0^m,05$).

Lépidoptères ou Papillons. — *Caractères généraux.* — Les ailes des Papillons sont toutes les quatre membraneuses, non ployées au repos et couvertes de fines écailles diversement colorées. Leur bouche est munie d'une trompe (fig. 279) avec laquelle ils aspirent les liquides sucrés qu'ils trouvent au fond des fleurs et dans les fruits succulents. Les métamorphoses sont complètes : les larves, qui portent plus spécialement le nom de *chenilles*, filent fréquemment des cocons au moment de se transformer en chrysalides; quelquefois elles s'enroulent simplement dans une feuille.

Principaux groupes. — On peut distinguer trois sortes de Papillons : 1° les *Papillons diurnes*, qui volent pendant le jour, et dont les ailes sont relevées au repos; tels sont

Fig. 281. — Papillon Machaon.

Fig. 280. — 1, Piéride du Chou ; 2, ses œufs ; 3, sa chenille ; 4, sa chrysalide ; 6, Pteromalus, qui attaque la Piéride ; 5, sa grandeur naturelle.

la *Vanesse*, la *Piéride* (fig. 280), l'*Argynne;* 2° les *Papillons crépusculaires*, comme le *Sphynx* (fig. 286), qui ont les ailes inclinées en toit; 3° enfin les *Papillons nocturnes*, aux ailes horizontales pendant le repos; parmi eux se rangent le *Saturnia*, la *Psyché* et le *Bombyx du mûrier* (fig. 284) dont la chenille est connue sous le nom de Ver à soie.

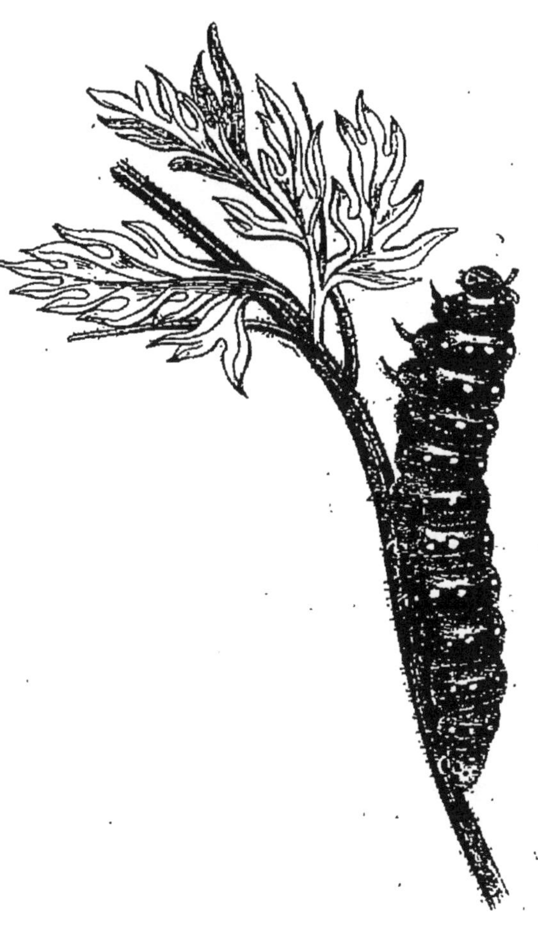

Fig. 282. — Chenille du Papillon Machaon.

Ver à soie : sériciculture. — Le Ver à soie présente en avant une petite tête noirâtre, puis un thorax renflé et enfin un abdomen très allongé, divisé en neuf anneaux. Le thorax est muni de trois paires de fausses pattes; l'abdomen en possède cinq paires. La bouche porte, non une trompe comme l'Insecte adulte, mais des pièces courtes et solides, rappelant celles des Insectes broyeurs, et aptes à diviser les feuilles du Mûrier qui constituent l'unique nourriture du Ver à soie.

Le Mûrier est un arbre à feuillage abondant, haut de 10 à 15 mètres et originaire de Chine. Il a été introduit à la fin du quinzième siècle en Provence et dans le Dauphiné, où il couvre aujourd'hui de vastes espaces : aussi les *magnaneries*, dans lesquelles on élève le Ver à soie, sont-elles devenues une source importante de richesse pour ces contrées.

L'élevage du Ver à soie, institué en vue de la soie que secrète cette chenille, porte le nom de *sériciculture*.

Le Ver à soie vit un peu plus d'un mois à l'état de chenille; durant ce temps, il dévore une énorme quantité de feuilles : il se produit alors dans les salles d'élevage un bruit de mâchoire tout particulier. A de certains moments, et cela à deux ou trois reprises différentes, on voit sa peau jaunir, se dessécher, puis tomber : ce renouvellement constitue la *mue*.

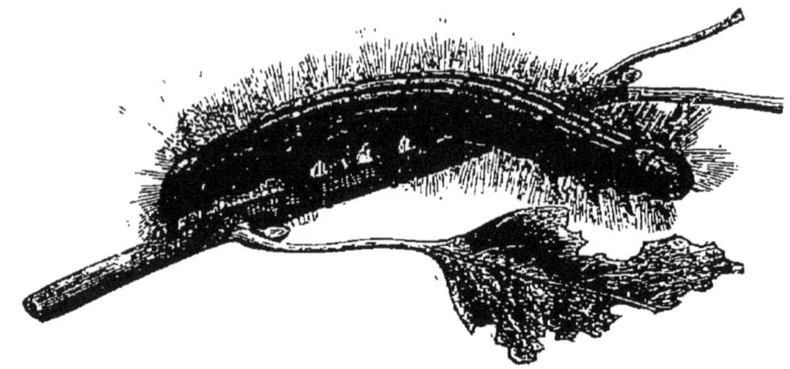

Fig. 283. — Chenille du Bombyx neustrien, vivant sur le Pommier.

Fig. 284. — Bombyx du Mûrier; (grand. nat.)

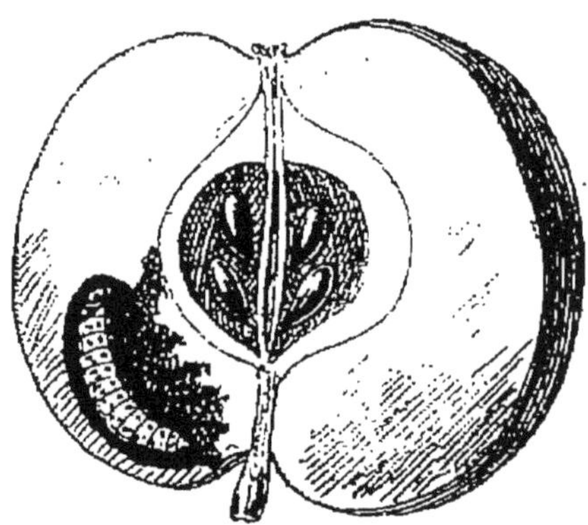

Fig. 285. — Pomme ouverte avec sa chenille.

Quelques jours avant la transformation de la chenille en nymphe, la faim se manifeste avec plus d'intensité qu'à l'ordinaire; puis les Vers à soie cessent de manger et vont sur des branches ramifiées en buisson, convenablement placées, choisir l'endroit où ils fabriqueront leur cocon.

La soie qui forme le cocon est le produit des glandes salivaires : elle s'écoule au dehors par une filière unique, sous la forme d'une substance gluante qui se durcit à l'air, en même temps que la chenille l'étire pour en faire le fil de soie. Le cocon entier est formé par un fil de soie unique, dont les différents tours sont plus ou

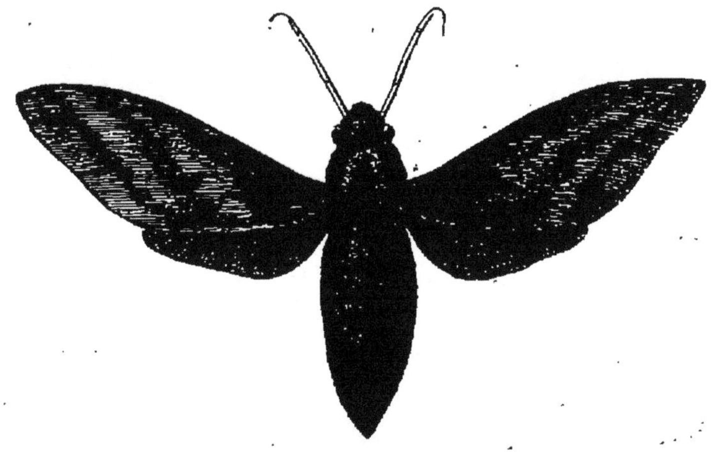

Fig. 286. — Sphynx de la Vigne ; ($0^m,04$).

moins accolés entre eux ; il est complètement achevé au bout de quatre ou cinq jours.

A ce moment, la chenille se transforme en chrysalide et ne prend plus aucune nourriture ; sa peau devient brune ; sa tête est bientôt indistincte.

Trois semaines après, l'Insecte ailé ou Bombyx du Mûrier perce le cocon au moyen d'une substance corrosive qu'il laisse écouler par sa trompe : c'est un Papillon blanchâtre, à peine capable de voltiger. Il ne tarde pas à pondre ses œufs, au nombre de plusieurs centaines ; puis il meurt. A l'état d'Insecte parfait, le Bombyx vit à peine une quinzaine de jours (fig. 284).

Diptères. — *Caractères généraux.* — Les Diptères (fig. 287) n'ont qu'une seule paire d'ailes ; la seconde paire est remplacée par deux petites tiges renflées à leurs extrémités et nommées *balanciers*. Les pièces buccale sont ici la forme de stylets perforants qui, au repos, sont logés dans une sorte de trompe : les Diptères sont des Insectes piqueurs et suceurs. Les métamorphoses sont complètes.

Principaux genres. — Dans cet ordre se rangent la *Mouche* (fig. 287), avec ses nombreuses espèces; le

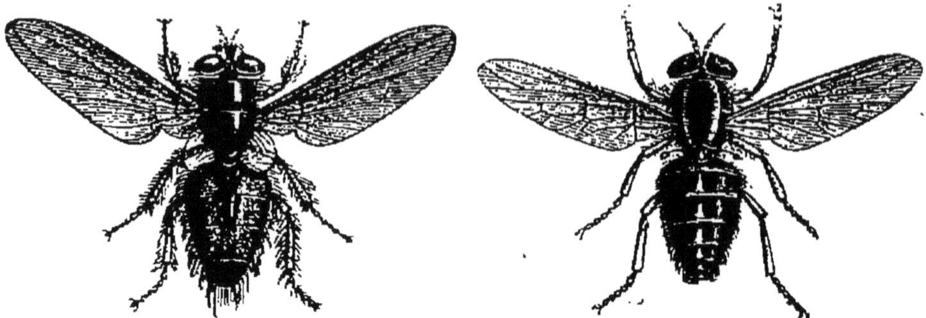

Fig. 287. — Mouche domestique. Fig. 288. — Taon des Bœufs; (0m,018).

Taon (fig. 288), qui pique les Bœufs et suce ensuite le sang; le *Cousin* aux antennes plumeuses; l'*Œstre* (fig. 289), dont une espèce dépose ses œufs sur le poitrail du Cheval,

Fig. 289. — Œstre du Cheval; (0m,01).

en un endroit où celui-ci vient souvent se lécher; de la sorte, les œufs sont avalés par le Cheval et passent leur phase larvaire dans son tube digestif.

Les larves du Cousin et quelques autres encore sont aquatiques; celles de la Mouche, connues sous le nom d'*asticots*, vivent dans la viande corrompue.

Pour respirer, les larves des Cousins élèvent de temps à autre au-dessus de l'eau leur abdomen, qui est terminé par deux stygmates.

CHAPITRE III

ARACHNIDES

Sommaire. — Caractères généraux : Araignées; Araignée à trappe. Scorpions : mœurs.

Caractères généraux. — Les Araignées et les Scorpions, qui sont les deux types principaux de cette classe, se distinguent à première vue des Insectes par la présence de *quatre paires de pattes.* Leur cœur (fig. 293, *a*) est un long sac dorsal contractile; mais, contrairement à celui des Insectes, il donne naissance à d'assez nombreux vaisseaux qui vont se ramifier dans les organes, sans toutefois se terminer par des vaisseaux capillaires; en sorte que le sang des Arachnides circule dans les lacunes du corps comme celui des autres animaux articulés.

PRINCIPAUX GROUPES. — On distingue deux groupes principaux : les Aranéides (*Araignées*, etc.) et les Scorpionides (*Scorpions*).

Araignées. — Le corps des Araignées (fig. 291) présente deux parties bien distinctes : le *céphalothorax*, qui comprend la tête et le thorax soudés, et l'*abdomen*.

Le céphalothorax porte en avant six ou huit petits yeux simples, ainsi que les pièces de l'armature buccale, savoir, les *chélicères* ou crochets venimeux (fig. 290), et les *pédipalpes* (fig. 291), organes préhenseurs plus allongés, ressemblant beaucoup à des pattes. Viennent ensuite quatre paires de pattes locomotrices.

L'abdomen est dépourvu de membres. A son extrémité postérieure se trouvent de petits mamelons, nommés *filières*, par lesquels s'écoule un produit épais, sécrété par autant de glandes et qui sert aux Araignées à tisser leurs toiles. Sur la face ventrale, on remarque en outre deux ou quatre orifices communiquant avec autant de sacs respiratoires, nommés *poumons*.

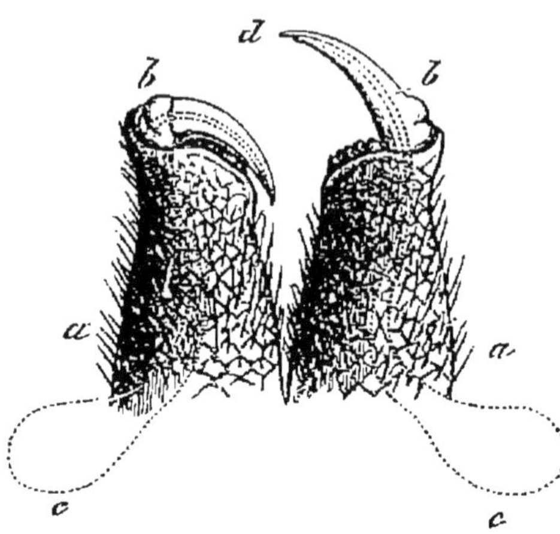

Fig. 290. — Crochets venimeux des Araignées; *c*, glandes à venin.

Araignée géomètre. — Les Araignées tissent des toiles de formes très variées avec une remarquable perfection (fig. 291). L'espèce qui habite sous le feuillage des arbres de nos jardins, dite *Araignée géomètre*, commence par établir à peu près verticalement, avec quelques fils très solides, un cadre dans lequel elle dispose deux fils croisés, puis une vingtaine d'autres en rayons et cela avec une très grande rapidité. Pour terminer la toile, il lui reste à décrire un certain nombre de cercles concentriques sur cette sorte d'échafaudage.

L'Araignée se cache ensuite sous l'une des feuilles auxquelles la toile est rattachée et là guette sa proie. Dès qu'un Insecte, une Abeille par exemple, est pris au piège, elle sort de son repaire, s'élance sur sa victime, la pique de ses chélicères pour l'étourdir et, en un clin d'œil, l'étouffe, en l'entortillant dans la toile.

Araignée à trappe. — L'Araignée à trappe ou Mygale se tient cachée dans une sorte de trou cylindrique (fig. 292), qu'elle ferme au moyen d'un clapet, simple ou double, construit avec de la terre, des fragments de feuilles et de la mousse. Le but de l'Araignée étant de masquer sa demeure, elle s'attache toujours à donner à la trappe la couleur des objets environnants, si bien qu'elle passe complètement inaperçue. Si par hasard quelque ennemi

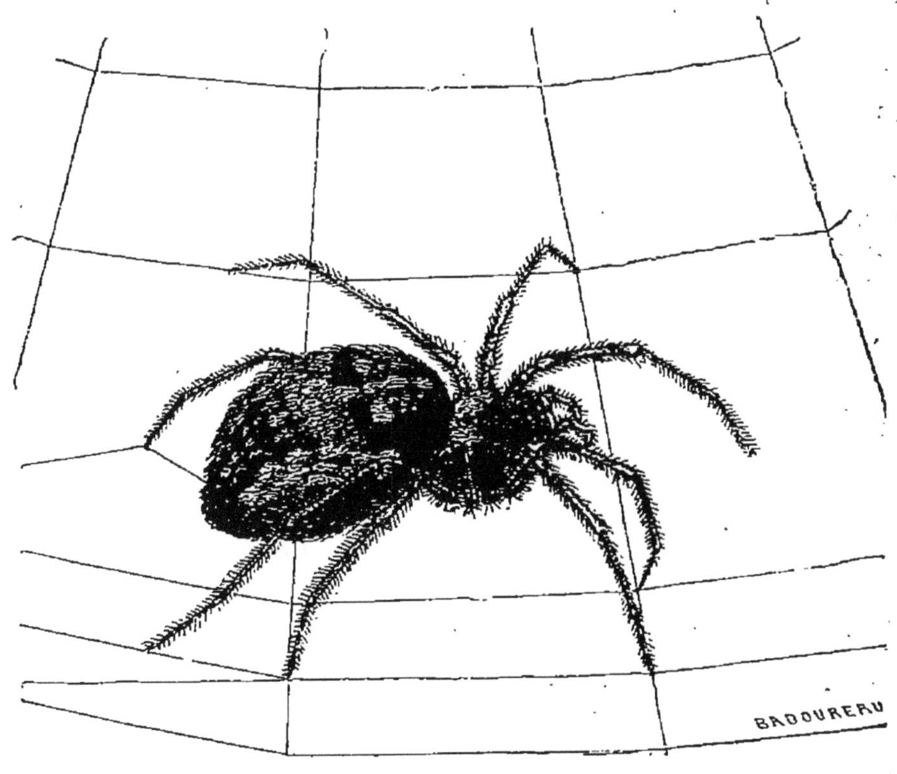

Fig. 291. — Epeire diadème.

découvre la porte du logis et cherche à l'ouvrir, l'Araignée s'y cramponne à l'intérieur et la maintient fermée en se retenant aux parois du tube.

Fig. 292. — Araignée à trappe.

Araignée d'eau. — L'Araignée d'eau construit un nid ovale complètement submergé, tapissé intérieurement par la toile et muni en bas seulement d'une ouverture près de laquelle l'animal guette sa proie.

Pour s'approvisionner d'air, l'Araignée opère d'une manière curieuse : elle sort du nid et monte à la surface de l'eau pour permettre à l'air extérieur de pénétrer entre les poils de son abdomen ; puis elle replonge et va dégager dans sa petite cloche les bulles qu'elle a ainsi emprisonnées.

Scorpions. — Les Scorpions (fig. 293) se reconnaissent à leur abdomen en forme de queue, muni en arrière d'un crochet venimeux qui communique avec deux glandes sécrétant le venin. Les chélicères forment ici les petites pinces (fig. 293, 1), et les pédipalpes les pinces beaucoup plus longues de la partie antérieure du corps (2).

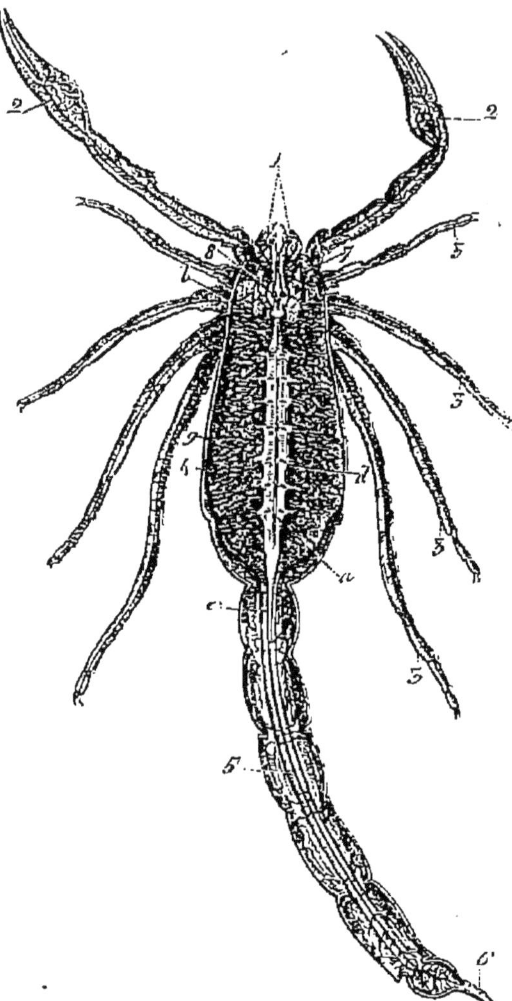

Fig. 293. — Scorpion ; (0^m15). On voit le cœur dorsal.

Les sacs pulmonaires ventraux sont au nombre de quatre paires ; quant à l'appareil circulatoire, il est un peu plus compliqué, par ses nombreux vaisseaux, que celui des Araignées.

Mœurs des Scorpions. — Lorsqu'un Scorpion veut piquer sa proie, il reploie brusquement sa queue de façon à diriger le crochet venimeux en haut et en avant, puis inocule le venin. La piqûre des grands Scorpions des pays chauds, par exemple du *Scorpion tunisien*, est mortelle.

On a observé que lorsque les Scorpions sont entourés

par le feu, ils se donnent eux-mêmes la mort avec leur propre poison. Peut-être ce suicide doit-il être considéré comme involontaire; toujours est-il qu'il suffit de concentrer les rayons du soleil sur leur dos, avec une loupe, pour les voir courir de tous côtés, en sifflant et crachant avec fureur, puis relever leur queue et, avec une incroyable rapidité, s'enfoncer leur dard dans le dos ou même dans la tête, ce qui les fait expirer en quelques instants.

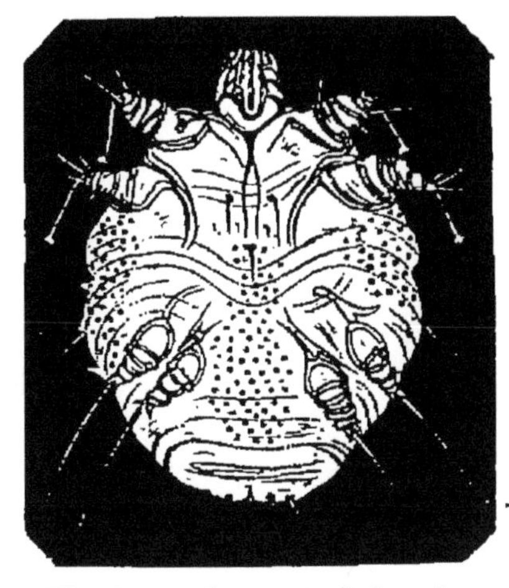

Fig. 294. — Sarcopte de la gale; (0m,001).

Autres Arachnides. — Le *Sarcopte de la gale* (fig. 294), qui vit dans la peau des personnes malpropres et y produit de vives démangeaisons, est aussi un Arachnide; on s'en débarrasse au moyen de la pommade soufrée ou encore par des bains sulfureux.

Les *Tyroglyphes* ou Mites du fromage abondent non seulement dans le fromage, mais dans différentes matières végétales, par exemple dans la farine.

Les *Démodex* sont un autre genre de Mites; ils se développent dans la peau de l'Homme et de divers animaux à la base des poils, principalement dans le nez. Ces petits Arachnides mesurent environ deux millimètres et leur corps est blanc et vermiforme.

CHAPITRE IV

CRUSTACÉS

Sommaire. — CARACTÈRES GÉNÉRAUX. — Écrevisse. — Crabes : leurs mœurs.

Caractères généraux. — Les Crustacés sont des animaux articulés aquatiques, respirant non plus par des trachées ou des poumons, mais par des *branchies*. Leur carapace est incrustée de calcaire.

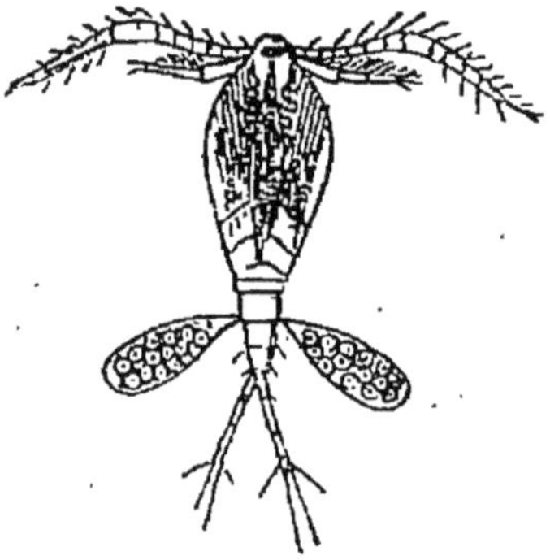

Fig. 295. — Cyclope ; (0m,005).

Les genres les plus communs sont : l'*Écrevisse*, la *Crevette*, le *Homard*, la *Langouste* et le *Crabe* (fig. 300). Dans l'eau des puits on trouve souvent un petit Crustacé, long d'environ 1 centimètre, qui nage avec beaucoup d'agilité ; c'est la *Crevette d'eau douce* (fig. 296) ; enfin dans les endroits humides, par exemple dans les caves ou sous les pierres, vit le *Cloporte*, qui s'enroule sur lui-même dès qu'on le prend à la main (fig. 297).

Examinons l'organisation de l'Écrevisse.

Écrevisse. — Le corps de l'Écrevisse (fig. 298) comprend deux parties : le céphalothorax (*bg*), qui est recouvert d'une carapace calcaire, et l'abdomen (17), formé de sept anneaux mobiles et terminé par une sorte de nageoire.

Sur la tête on remarque deux gros yeux (1), placés au

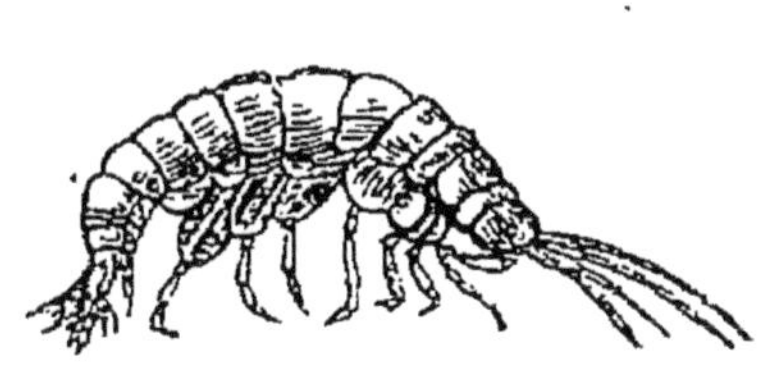

Fig. 296. — Crevette d'eau douce; (0m,015).

Fig. 297. — Cloporte; (0m,012).

bout de courts pédoncules; deux paires d'antennes, les unes grandes et simples (3), les autres petites et bifur-

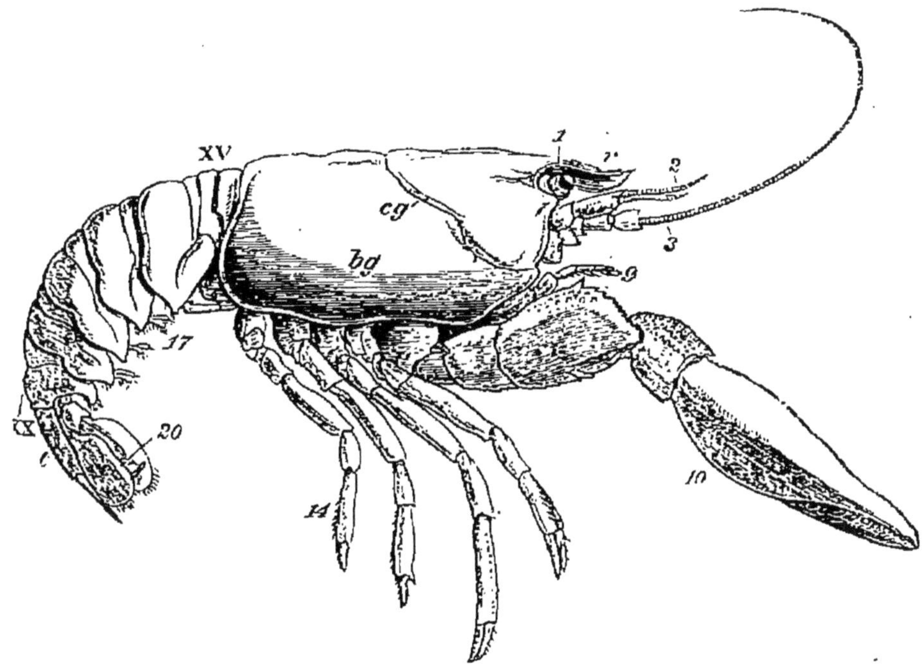

Fig. 298. — Écrevisse. — 1, œil; 2, 3, antennes; 9, une patte mâchoire; 10-14, pattes locomotrices; 17, 20, abdomen.

quées (2); en dessous se trouve la bouche, entourée de l'armature buccale qui, ici, est très compliquée.

Celle-ci se compose, en effet (fig. 299), de deux mandibules (*I*), de deux paires de mâchoires (*II*, *III*), et de trois paires de pattes mâchoires (*IV*). Les pattes mâchoires son ainsi appelées parce qu'elles ressemblent beaucoup aux pattes locomotrices qui leur font suite et qui sont au nombre de cinq paires (10-14).

Chaque anneau de l'abdomen est muni d'une paire de petites pattes bifurquées, auxquelles s'accolent les œufs après la ponte : l'abdomen entier se reploie alors en avant et constitue une sorte de chambre incubatrice dans laquelle les jeunes éclosent en sécurité.

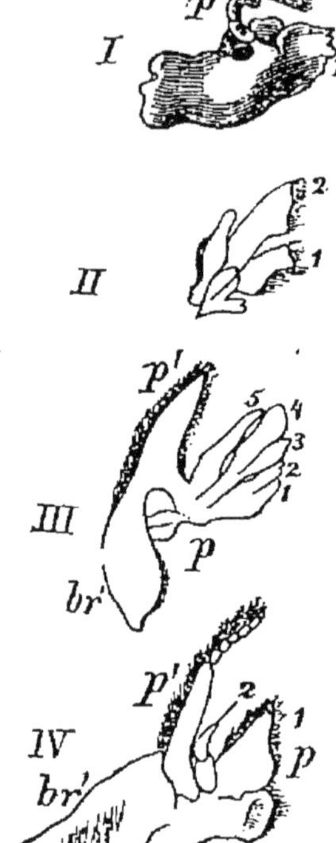

Fig. 299. — Pièces buccales de l'Écrevisse.

Le *cœur* de l'Écrevisse est situé dans la région dorsale, sous la carapace, au bout du céphalothorax ; pour le voir battre, il suffit d'enlever délicatement un petit morceau de carapace à ce niveau. Des artères antérieures, latérales et postérieures, vont transporter le sang incolore dans tous les organes ; celui-ci revient ensuite au cœur après avoir passé dans les branchies.

Les *branchies* sont portées par les pattes et logées de chaque côté du céphalothorax dans l'espace compris entre la carapace et le corps proprement dit; elles sont constamment baignées par l'eau. Ce sont des organes grisâtres, coriaces, formés de nombreux filaments serrés les uns contre les autres.

Mœurs des Crabes. — Les Crabes (fig. 300) se distinguent à leur abdomen court, replié sous le céphalothorax, qui est très élargi; ce sont des Crustacés coureurs. Quelques-uns ont des mœurs curieuses.

Le *Crabe voleur*, par exemple, vit de noix de Coco. Après avoir déchiré une à une toutes les fibres de l'enveloppe, il ouvre la noix à l'endroit des trois taches noires, en se servant de ses lourdes pinces comme d'un marteau ; après quoi il en extrait le contenu avec ses pinces de derrière, qui sont étroites.

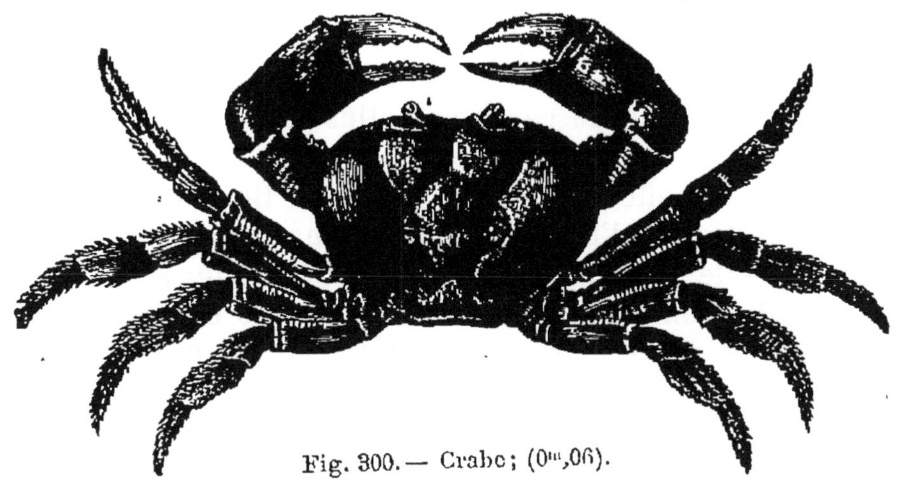

Fig. 300. — Crabe; (0^m,06).

Fig. 301. — Bernard l'hermite dans sa coquille, portant une Anémone de mer.

D'autres Crabes ont l'habitude de tenir dans chaque

pince une Anémone de mer (voyez page 262) et de circuler constamment avec elles; il est permis de croire qu'ils tirent quelque avantage de cette curieuse pratique.

Quelque chose d'analogue a lieu pour le Bernard l'hermite (fig. 301), Crustacé à abdomen mou, qui se tient dans les coquilles vides de certains Mollusques, en ne laissant sortir que sa tête et ses pinces.

Il paraît en effet que si l'on place un Bernard l'hermite dans le voisinage d'une Anémone de mer, celle-ci quitte la pierre où elle était posée jusqu'alors pour aller se fixer sur la coquille d'emprunt du Crabe. Peut-être ces deux êtres se protègent-ils mutuellement contre les attaques d'autres animaux.

VERS

Sommaire. — CARACTÈRES GÉNÉRAUX. — Sangsue. — Trichine. Douve. — Ténia ou Ver solitaire.

Caractères généraux. — Les Vers sont, comme les Articulés, formés d'anneaux placés bout à bout; mais l'enveloppe de leur corps est molle, et les pattes, quand elles existent, sont de simples petits tubercules charnus placés à droite et à gauche, sur chaque anneau.

Certains Vers, comme le Lombric, vivent dans la terre; d'autres, comme la Sangsue, dans les eaux douces; le plus grand nombre enfin, dans la mer.

Il ne faut pas oublier non plus que pas mal de Vers sont *parasites* dans le corps de l'Homme ou des animaux et y provoquent souvent de cruelles maladies; tels sont la Trichine, le Ver solitaire, etc.

Sangsue. — La Sangsue se fixe au moyen d'une ventouse (fig. 302, *b*) à la paroi des vases dans lesquels on la conserve. À l'extrémité opposée du corps est la bouche, munie de trois petites mâchoires calcaires (fig. 302 *bis*), à l'aide desquelles la Sangsue incise la peau, en formant une sorte de petite étoile à trois branches, pour en aspirer ensuite le sang.

L'estomac est vaste et pourvu, sur les côtés, de onze paires de prolongements, qui se remplissent peu à peu de sang pendant la succion (fig. 302, *d*).

Le sang de la Sangsue est rouge; il est contenu dans quatre vaisseaux qui s'étendent d'un bout du corps à l'autre; mais il n'y a pas de cœur.

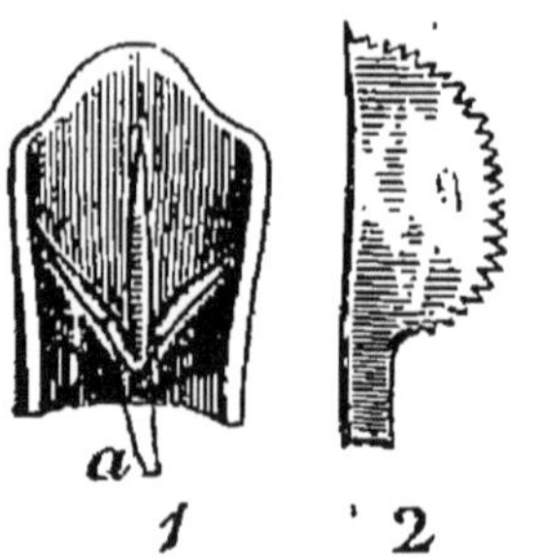

Fig. 302 *bis.* — 1, les trois mâchoires de la Sangsue; 2, une mâchoire grossie.

La respiration s'effectue simplement par la peau, qui est molle. Pour renouveler l'eau pure autour d'elle, la Sangsue balance doucement son corps à de certains moments, tout en restant fixée par la ventouse.

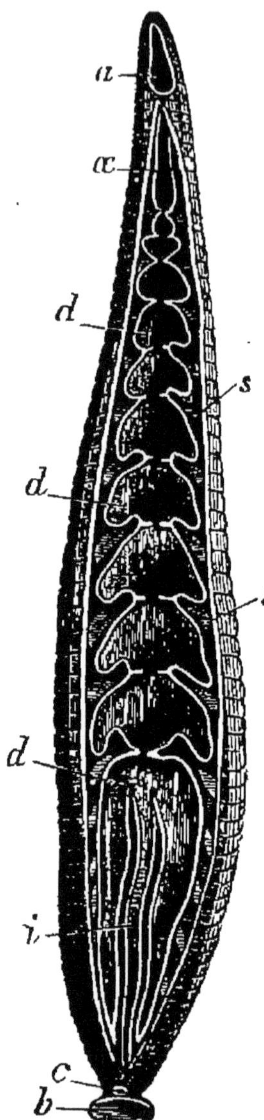

Fig. 302. — Sangsue. *a*, bouche; *æ*, œsophage; *d*, estomac; *i*, intestin; *b*, ventouse.

Le système nerveux des Vers est composé d'un cerveau et d'une chaîne ventrale de ganglions comme celui des Insectes.

Trichine. — La Trichine est un Ver microscopique, ordinairement enroulé en spirale et fréquent dans les muscles du Rat. On le rencontre aussi parfois dans le Porc (fig. 71).

Lorsque nous mangeons de la viande de Porc insuffisamment cuite, les Trichines (fig. 303), si la viande en est infestée, sont bientôt mises en liberté. Comme elles ne sont pas attaquées par le suc gastrique, elles pondent des œufs au bout de quelques jours; les jeunes qui en naissent traversent l'intestin et vont se loger dans nos muscles, qu'ils désorganisent. Ils peuvent ainsi provoquer la mort.

On voit par là la nécessité de bien faire cuire la viande de Porc.

Le Porc prend la maladie en mangeant les Rats qu'on jette sur les fumiers.

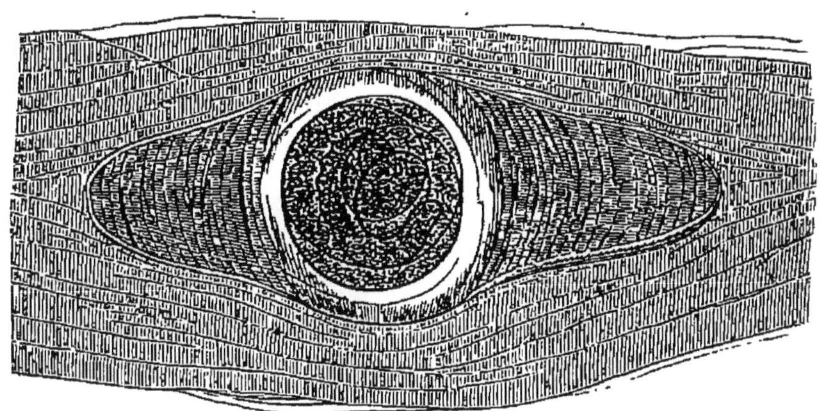

Fig. 303. — Trichine enroulée dans un muscle du Porc.

Douve. — La Douve est un Ver plat, ovale, long d'un à trois centimètres, qui habite le foie du Mouton (fig. 304). Elle présente une bouche, conduisant dans un estomac ramifié en arborescence, et une ventouse de fixation. Les œufs de la Douve sont versés dans l'intestin avec la bile du foie, puis rejetés au dehors. Ils éclosent dans l'eau et donnent naissance à de petites larves qui se changeront en nouvelles Douves dans le Mouton qui les avalera.

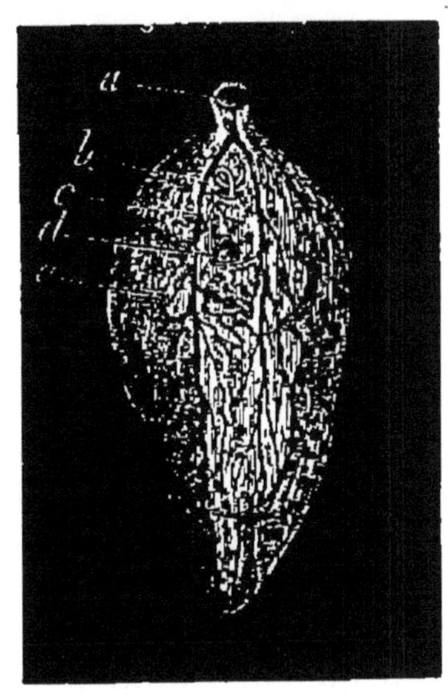

Fig. 304. — Douve du foie. *a*, bouche; *c*, tube digestif; *d*, ventouse; (0m,015).

Ténia ou Ver solitaire. — Le Ver solitaire adulte vit dans l'intestin de l'Homme; il mesure de 2 à 3 mètres de longueur. Sa tête, (fig. 305) qui est fort petite, porte une double rangée de crochets et quatre ventouses, qui lui permettent de bien se fixer à l'intestin. Les anneaux qui lui font suite sont de plus en plus larges jusqu'au bout du corps; les plus grands sont littéralement bourrés d'œufs; et comme ils se détachent au fur et à mesure qu'ils mûrissent, ils sont rejetés au dehors avec les excréments. Les œufs ne s'y décomposent pas, car ils sont enveloppés d'une coque résistante.

Chose curieuse, ces œufs ne peuvent se développer que s'ils sont ingérés par le Porc; celui-ci les avale avec les légumes crus ou autres aliments qu'il trouve sur les fu-

Fig. 305. — Ténia. *b*, crochets; *c*, ventouses; 2, un crochet grossi.

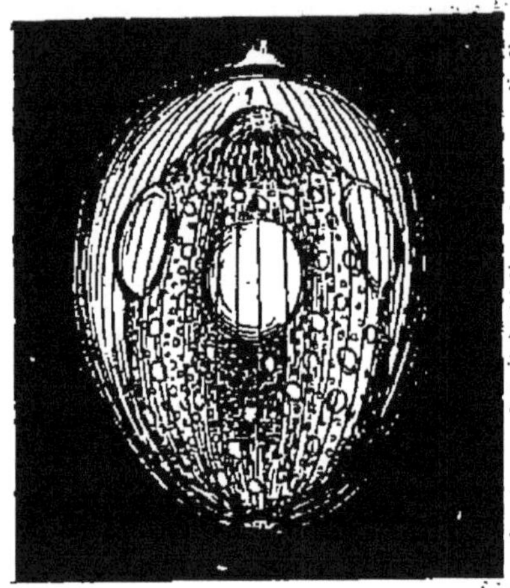

Fig. 305 *bis*. — Jeune Ténia enkysté dans les muscles du Porc; (0m,004).

miers. Dans son intestin, les œufs donnent de petites larves qui bientôt le traversent et vont se fixer dans les muscles; ces larves se composent d'une tête de Ténia et de quelques anneaux enfermés dans une sorte de petit sac, nommé *kyste*, rempli de liquide (fig. 305 *bis*).

Si maintenant nous mangeons du Porc infesté qui n'a pas été suffisamment cuit, le jeune Ténia qui est contenu dans le kyste se développera bien vite dans notre intestin en un Ver solitaire entier.

MOLLUSQUES

Sommaire. — Caractères généraux. — CÉPHALOPODES. — Caractères extérieurs; Poulpe. — Caractères intérieurs. — GASTÉROPODES. — Caractères extérieurs: Escargot. — Caractères intérieurs. — Mœurs de l'Escargot. — ACÉPHALES. — Caractères extérieurs; manteau; pied; branchies. — Caractères intérieurs. — Ostréiculture. — Huître perlière.

Caractères généraux. — Les Mollusques ont le corps mou, ordinairement protégé par une coquille calcaire; même les genres qui sont dépourvus de *coquille* à l'âge adulte en possèdent une durant les premiers âges de leur développement. Leur corps ne présente plus la division en anneaux ni la régularité qui caractérisent si nettement les Articulés et les Vers. La plupart des Mollusques sont des animaux marins, ordinairement libres (*Poulpe*), quelquefois fixés au sol (*Huître*).

On divise l'embranchement des Mollusques en trois classes :

1° Les *Céphalopodes*, comme la *Pieuvre* (fig. 72 *B*), qui ont la tête garnie de longs *tentacules*, munis de ventouses; 2° les *Gastéropodes*, comme l'*Escargot* (fig. 311), qui rampent sur leur large plaque musculaire ventrale ou *pied;* leur coquille est d'une seule pièce; 3° enfin les *Bivalves*, tels que l'*Huître*, caractérisés par leur *coquille à deux valves*.

I. — Céphalopodes.

Caractères extérieurs. — *Poulpe*. — Parmi les genres les plus répandus, on peut citer le *Poulpe* ou Pieuvre et le *Calmar* (fig. 306). Dans le voisinage des roches creuses que l'on rencontre au bord de la mer, on remarque parfois, sur un sable bien propre, un amas de petites coquilles vides. En examinant les choses d'un peu plus près, on voit que ces pierres donnent abri à un *Poulpe*, animal très vorace, qui a dévoré les habitants de ces petits coquillages.

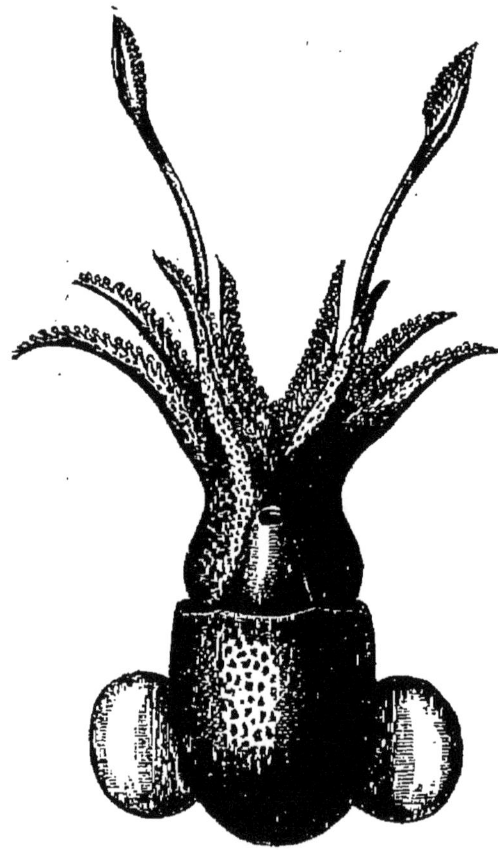

Fig. 306. — Calmar ; ($0^m,50$) ; vu par dessous.

La *tête* des Céphalopodes porte deux gros yeux, conformés à peu de chose près comme ceux des Vertébrés, et un cercle de huit ou dix tentacules munis de nombreuses ventouses. La bouche est située au centre des bras; elle est armée de deux mâchoires fort solides, disposées en manière de bec de perroquet renversé et avec lesquelles l'animal déchiquete la proie qu'il tient enlacée dans ses bras.

Le *corps proprement dit*, qui est ovale, présente à la face ventrale une sorte de sac, limité par ce qu'on nomme le *manteau* (fig. 307, *h*) et au fond duquel se trouvent les deux *branchies* (fig. 307, *f*). L'eau entre dans la poche branchiale par deux orifices en forme de fente, situés en arrière de la tête (x); elle en sort, après avoir baigné les branchies, par un tube court, nommé *entonnoir* (fig. 307, *c*), placé entre les deux fentes d'entrée et visible un peu du dehors. La sortie de l'eau est déterminée par les brusques contractions du manteau; ce sont elles aussi qui font nager l'animal à reculon.

Quand on excite un Poulpe et qu'ainsi on le met en colère, sa teinte devient brusquement très foncée, brune ou rougeâtre. Dans les eaux où il se tient d'ordinaire, il modifie

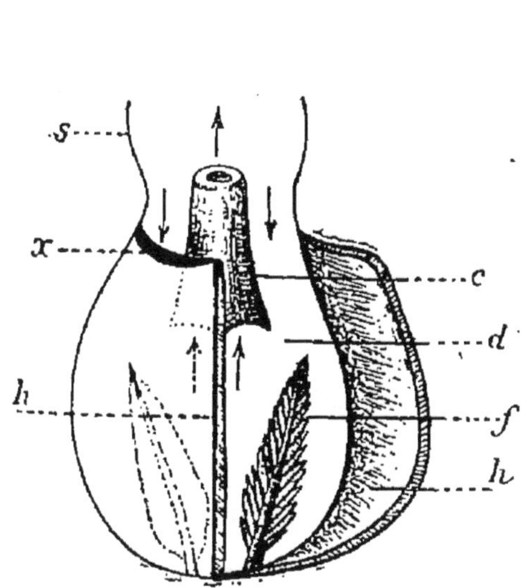

Fig. 307. — Pieuvre vue par dessous. *h*, manteau coupé et écarté; *e*, branchies; *c*, entonnoir.

Fig. 308. — Œufs de Céphalopodes.

de la même manière la nuance de sa peau, de façon à la conformer autant que possible à celle des objets environnants; de la sorte il n'est vu que très difficilement par les animaux dont il fait sa proie.

Caractères intérieurs. — L'organisation interne des Céphalopodes est assez compliquée.

Le *tube digestif* est complet; mais, au lieu d'être étendu d'un bout du corps à l'autre, il est recourbé en anse, comme d'ailleurs chez tous les autres Mollusques, et l'intestin vient déboucher dans la poche branchiale.

Le *cœur* est situé à l'extrémité postérieure du corps; il se compose d'un simple ventricule et donne naissance à une *aorte antérieure* et à une *aorte postérieure* plus petite, qui vont se ramifier dans les organes.

L'appareil respiratoire consiste, comme nous l'avons dit précédemment, en deux *branchies* lamelleuses, en forme de pyramides, situées au fond de la poche ventrale. C'est en elles que le sang veineux redevient artériel avant de retourner au cœur.

Poche du noir. — Un organe spécial aux Céphalopodes est la *poche du noir*, qui s'ouvre, comme l'intestin, dans la chambre branchiale. Lorsqu'un Poulpe se trouve en danger, il projette au dehors le liquide noir que contient cette glande et obscurcit l'eau ambiante au point qu'il peut fuir en toute sécurité. Le noir est employé par les peintres sous le nom de *sépia*.

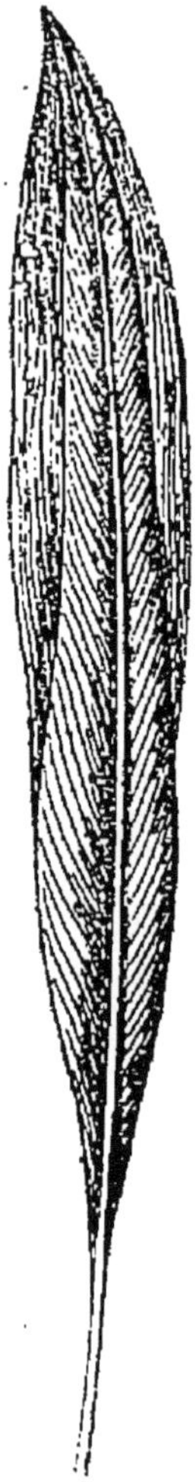

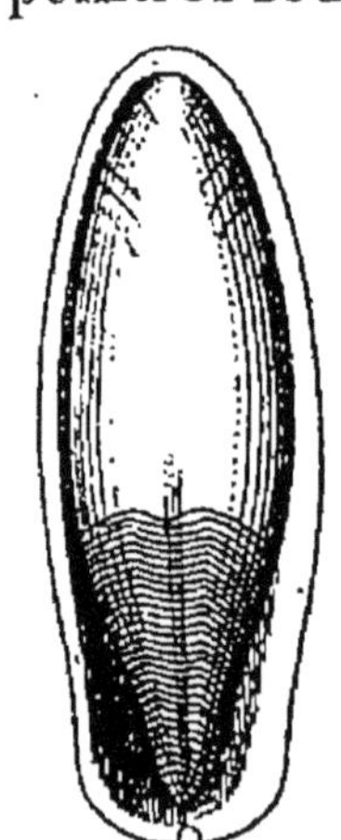

Fig. 309. — Plume de Calmar; (0m,30).

Fig. 310. — Os de Seiche; (0m,15).

PRINCIPAUX GENRES. — Les principaux Céphalopodes sont: la *Seiche*, le *Calmar* (fig. 306), pourvus tous deux, outre leurs huit bras, de deux longs tentacules élargis à leur extrémité; ces deux genres ont de plus chacun une *coquille dorsale interne* : celle de la Seiche est calcaire (*os de Seiche*) (fig. 310); celle du Calmar est cartilagineuse (*plume de Calmar*) (fig. 309). C'est l'os de Seiche que l'on met dans la cage des Oiseaux pour leur permettre de s'aiguiser le bec.

Viennent ensuite le *Poulpe*, l'*Elédone* et l'*Argonaute* qui n'ont que huit bras. L'*Argonaute* se reconnaît facilement à sa fine et large coquille externe.

Tous les Mollusques précédemment énumérés, qu'ils aient *huit* ou *dix tentacules*, possèdent *deux branchies*.

Un autre genre, le *Nautile*, qui vit dans les mers chaudes, en offre *quatre ;* de plus, sa coquille est divisée par des cloisons transversales en nombreuses chambres, dont la première seule est occupée par l'animal. La tête du Nautile porte un grand nombre de tentacules courts.

II. — Gastéropodes.

Caractères extérieurs. — Les Gastéropodes sont les uns terrestres, comme l'*Escargot* et la *Limace ;* d'autres vivent dans les bassins ou dans les étangs, comme la *Paludine*, qui ferme sa coquille au moyen d'un opercule fixé au pied ; le plus grand nombre de Gastéropodes vivent dans la mer.

Leur coquille est univalve et ordinairement enroulée en spirale ; celle de la Limace est interne, mais fort petite.

Escargot. — Lorsqu'on examine un Escargot en train de

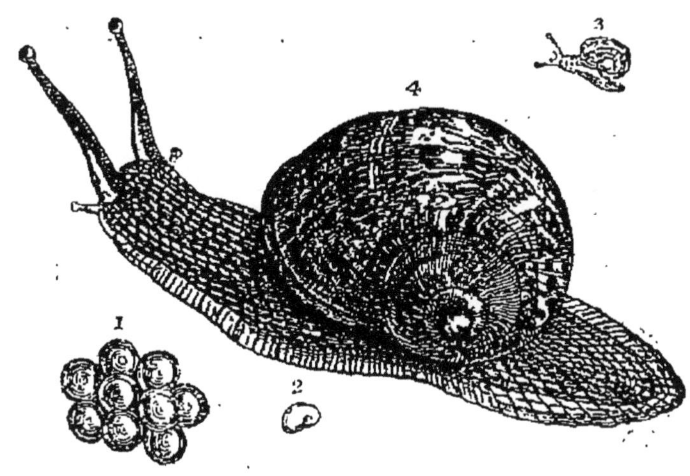

Fig. 311. — Limaçon commun. 1, œufs ; 2, 3, jeunes ; 4, adulte.

ramper (fig. 311), on distingue nettement trois parties : la *tête*, qui porte deux grands tentacules terminés par les yeux, et deux autres plus petits ; le *pied*, large plaque musculaire servant à la reptation ; enfin le *corps proprement dit*, entouré par la coquille et renfermant les principaux organes.

Sur le bord droit de la coquille, on remarque un orifice

arrondi qui conduit directement dans le *poumon* (fig. 312, *e*), poche dorsale limitée en haut par le manteau, lequel est lui-même recouvert par la coquille. Dans la paroi du poumon serpentent de nombreux vaisseaux dans lesquels le sang veineux vient, au contact de l'air, se transformer en sang artériel.

Caractères intérieurs. — Le *tube digestif* des Gastéropodes (fig. 312, *ad*) est courbé en anse comme celui des Céphalopodes ; l'anus (*d*) se trouve tout près de l'orifice respiratoire. Le foie, qui est brun et très gros, occupe chez l'Escargot toute la partie supérieure de la coquille (*h*).

Le *cœur* (*g*) est situé un peu en arrière du poumon, du côté gauche ; il se compose d'une oreillette, qui reçoit le sang nourricier du poumon, et d'un ventricule qui le lance dans l'aorte.

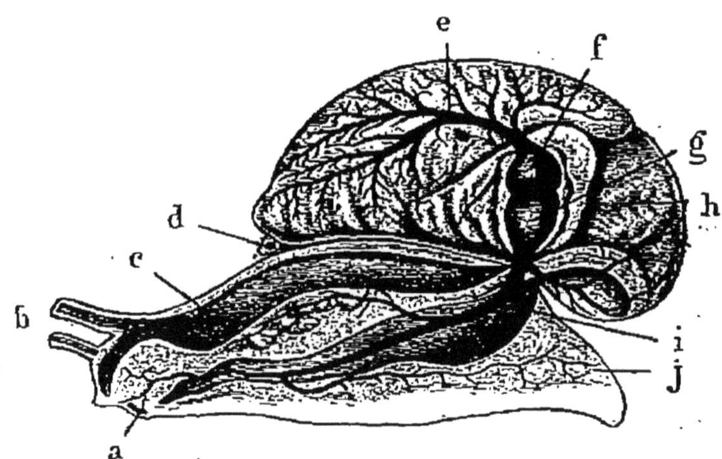

Fig. 312. — Colimaçon. *a*, bouche ; *d*, anus ; *e*, poumon ; *f*, oreillette ; *g*, ventricule ; *i*, aorte ; *j*, pied.

Le *système nerveux* comprend deux masses ganglionnaires, l'une située au-dessus de l'œsophage, l'autre en dessous : il en part de nombreux nerfs.

Aliments de l'Escargot. — L'Escargot et la Limace mangent des plantes diverses ; mais ils en détruiraient une bien plus grande quantité, si elles ne renfermaient pas certaines substances, telles que le tannin, le sel d'oseille, qui ne leur conviennent pas. Cela explique pourquoi ces animaux se nourrissent de préférence des parties mortes

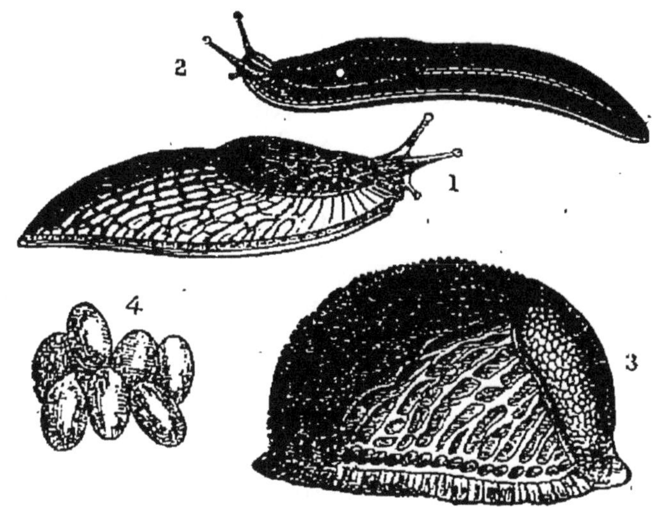

Fig. 313. — Limace noire; (0m08). 1, 2, en mouvement; 3, au repos; 4, œufs.

ou desséchées de certaines plantes : car les plantes sèches ne renferment plus les substances désagréables ou nuisibles qu'elles contiennent à l'état frais. Celles-ci sont donc pour les végétaux de véritables préservatifs, destinés à en éloigner leurs ennemis naturels.

Principaux gastéropodes. — Les principaux Gastéro-

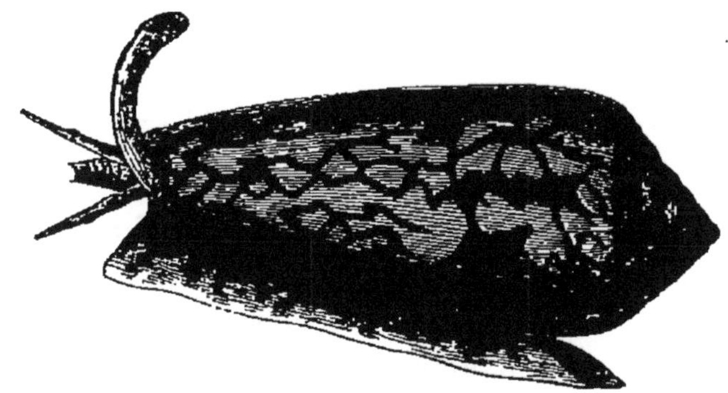

Fig. 314. — Cône; (0m,12).

podes marins sont : le *Strombe*, le *Murex*, le *Casque*, tous de taille assez considérable; le *Cône* (fig. 314); l'*Haliotide* ou Oreille de mer, dont la coquille aplatie et nacrée est percée sur le côté d'une rangée de trous; la *Patèlle*, à coquille conique; etc. Tous ces genres respirent par des branchies, diversement placées selon les groupes (fig. 315).

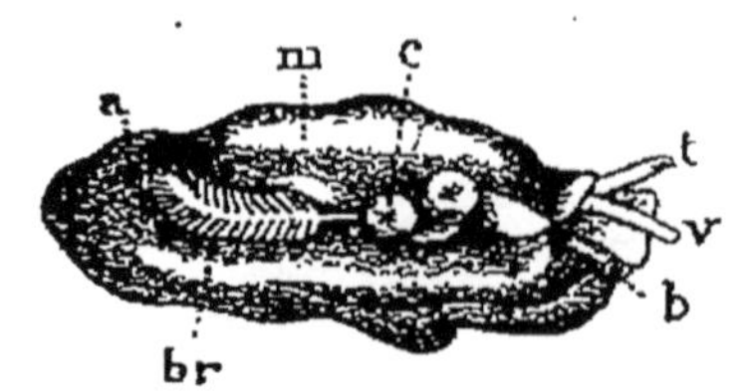

Fig. 315. — Mollusque gastéropode. *b*, bouche; *tv*, tentacules; *c*, cœur; *br*, branchies; *m*, manteau relevé; *a*, anus.

Au contraire, les Gastéropodes terrestres, comme l'Escargot et la Limace, et certains Gastéropodes d'eau douce, tels que la *Lymnée* et la *Planorbe*, respirent par des poumons.

III. — Acéphales ou Bivalves.

Caractères extérieurs. — *Huître; Moule.* — L'*Huître*, la *Moule*, sont les types vulgaires de cette classe de Mollusques. Leur nom d'Acéphales vient de ce que la tête, au lieu d'être distincte comme dans les deux classes précédentes, est confondue avec le reste du corps; celui de Bivalves rappelle la division de leur coquille en deux

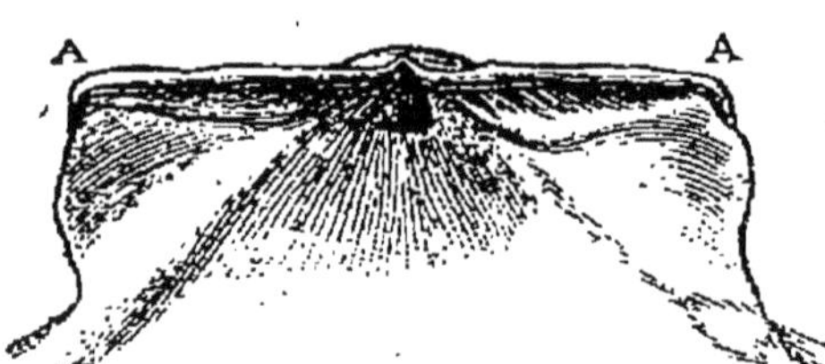

Fig. 316. — Charnière d'une coquille de Saint-Jacques.

Fig. 317. — Telline. *b*, *c*, siphons; *d*, pied.

valves, articulées l'une à l'autre par une charnière (fig. 316) autour de laquelle se fait le mouvement.

Manteau. — Lorsqu'on observe une Huître dont la coquille est entr'ouverte, on voit que chaque valve est tapissée par une lame charnue (fig. 319, *c*), qui enveloppe le corps de l'animal et se rattache à ce dernier dans la région dorsale : ces deux lames constituent le *manteau*.

Branchies. — Entre le corps proprement dit, qui contient les principaux organes, et le manteau, se trouvent de chaque côté deux lames allongées, dont la structure rappelle celle d'un fin treillis : ce sont les *branchies* ou organes respiratoires (fig. 319, *b* et 318, *k*) ; elles sont constamment baignées par l'eau ambiante.

Siphons. — Dans certains genres d'Acéphales, comme la *Vénus*, la *Telline*, les deux moitiés du manteau se soudent par leurs bords et forment une sorte de sac dans lequel se trouvent emprisonnées les branchies et la masse des autres organes. Ce sac se prolonge en deux points sous la forme de tubes, nommés *siphons* (fig. 317), qui s'étendent plus ou moins loin hors de la coquille ; l'un d'eux sert à l'entrée de l'eau pure et des aliments (*c*) ; l'autre à la sortie de l'eau chargée d'acide carbonique et des résidus de la digestion.

Muscles rétracteurs de la coquille. — L'Huître ferme sa coquille en contractant un fort muscle à peu près central, qui la fixe solidement aux deux valves : c'est ce *muscle rétracteur* que l'on coupe quand on ouvre des Huîtres.

La Moule possède deux muscles rétracteurs, l'un en avant, l'autre en arrière : lorsqu'elle les relâche, la coquille s'ouvre naturellement par l'effet d'un *ligament élastique*, qui se trouve inséré sur la ligne d'union des deux valves.

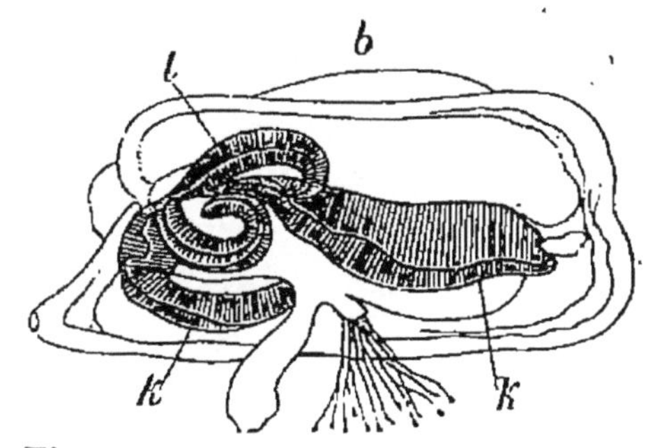

Fig. 318. — Moule ouverte. *k*, branchies ; *l*, palpes de la bouche ; en bas, le pied et le byssus.

Pied. — Lorsqu'on examine une Moule détachée de sa coquille, par exemple lorsqu'elle est cuite, on voit faire saillie hors du manteau, c'est-à-dire du sac extérieur, un corps brun, en forme de langue : c'est le *pied*, organe de reptation de l'animal (fig. 318). Il est muni chez les Moules adultes d'un bouquet de filaments, nommé *byssus*, à l'aide duquel elles se fixent au sol, puis se hissent en avant.

Les Mollusques sédentaires, comme l'Huître, manquent de pied.

Caractères intérieurs. — Le *tube digestif* est, comme précédemment, recourbé en anse ; la bouche est située près de l'articulation des valves de la coquille et munie de quatre palpes ovales (fig. 319, *f*) très sensibles.

Le *cœur* des Acéphales se compose d'un ventricule et de deux oreillettes ; il offre ce caractère tout particulier qu'il

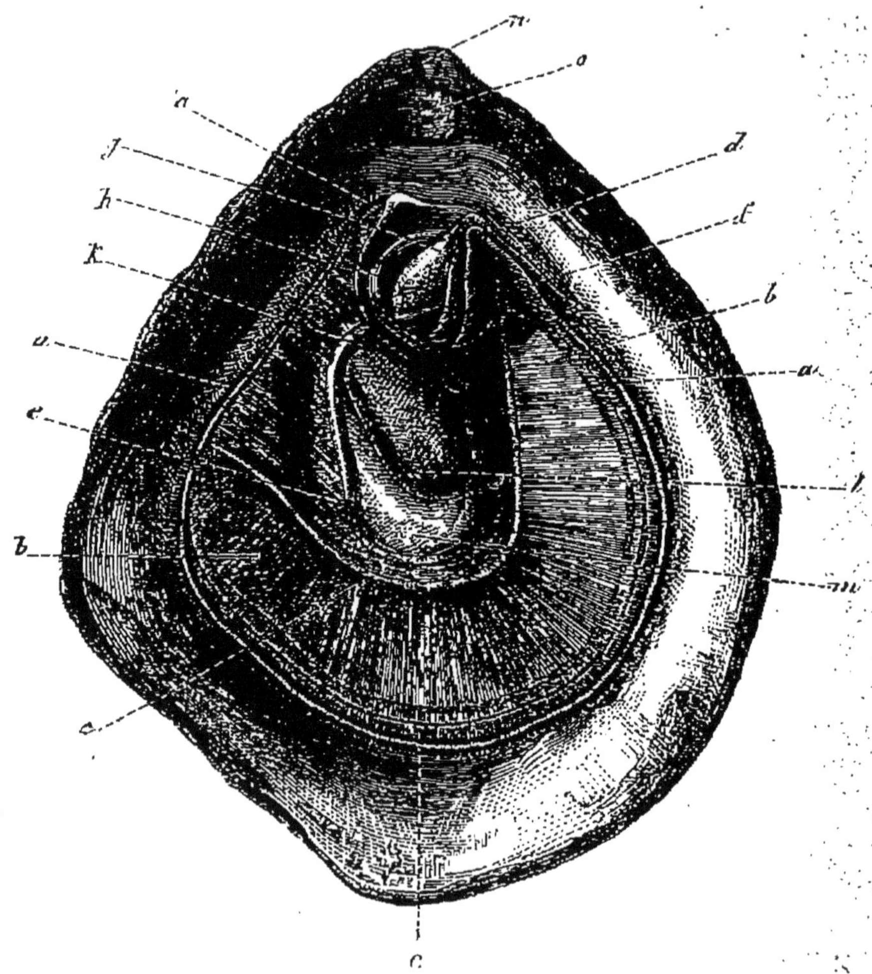

Fig. 319. — Huître. *d*, bouche ; *f*, palpes buccaux ; *l*, *m*, muscle ; *b*, branchies ; *k*, cœur ; *h*, intestin.

est traversé par l'intestin ; dans la Moule, il est situé sous l'articulation de la coquille ; dans l'Huître, au milieu du corps, à côté du muscle rétracteur (fig. 319, *k*). Du ventricule partent les artères.

Le *système nerveux* (fig. 320) se compose de trois paires

de ganglions bien distinctes les unes des autres et unies entre elles par des filaments nerveux.

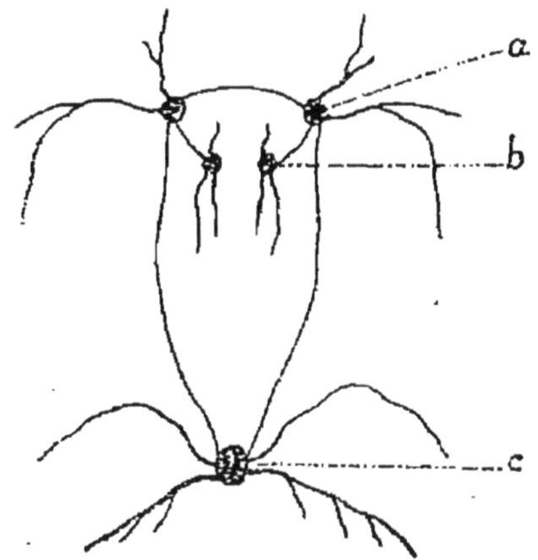

Fig. 320. — Système nerveux de l'Arrosoir.
a, b, c, ganglions.

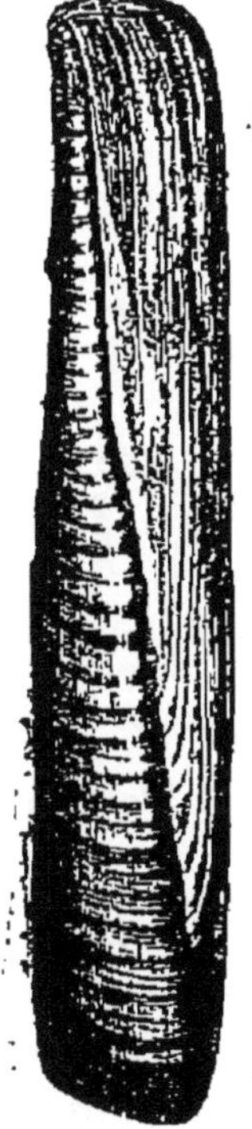

Fig. 321. — Couteau ou Solen ; (0m,10).

Fig. 322. — Pholade ; (0m,07).

Principaux genres. — Les Acéphales se divisent en deux groupes :

1° Les uns sont *pourvus de siphons;* tels sont le *Solen* ou Couteau (fig. 321), à coquille très allongée, rectangulaire; la *Vénus;* la *Bucarde* ou *Cardium*, qui est comestible.

La *Pholade* habite un trou cylindrique qu'elle se creuse dans le bois ou dans la pierre, par exemple dans les blocs crayeux de la plage de Dieppe (fig. 322).

Un autre genre, très redouté par les dégâts qu'il cause aux constructions vanales, le *Taret* (fig. 323), perfore en tous sens les bois submergés et tapisse les galeries ainsi produites d'un tube calcaire dans lequel il se tient immobile. Les Tarets ont un peu la forme d'un Ver.

Fig. 323. — Taret retiré de son tube calcaire et étalant ses deux siphons.

Fig. 324. — Bois perforé par les Tarets.

Vers 1731, les pilotis qui soutenaient les digues en Hollande étaient tellement envahis par ces Mollusques qu'ils tombaient vermoulus et n'offraient plus aucune résistance à l'action des vagues: l'inondation des plaines côtières était imminente.

2° Les autres Acéphales sont *dépourvus de siphons;* parmi eux se rangent l'*Huître*, la *Moule*, le *Peigne* ou coquille de Saint-Jacques, tous trois comestibles.

Ostréiculture. — On donne le nom d'*ostréiculture* à l'élevage des Huîtres.

Les Huîtres vivent tantôt isolées, plus souvent en grands amas désignés sous le nom de *bancs d'Huîtres.* Ceux-ci sont abondants sur les côtes de l'Océan atlantique, notamment en France, à Arcachon, à Concarneau et à Cancale.

Les bancs d'Huîtres se tiennent toujours sur les fonds solides, pierreux, jamais sur les fonds vaseux.

Le nombre d'œufs que produit annuellement une Huître n'est pas inférieur à un million. Les jeunes qui en proviennent éclosent en été dans les plis mêmes du manteau de la mère, car l'Huître n'abandonne pas ses œufs aux hasards de la mer, comme les autres Mollusques.

Une fois mises en liberté, les jeunes Huîtres ou *naissain* se dispersent dans l'Océan où elles sont exposées à des dangers de toute sorte; aussi périssent-elles en grand nombre.

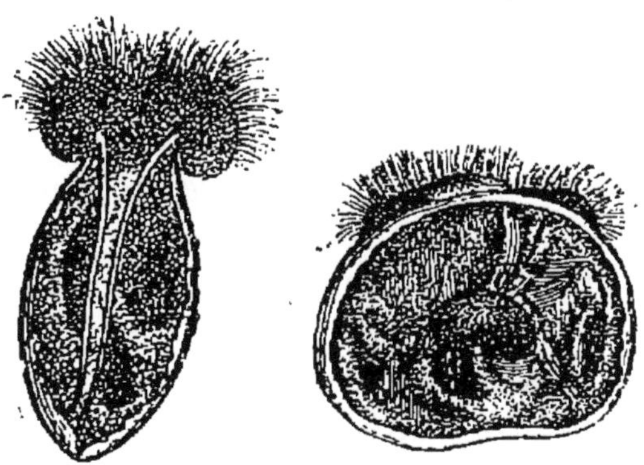

Fig. 325. — Jeunes Huîtres ou naissain.

Parmi leurs plus redoutables ennemis, il faut citer les Moules, les Crabes et quelques Poissons.

Lorsque les Moules ont envahi un parc à Huîtres, on peut s'en débarrasser en y introduisant quelques Étoiles de mer, qui les dévorent avec avidité; après quoi on retire ces précieux auxiliaires, parce qu'ils se mettraient ensuite à leur tour, comme les Moules, à manger les Huîtres.

Pour assurer le développement du naissain, il faut lui permettre de se fixer. A cet effet, on place au fond de l'eau, dans le voisinage des bancs d'Huîtres, soit des fagots ou *fascines* (fig. 326) sur les branches desquelles les jeunes s'arrêtent, soit des amas de coquilles vides, soit enfin des assemblages de tuiles disposées en bouquets et recouvertes de chaux. Cette dernière substance facilite le développement de la coquille. La pratique de l'ostréiculture date déjà de plus de deux mille ans.

Lorsque les Huîtres ont acquis une certaine taille, on les *élève* dans des *parcs* spéciaux, à fond dur, dans lesquels

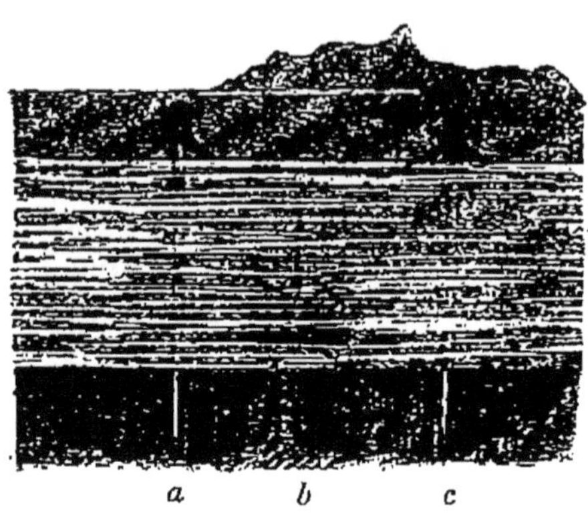

Fig. 326. — Fascine (*b*) soutenue par deux piquets (*a*,*c*).

l'eau de mer se renouvelle facilement, ou bien encore on les dispose sur des *planchers collecteurs* appropriés.

Enfin on les *engraisse* en amenant un peu d'eau courante dans l'eau de mer.

On élève d'une manière analogue les Moules.

Huître perlière. — Un genre voisin de la Moule, la *Pintadine*, appelée encore *Huître perlière*, produit à la face interne de sa coquille nacrée, des perles arrondies, de tailles diverses et ordinairement blanches; ces perles sont dues à une sécrétion du manteau.

Aux endroits où doivent se développer les perles se trouve ordinairement une irrégularité ou quelque corps étranger, et c'est pourquoi la sécrétion nacrée du manteau y est plus active que dans les autres parties de la coquille.

D'autres Acéphales produisent également des perles, mais elles sont moins belles et moins fines que celles de la Pintadine.

ECHINODERMES

Sommaire. — Caractères généraux : Oursins; appareil circulatoire. — Etoiles de mer. — Holothuries.

Caractères généraux. — Les Échinodermes forment, avec tous les animaux qui nous restent encore à étudier, le vaste groupe des Animaux rayonnés. Cette dernière dénomination vient de ce que les parties du corps, au lieu d'être placées les unes à la suite des autres, comme chez les Annelés, sont disposées autour d'un centre commun, en rayonnant, comme le montre nettement une Étoile de mer (fig. 331).

Les Échinodermes ont la peau couverte de piquants et incrustée de calcaire ; ils se trouvent ainsi très efficacement protégés.

Les principaux groupes sont : les *Oursins*, les *Étoiles de mer* et les *Holothuries*.

Oursins. — *Caractères extérieurs.* — Le corps des Oursins (fig. 327), arrondi d'un côté, présente de l'autre une face plane, au centre de laquelle est la bouche. Celle-ci est entourée d'un appareil masticateur tout spécial, appelé *lanterne d'Aristote*, formé de cinq pyramides calcaires creuses, placées les unes contre les autres et dont les pointes seules sont visibles du dehors. L'anus se trouve du côté opposé à la bouche, au centre d'une sorte de rosette (fig. 328), formée de dix pièces calcaires spéciales.

Le *test* ou squelette des Oursins est composé de plaques

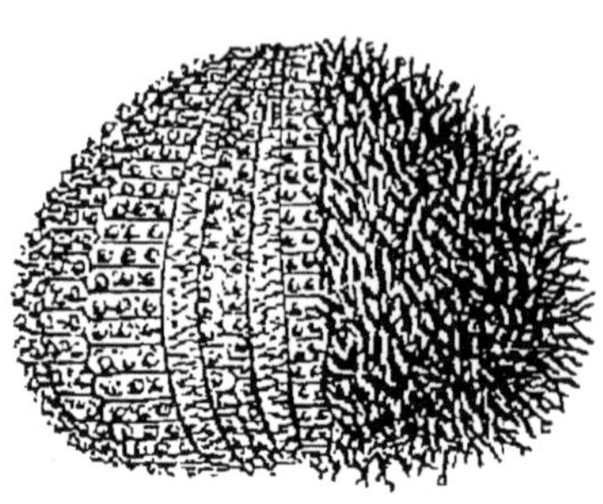

Fig. 327. — Oursin (les piquants sont enlevés à gauche) ; (0m,10).

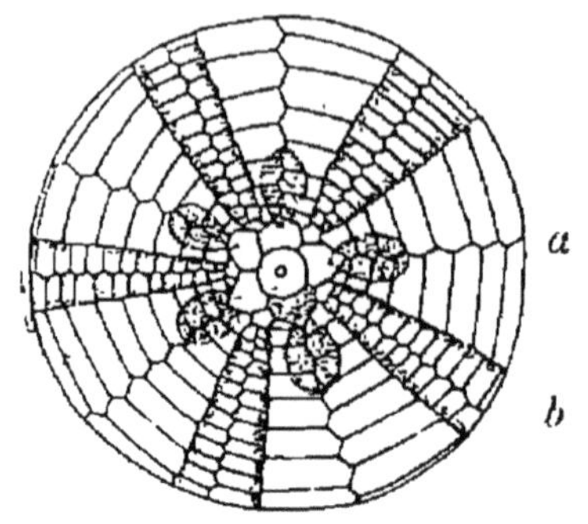

Fig. 328. — Oursin, vu par le haut, (les piquants sont enlevés).

calcaires, disposées en dix rangées doubles (fig. 328), qui partent de la bouche comme autant de fuseaux, et se terminent à la rosette opposée. Cinq de ces doubles rangées (*b*) ont leurs plaques percées de nombreux petits pores par

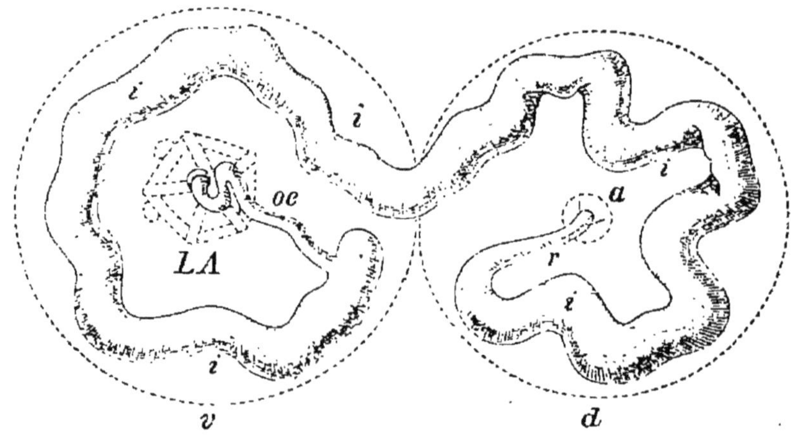

Fig. 329. — Tube digestif d'Oursin ; *LA*. lanterne d'Aristote ; *a*, anus.

lesquels peuvent s'étendre au dehors des tubes mous, qui servent non seulement à la reptation, mais encore à la respiration de l'animal.

Les plaques calcaires des autres rangées (*a*) portent simplement des tubercules sur lesquels s'insèrent les piquants ; ces doubles rangées alternent avec les précédentes.

Entre les piquants, et principalement dans le voisinage de la bouche, on remarque des sortes de petites pinces à trois branches, nommées *pédicellaires*, qui servent à la préhension.

Caractères intérieurs. — Le *tube digestif* (fig. 329), qui offre à peu près le même diamètre en tous ses points, part de la lanterne d'Aristote (*LA*), décrit sous le test plusieurs larges sinuosités (*i*), puis se termine à l'anus (*a*).

Les Oursins se nourrissent de Mollusques et de plantes marines.

L'*appareil circulatoire* comprend essentiellement un

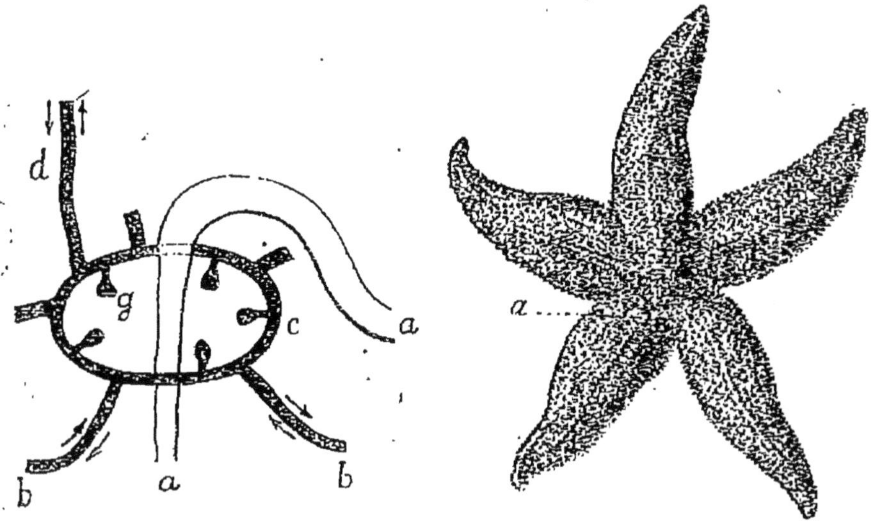

Fig. 330. — *aa*, intestin ; *c*, vaisseau annulaire ; *b*, vaisseaux rayonnants.

Fig. 331. — Étoile de mer ; (0m,15).

vaisseau annulaire (fig. 330), entourant l'œsophage un peu au-dessus de la lanterne d'Aristote et donnant naissance à cinq *vaisseaux radiaires* (*b*), qui cheminent tout le long du test ; les ramifications de ces vaisseaux communiquent avec les tubes ambulacraires, qui peuvent ainsi être plus ou moins gonflés par le sang incolore de l'Oursin.

Du cercle vasculaire part en outre un canal vertical, le *canal du sable* (*d*), qui s'ouvre dans l'une des plaques de la rosette anale et établit ainsi la communication entre le sang et l'eau ambiante.

On trouve enfin sur l'intestin des vaisseaux qui absorbent les produits de la digestion.

Le *système nerveux* se compose d'un *anneau nerveux*, voisin du canal circulaire et donnant cinq nerfs qui suivent le même chemin que les vaisseaux.

Étoiles de mer. — Dans une Étoile de mer (fig. 331), on distingue un *disque* central et un nombre variable de *bras* rayonnants, creusés inférieurement d'une gouttière qui donne passage à des tubes ambulacraires semblables à ceux des Oursins.

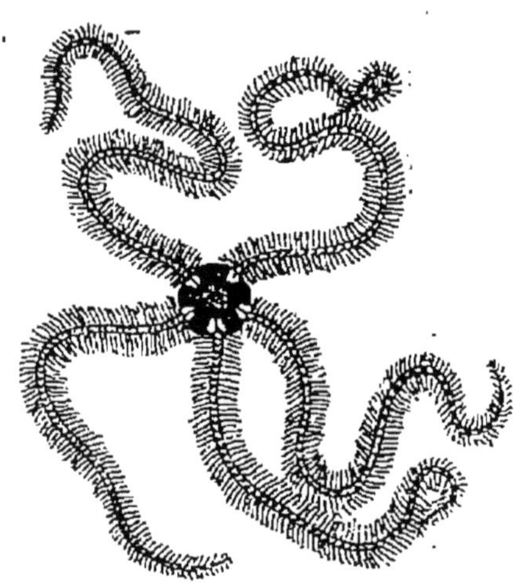

Fig. 332. — Ophiure ; (0m,13).

Fréquemment on ne trouve que cinq bras ; quelquefois il y en a six ou sept ; le *Solaster* en présente quatorze.

Chose curieuse, certaines Étoiles de mer, lorsqu'elles viennent à perdre un bras par accident, ont le pouvoir d'en développer un autre par une sorte de bourgeonnement.

La bouche de l'Étoile de mer est située au centre de la face inférieure du disque ; le tube digestif très court qui

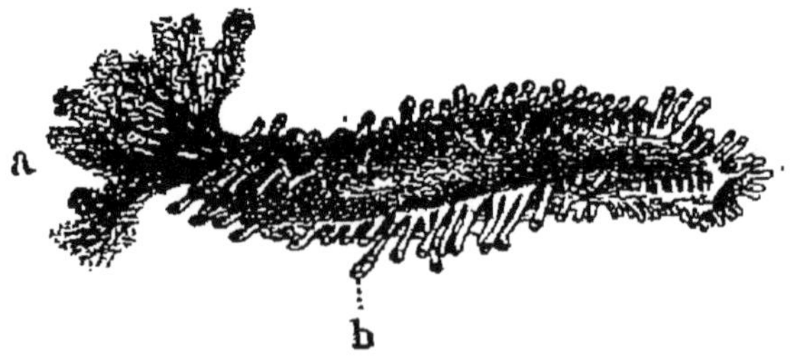

Fig. 333. — Holothurie. *a*, tentacules ; *b*, tubes locomoteurs ; (0m,10).

lui fait suite est tantôt complet et alors pourvu d'un orifice anal sur la face supérieure, tantôt réduit à un simple estomac fermé du côté opposé à la bouche.

Les *yeux* des Étoiles de mer sont situés à l'extrémité des bras, un peu en dessous, au bout de la rainure centrale, de sorte que ces animaux sont obligés de relever légèrement les bras pour diriger leurs yeux vers la lumière.

Des Étoiles de mer se rapprochent les Ophiures (fig. 332), chez lesquelles le disque est très resserré et bien distinct des bras.

Holothuries. — Les Holothuries (fig. 333) ont le corps allongé, cylindrique, long d'environ 10 ou 12 centimètres; leur peau, très épaisse, est beaucoup moins incrustée de calcaire que celle des Oursins et des Étoiles de mer; de plus, elle n'offre jamais de plaques, mais de simples granulations calcaires.

La bouche est entourée de nombreux tentacules rameux (*a*); les tubes locomoteurs (*b*) sont disséminés à la surface du corps.

On trouve des Holothuries sur les côtes de la Méditerranée.

Quelques Échinodermes sont comestibles. Ainsi, dans les villes côtières, on mange les ovaires ou poches à œufs des Oursins.

CŒLENTERÉS

Sommaire. — CARACTÈRES GÉNÉRAUX : Hydraires : Hydre d'eau douce. — Méduses. — Siphonophores. — Coralliaires : Corail ; Madrépores.

Caractères généraux. — Au lieu de vivre isolément comme la plupart des autres animaux, les Cœlentérés s'associent d'ordinaire en nombreuses *colonies* (fig. 334), en véritables communautés, dans lesquelles effectivement tous les biens sont mis en commun. Leur organisation est beaucoup plus simple que celle des Echinodermes, et même certains genres, tels que l'*Hydre d'eau douce*, sont réduits à un simple sac à un seul orifice, sans aucun organe distinct.

Les principales classes de Cœlentérés sont : les *Hydraires*, les *Méduses*, les *Siphonophores* et les *Coralliaires*.

Hydraires. — Les colonies d'Hydraires affectent généralement la forme de petites arborescences (fig. 334) dont les branches portent les nombreux individus, nommés *polypes* ; elles habitent presque toutes la mer.

Parmi les Hydraires d'eau douce, on peut citer le *Cordylophore*, qui dans certaines rivières se développe sur la coquille d'un Mollusque et y forme de petites touffes de cinq à six centimètres de hauteur ; en outre l'*Hydre*, que l'on trouve dans les bassins.

Les *polypes* sont placés à l'extrémité de courts rameaux. Leur bouche est entourée de nombreux bras pêcheurs; elle conduit dans une cavité, l'*estomac*, qui est la seule cavité du corps. Tous les Polypes de la colonie communiquent entre eux par le canal central des branches qui les supportent, de sorte que les matières nutritives peuvent être réparties entre les différents membres de la colonie. Une colonie d'Hydraires est donc bien une communauté, mettant tous ses biens en partage.

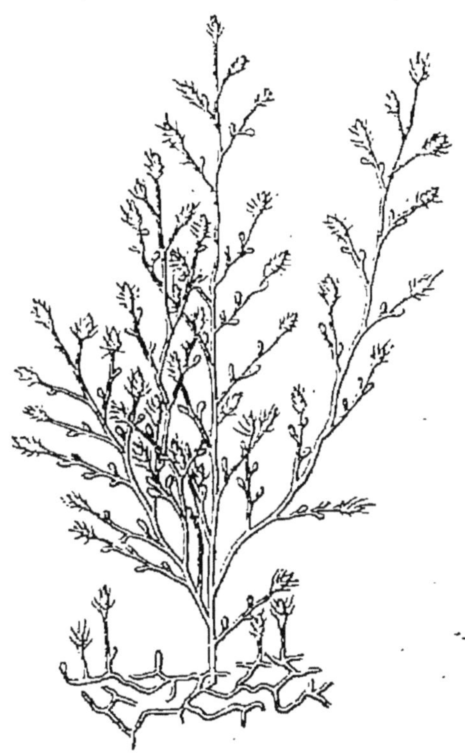

Fig. 334. — Colonie de polypes hydraires; (0m,07).

Œufs. — A un moment donné, on voit apparaître, sur certains rameaux de l'arborescence, de petits sacs ovales (fig. 335, *c*) dans lesquels se produisent les œufs ; ceux-ci donnent naissance à des larves qui sont bientôt mises en liberté par suite de la rupture des sacs. Après avoir nagé pendant quelque temps, les larves se fixent et se développent en une nouvelle colonie.

Les œufs sont contenus quelquefois, non dans de simples sacs ovales, mais dans de véritables petites Méduses qui, à la maturité, se détachent de la colonie et vont abandonner leurs œufs dans la mer.

Hydre d'eau douce. — Un des Hydraires les plus curieux est l'Hydre d'eau douce (fig. 336), que l'on trouve dans les bassins, attachée aux plantes ou autres objets submergés. Elle vit ordinairement solitaire ; les jeunes, nés par bourgeonnement, se séparent dès qu'ils ont achevé leur développement et vont se fixer ailleurs.

L'Hydre a la forme d'un petit sac ovoïde, fixé aux objets avoisinants par un pédoncule et pourvu, du côté opposé, d'une bouche entourée de longs tentacules pêcheurs; ceux-ci sont armés d'une infinité de flèches microscopiques empoisonnées, que l'Hydre darde contre sa proie. Dès qu'un petit Crustacé est capturé par les bras de l'animal, il est amené à la bouche, puis introduit dans l'estomac et digéré.

On peut couper une Hydre en deux ou plusieurs fragments, sans pour cela faire périr ces derniers : bien au contraire, ils peuvent s'accroître et finir par constituer chacun

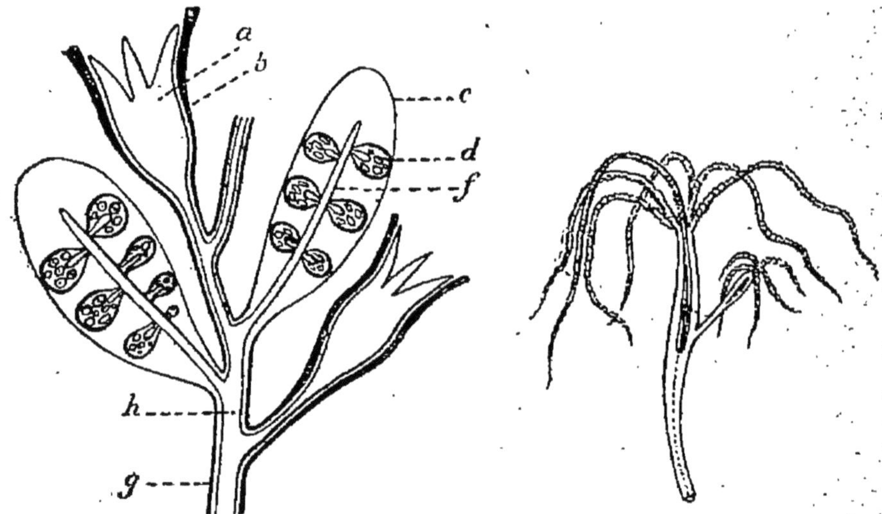

Fig. 335. — a, polype; b, son calice; c, bourgeons contenant des sacs à œufs, d.

Fig. 336. — Hydre d'eau douce portant un jeune; (0m,03).

une Hydre nouvelle. Cela tient évidemment à ce que ce Polype est tellement simple que toutes les parties de son corps sont semblables et jouissent par conséquent des mêmes propriétés que l'Hydre entière.

On peut de même retourner l'animal, comme un doigt de gant, sans compromettre sa vie.

Méduses. — Les Méduses (fig. 337) sont ces globes contractiles, gélatineux, transparents comme du cristal, qui flottent à la surface de la mer et que les vagues rejettent parfois sur la plage. Lorsqu'on les touche, on éprouve une sensation assez vive de brûlure; aussi les petits animaux dont elles font leur proie sont-ils paralysés au moindre contact; de là le nom d'*Orties de mer* que leur donnent les marins.

Dans une Méduse (fig. 337) on distingue deux parties :

1° l'*ombrelle* (*p*), partie transparente et gélatineuse, sur le bord de laquelle pendent de longs filaments pêcheurs; elle présente parfois de vives colorations, violettes par exemple, et peut atteindre jusqu'à quarante centimètres de diamètre;

2° à la face inférieure de l'ombrelle est attaché une sorte de sac, terminé par quatre ou huit tentacules (*t*) au milieu desquels se trouve la bouche : c'est l'*estomac*.

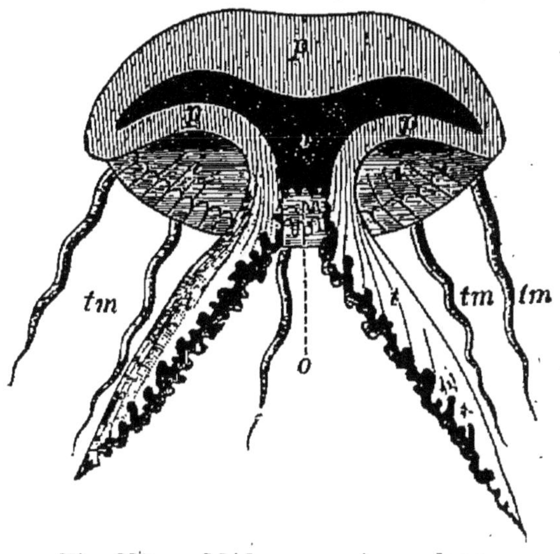

Fig. 337. — Méduse coupée en deux; *v*, estomac; (0m,30).

Lorsque les matières nutritives, mélangées à l'eau de mer, y ont été digérées, elles circulent dans les différentes parties de l'ombrelle grâce à des canaux rayonnants, au nombre de quatre ou de huit, qui se ramifient dans la substance gélatineuse. Le sang des Méduses n'est pas autre chose que ce mélange d'eau de mer et de matières digérées.

Les Méduses voyagent souvent par bandes; quelques espèces offrent avec une remarquable intensité le beau phénomène de la phosphorescence, c'est-à-dire qu'elles luisent pendant la nuit d'un vif éclat.

Siphonophores. — Les Siphonophores (fig. 338) sont des colonies flottantes de Polypes et de Méduses. Leurs teintes sont si belles et si étincelantes qu'on les a justement comparées à des guirlandes de pierres précieuses.

Lorsque la mer est calme, elles s'étalent à la surface et

y décrivent doucement mille courbes élégantes; on peut alors les contempler dans toute leur beauté. Par les gros temps, elles plongent ou se laissent aller mollement au gré des vagues.

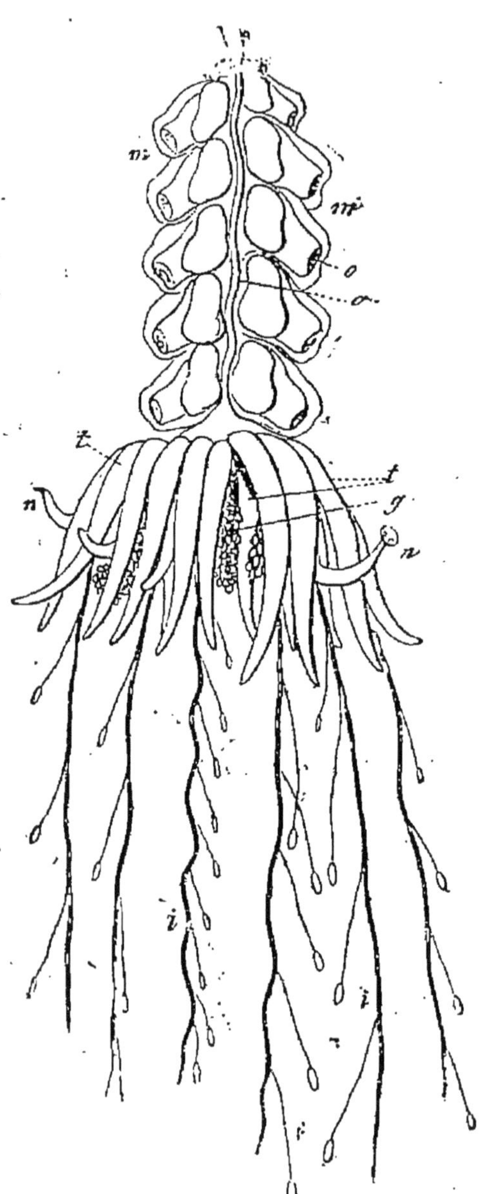

Fig. 338. — Physophore; (0m30).

Principaux genres. — Ces merveilleux organismes revêtent des aspects très variés.

La *Physophore*, par exemple (fig. 338) se compose de plusieurs rangées de Méduses en forme de cloches (*m*), disposées tout autour d'une sorte de tige, et suivies d'un amas d'organes parmi lesquels on peut distinguer des individus nourriciers ou *siphons* (*n*), des tentacules (*t*), des grappes d'œufs (*g*) et enfin de longs filaments pêcheurs urticants (*i*).

Dans la *Physale* ou grande Galère des marins, ces mêmes organes (fig. 339) sont placés à la face inférieure d'un large sac membraneux, rose, muni d'une crête qui seule apparaît au-dessus de l'eau et fait office de voile; les filaments pêcheurs peuvent s'étendre, dit-on, à plus de trente pieds de distance.

Coralliaires. — Les Coralliaires vivent tantôt isolés, comme l'Actinie ou Anémone de mer (fig. 343), tantôt groupés en nombreuses colonies, comme le Corail, le Tubipore (fig. 345).

Corail. — Dans une branche fraiche de Corail (fig. 340), on distingue trois parties. D'abord une tige calcaire, ramifiée en arborescence et appelée *polypier* : elle repré-

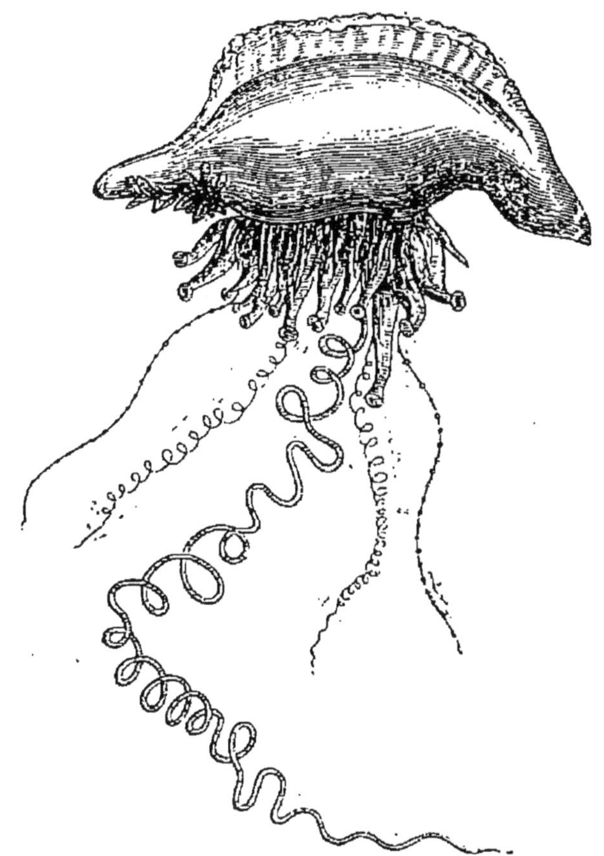

Fig. 339. — Physale ou grande Galère ; (0m, 15).

sente le squelette de la colonie. C'est ce squelette qu'on vend dans le commerce sous le nom de corail.

Le polypier est exactement recouvert d'une couche de *substance charnue*, vivante (fig. 341, *c*).

Enfin dans cette chair sont fixés les nombreux *polypes* ou individus de la colonie (fig. 341, *b*) ; ils sont reliés les uns aux autres par un réseau de canaux (*d*), qui permettent la mise en commun des matières nutritives.

Chaque polype est une sorte de sac cylindrique, muni de huit tentacules creux au milieu desquels se trouve la bouche, suivie d'un court estomac.

Les polypes peuvent s'épanouir à volonté ou se contracter dans la substance charnue. Lorsqu'ils sont épanouis, ils revêtent assez bien l'aspect de petites fleurs, ce qui

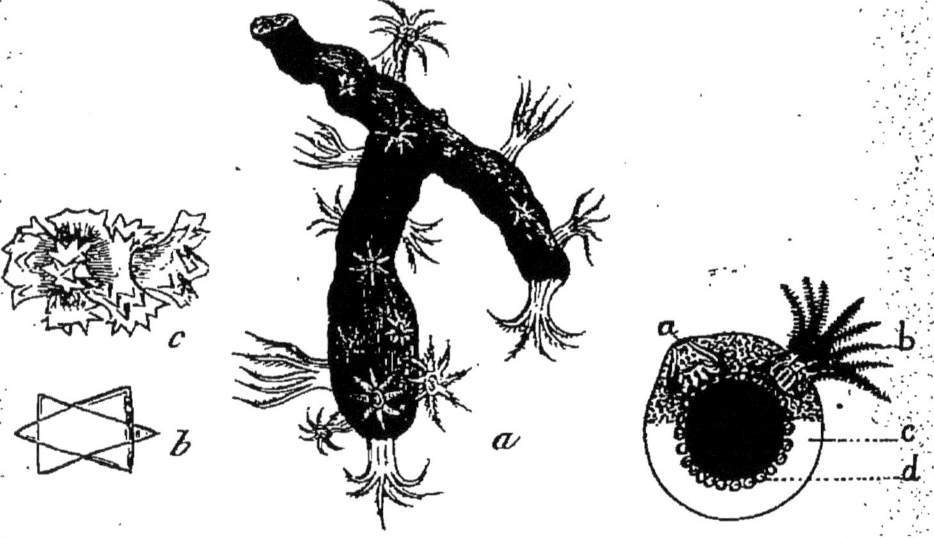

Fig. 340. — *a*, branche de Corail vivant; *b*, *c*, spicules calcaires qui forment le polypier.

Fig. 341. — Corail coupé. *a*, polype contracté; *b*, épanoui; *d*, canaux du sarcosome *c*.

explique pourquoi le Corail a été pendant longtemps considéré comme une plante.

On pêche le Corail sur les côtes d'Algérie et de Tunisie au moyen de filets spéciaux en forme de sac (fig. 342), suspendus à deux tiges de bois croisées, à angle droit. Les branches de Corail sont fixées aux rochers du fond de la mer.

Actinie. — L'*Actinie* (fig. 343), qui vit solitaire et fixée, est dépourvue de polypier : son corps est complètement mou, tantôt blanc, tantôt d'un beau rose, et garni d'un grand nombre de tentacules.

Madréporaires. — Les Coralliaires de ce groupe sécrètent des polypiers massifs ou ramifiés en arborescences et qui,

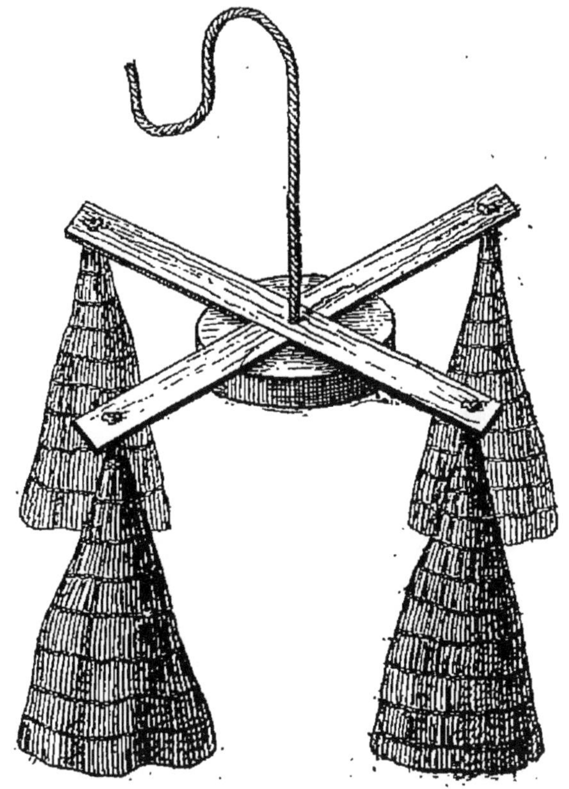

Fig. 342. — Engin pour récolter le Corail.

Fig. 343. — Actinie ; (0m,06).

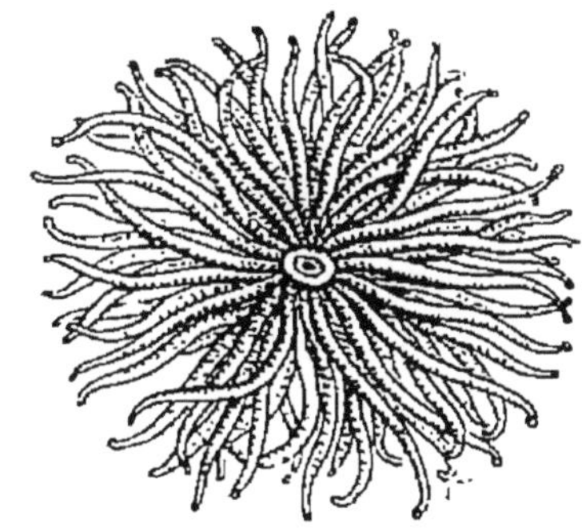

Fig. 344. — Actinie vue par le haut : au centre, la bouche.

en s'accumulant lentement les uns sur les autres, ont formé

des récifs très dangereux pour les navires, et même de véritables îles dans l'Océan Pacifique.

Fig. 345. — Tubipore (fragment) ; ($0^m,30$).

Fig. 346. — Astrée (polypier) ; ($0^m,20$).

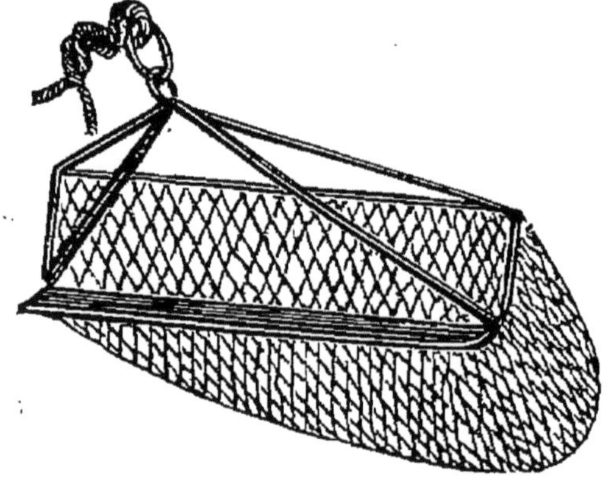

Fig. 347. — Drague pour récolter les Coraux.

Les principaux genres de Madréporaires sont : la *Fongie*, l'*Astrée* (fig. 346), le *Madrépore*, etc.

Tous ces animaux ont vécu déjà dès les âges les plus re ulés de la formation de l'écorce terrestre et leurs polypiers ont constitué d'importants dépôts calcaires.

SPONGIAIRES

Sommaire. — CARACTÈRES GÉNÉRAUX. — Organisation. Principaux genres.

Caractères généraux. — Les Spongiaires sont des organismes marins, à l'exception de la *Spongille d'eau douce* (fig. 348), qui vit dans les ruisseaux et les étangs.

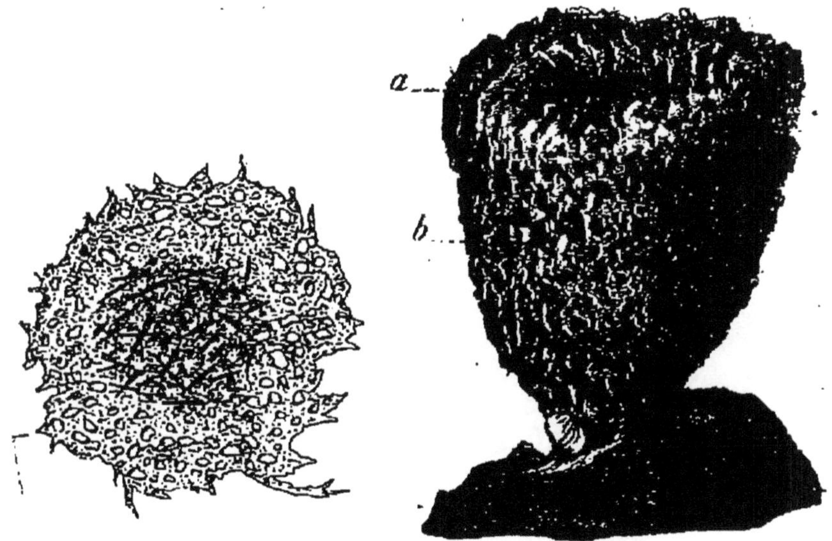

Fig. 348. — Spongille d'eau douce; ($0^m,02$).

Fig 349. — Éponge de Syrie; ($0^m,50$).

Ce que nous utilisons sous le nom d'éponge de toilette (fig. 349) est simplement le squelette fibreux de l'animal. Les orifices qu'on y remarque sont de deux sortes : les uns, petits et nombreux (*b*), servent à l'entrée de l'eau et des matières nutritives dans les nombreux canaux intérieurs; les autres (*a*), larges comme le petit doigt, mais assez rares,

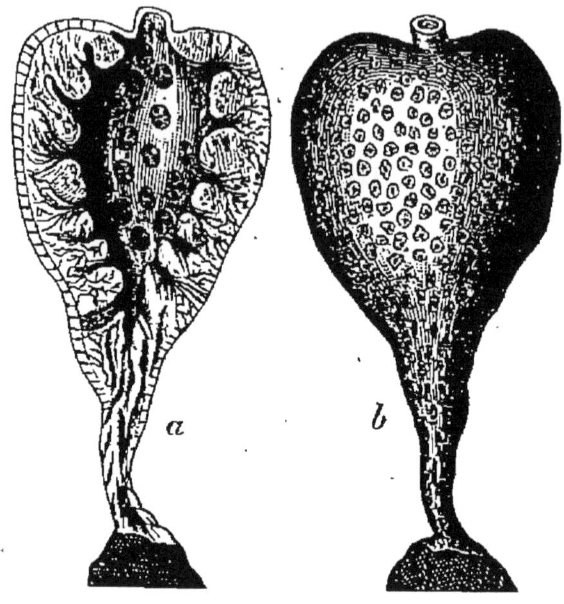

Fig. 350. — Éponge calcaire; *a*, coupée; *b*, entière; (0m,03). On voit les nombreux orifices d'entrée et l'orifice de sortie unique.

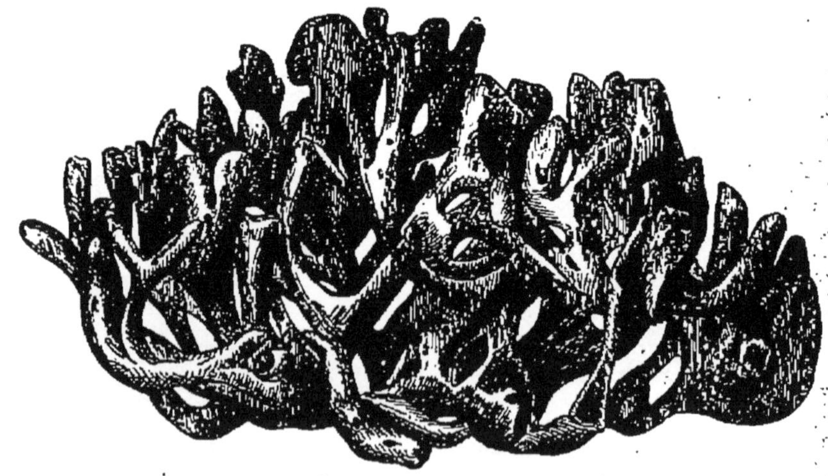

Fig. 351. — Éponge cartilagineuse; (0m,30).

donnent passage à l'eau impure qui est rejetée au dehors. Il y a ainsi une circulation constante d'eau dans le réseau des canaux intérieurs de l'Eponge.

Ces canaux présentent çà et là de petits renflements, nommés *corbeilles vibratiles*, qui sont tapissées de cellules vivantes, munies chacune d'un prolongement microscopique mobile, qui met l'eau en mouvement.

A proprement parler, ces cellules représentent la partie essentielle de l'animal.

Principaux genres. — Toutes les Éponges n'ont pas, comme les Éponges de toilette, un squelette fibreux et flexible. Dans certains genres, il est calcaire (fig. 350); dans d'autres, au contraire, il est siliceux et par conséquent très dur.

Parmi les Éponges siliceuses, on peut citer l'*Euplectelle*, dont le squelette constitue un élégant réseau cylindrique.

On pêche les Éponges principalement sur les côtes de Syrie et sur le littoral de la Tunisie.

PROTOZOAIRES

Sommaire. — CARACTÈRES GÉNÉRAUX. — Infusoires. — Rhizopodes : Foraminifères et Radiolaires.

Caractères généraux. — Les Protozoaires sont les plus simples et les plus petits de tous les animaux. Tous sont aquatiques. Les uns vivent dans les eaux douces, surtout dans les eaux stagnantes, comme celles des bassins, où la nourriture est abondante ; d'autres habitent la mer. Leurs formes, parfois très élégantes, sont extraordinairement variées ; en raison de leur petitesse, on ne peut les étudier qu'au microscope.

Les deux principales classes de Protozoaires sont : les *Infusoires* et les *Rhizopodes*.

Infusoires. — Pour se procurer en abondance des Infusoires, il suffit d'abandonner un peu de foin sec dans de l'eau froide ou tiède, jusqu'à ce que le liquide commence à se troubler et à dégager une odeur désagréable. Une goutte d'une pareille *infusion* (de là le nom d'Infusoires) examinée au microscope pullule non seulement d'Infusoires, mais de divers autres petits organismes, par exemple des Bactéries ou microbes.

Colpode. — Parmi les Infusoires qu'on y rencontre, on peut citer principalement le *Colpode* (fig. 353). Son corps, ordinairement ovale, est complètement couvert de petits prolongements très ténus, nommés *cils vibratiles*, qui battent incessamment l'eau ambiante et font ainsi mouvoir

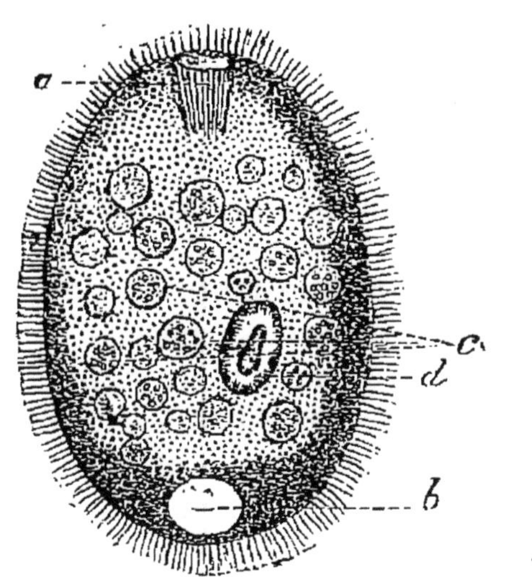

Fig. 352. — Infusoire cilié, très grossi ; *a*, bouche ; *c*, nourriture ; *b*, vacuole pulsatile.

Fig. 353. — Colpodes ; ($0^m,005$).

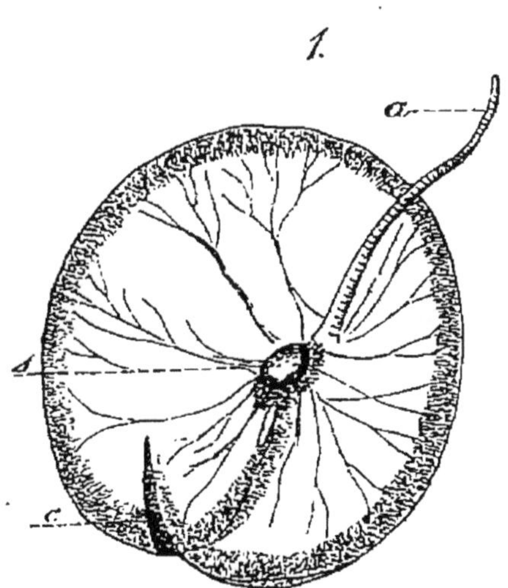

Fig. 354. — Noctiluque ; ($0^m,001$). — *a*, flagellum.

le corps ; quelque part sur le côté, on aperçoit une petite dépression, la bouche.

L'intérieur de l'animalcule ne présente aucun organe

distinct; on n'y remarque, pour ainsi dire, qu'une matière gélatineuse vivante.

Noctiluque. — Certains Infusoires, au lieu d'être ciliés, sont simplement munis d'un long prolongement, appelé *flagellum*, qui est l'unique instrument de locomotion; parmi eux se trouve le *Noctiluque* (fig. 354), qui est phosphorescent.

On trouve ce curieux Infusoire en très grande abondance dans les flaques d'eau de certaines plages, notamment dans le Pas-de-Calais, sous forme de petites granulations visibles à l'œil nu. Si l'on recueille cette eau dans un bocal et qu'ensuite, la nuit venue, on la remue tant soit peu, on voit apparaître une lumière bleuâtre à la surface.

Les Infusoires *se multiplient* avec une incroyable rapidité. A cet effet leur corps se resserre peu à peu par le milieu, et bientôt il se trouve complètement divisé en deux moitiés, qui se développent chacune en un nouvel Infusoire, et ainsi de suite.

Rhizopodes. — Les Rhizopodes sont plus simples encore que les Infusoires, car ils ne consistent guère qu'en une petite masse microscopique de protoplasme, protégée par une carapace calcaire ou siliceuse.

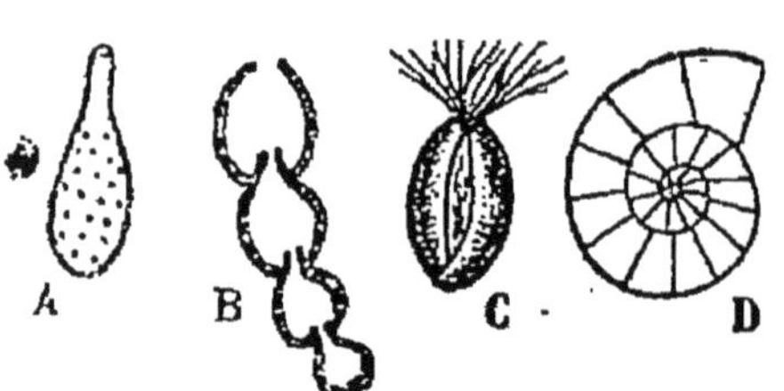

Fig. 355. — Foraminifères (grossis); (a, b, c, 0m,001; d, 0m,02).

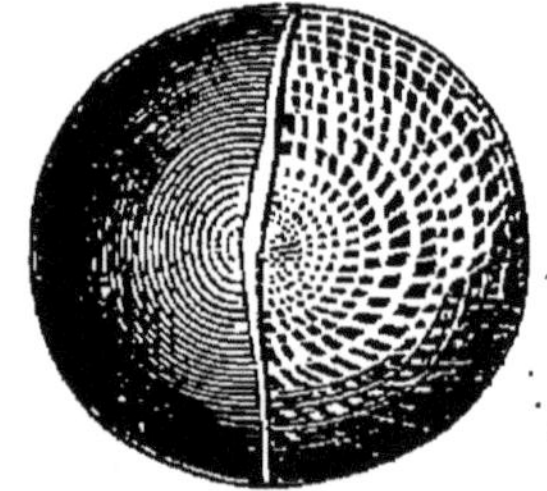

Fig. 356. — Nummulite, à moitié ouverte; (grand. nat.).

Les Rhizopodes comprennent deux groupes bien distincts : les *Foraminifères* et les *Radiolaires*.

Foraminifères. — Les Foraminifères sont protégés par une carapace calcaire; ils vivent en abondance dans la boue calcaire du fond des mers.

Leurs formes sont des plus variées (fig. 355). La coquille

a quelquefois la forme d'une petite bouteille (*A*); ailleurs elle est munie d'étranglements qui la divisent en loges (*B*);

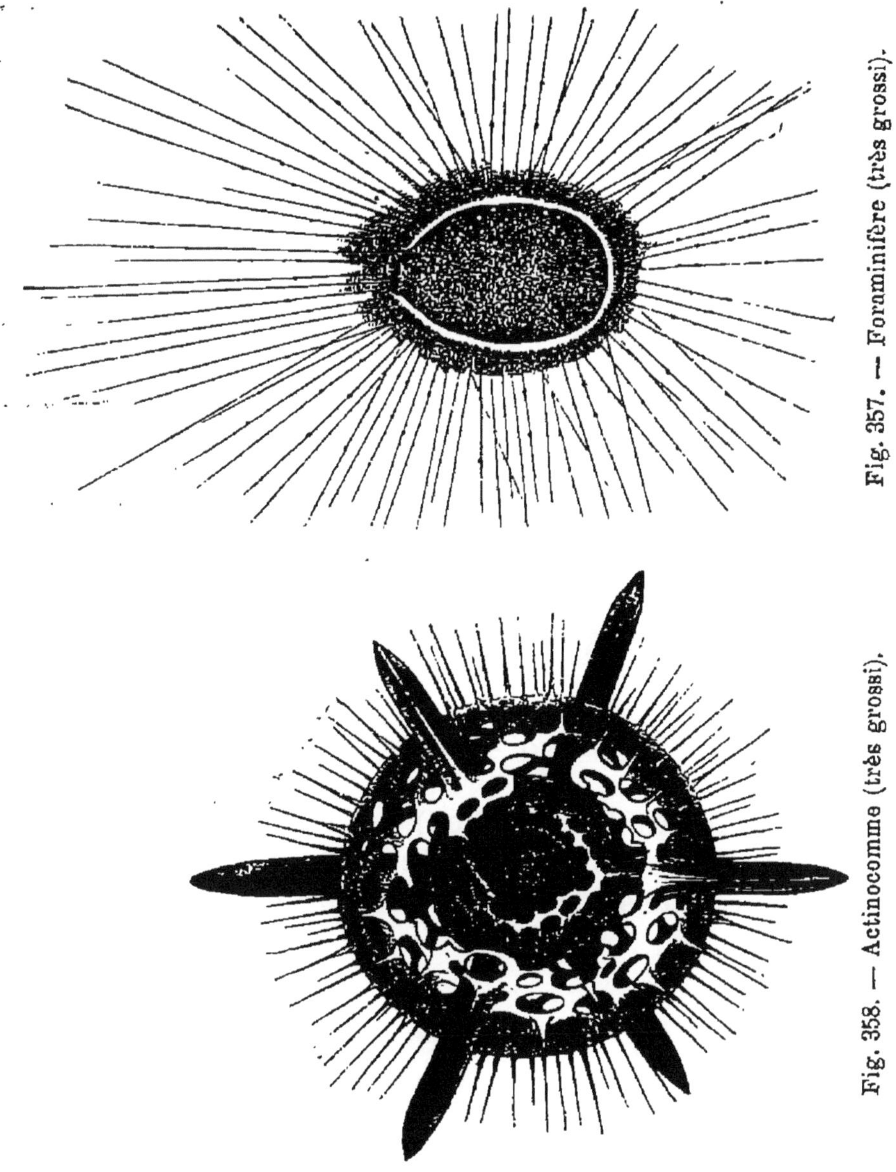

Fig. 357. — Foraminifère (très grossi).

Fig. 358. — Actinocomme (très grossi).

ailleurs encore elle rappelle la coquille spiralée des Mollusques (*D*).

Le protoplasme qui la remplit s'étend de tous côtés en longs *filaments pêcheurs* par de nombreux pores (fig. 357).

Après la mort des Foraminifères, les carapaces, qui seules se conservent, s'accumulent au fond de l'eau et forment ainsi à la longue de véritables dépots sous-marins.

La craie est d'autre part un dépôt géologique marin, formé essentiellement de carapaces de Foraminifères, agglutinées les unes aux autres.

Radiolaires. — Les Radiolaires sécrètent, non une carapace calcaire, mais un squelette siliceux (fig. 358), parfois d'une grande élégance ; leur corps est également entouré de filaments pêcheurs rayonnants, extrêmement déliés.

La substance vivante qui compose ces êtres très simples est analogue à celle que l'on trouve dans les cellules de notre propre corps, et l'on connaît même quelques formes,

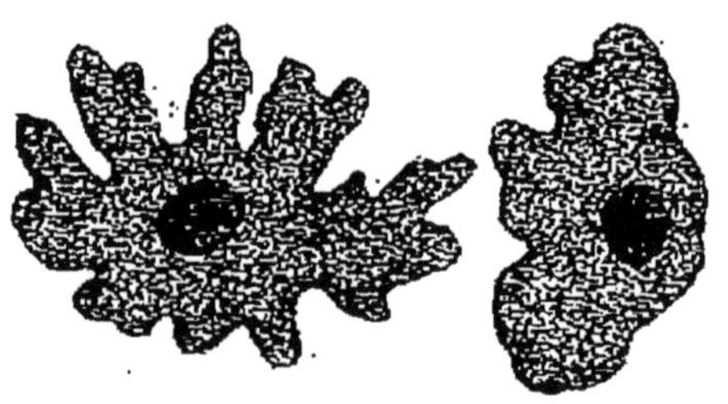

Fig. 359. — Amibe ; (0m,0001).

telles que les Amibes (fig. 359), les plus simples de toutes, qui sont uniquement constituées par un grumeau microscopique de cette substance, sans aucune espèce d'enveloppe protectrice.

TABLE DES MATIÈRES

Pages.

Invertébrés.

Arthropodes.

CHAPITRE I. — INSECTES.

CHAPITRE II. — CLASSIFICATION DES INSECTES.

CHAPITRE III. — ARACHNIDES.

CHAPITRE IV. — CRUSTACÉS.

Vers.

Mollusques.

Echinodermes.

Cœlentérés.

Spongiaires.

Protozoaires.

Paris. — Typographie Gaston Née, 1, rue Cassette. — 2350.

GAINES EN CUIR FORT POUR HOULETTES

Gaine pour tous les modèles 2 50
Gaine avec ceinture à coulants et boucle 2 50

PAPIER A BOTANIQUE, FABRICATION SPÉCIALE

Papier gris pour sécher les plantes :
La main de 25 feuilles doubles. . . . . » 45
La rame de 500 feuilles doubles. . . . . 8 »
Papier pour ranger les plantes en collection :
Bulle fort, la main de 25 feuilles doubles . . . . » 75
— — la rame de 500 feuilles doubles. . . . . . . 12 »
— extra fort, la main de 25 feuilles doubles . . . . . 1 »
— — — la rame de 500 feuilles doubles. . . . . 18 »
Papier gommé en bandelettes pour fixer les plantes sur le papier bulle, les 100 bandes. . . . . » 50
Cartons pour collections botaniques, dos en toile forte :
Modèle pouvant contenir 200 plantes, dos de 6 cent. de large. 2 50
— — — 500 — — 13 cent. — 3 »
Étiquettes pour herbier, sur papier blanc, avec cadre, double filet (le cent. 0 fr. 50), le mille . . . . 4 »
Loupes pour l'examen des plantes, montures en corne :
Un verre, 20 mill. de diamètre . . . . 2 »
— 28 mill. — 3 50
— 30 mill. avec diaphragme. . . . . 5 »
Deux verres, 20 mill. ordinaire 3 50
— 20 mill. avec diaphragme . . . . 5 »
— 28 mill. ordinaire 4 50
— 15 et 30 mill. ordinaire . . . . 5 »
— 15 et 30 mill. avec diaphragme 6 50
Loupe de naturaliste, construction spéciale donnant un fort grossissement et un vaste foyer, monture maillechor et nickel . . . . 8 »
Microscopes simples et composés, le catalogue envoyé *franco* sur demande.

CATALOGUES de la Maison Émile DEYROLLE

qui sont envoyés gratuitement sur demandes adressées

46, rue du Bac, Paris.

Instruments pour la récolte et le rangement des collections.
Collections d'histoire naturelle pour l'enseignement secondaire et primaire.
Tableaux muraux pour les cours d'histoire naturelle.
Musée scolaire disposé en tableaux, 3,000 dessins, 700 échantillons en nature.
Anatomie humaine, moulage pour l'étude de tous les organes.
Anatomie comparée, squelettes et moulages :
Mammifères, Oiseaux, Reptiles, Poissons, Mollusques, Insectes, Minéraux, Fossiles à vendre à la pièce.
Microscopes, appareils micrographiques, préparations microscopiques. Prix à la pièce.
Livres d'histoire naturelle, etc., etc

COLLECTIONS A L'USAGE DES ÉLÈVES

Dessins réduits des tableaux d'histoire naturelle existant dans tous les lycées et collèges de France, *à l'usage des élèves* des classes de 8e, de 7e, de 6e, de 5e et de 4e.

Prix de chaque tableau avec légendes explicatives. . . » fr. 10

Partie zoologique (23 tableaux)	1 75
— botanique (37 tableaux).	3 50
— géologique (10 tableaux)	» 75

Des collections géologiques ont été également faites à l'usage des élèves des classes de septième et de quatrième, comprenant presque tous les types possédés par le professeur.

Prix des collections géologiques :

Classe de septième 50 échantillons	5 fr. »
— avec boîte et cuvettes.	8 fr. 50
Classe de quatrième et troisième année, enseignement secondaire spécial, 55 éch.	6 fr. »
— avec boîte et cuvettes.	9 fr. 75

ALBUM DES PLANTES A L'USAGE DES COMMENÇANTS

1re Partie. Récolte et préparations. Prix. . . . . . 5 fr.

1re Partie. Récoltes et préparations. Un texte de quelques pages donne en résumé la façon dont doivent être récoltées les plantes; les instruments les plus utiles et les plus pratiques à employer suivant tel ou tel terrain; les soins à donner aux plantes que l'on désire faire sécher et préparer en herbier; dans ce même album se trouvent des feuilles de papier gris permettant de faire sécher les plantes, puis des feuilles de papier bulle, sur lesquelles doivent être fixées lesdites plantes après leur dessiccation complète, ainsi que des étiquettes pour y inscrire le nom, la date de récolte, etc., et des handelettes gommées permettant de fixer chaque plante sur papier bulle.

2e Partie. Herbier d'étude. Prix . . . . 12 fr.

2e Partie. Herbier d'étude. Cet album contient les principales espèces de plantes les plus communes en nature, c'est en somme le complément indispensable de la première partie. Nous y trouvons des plantes phanérogames, mousses, lichens, etc., etc., qui pourront servir de bases de comparaison avec les plantes que l'on récolte soi-même, en même temps que de types de préparation.

Chacune de ces plantes est accompagnée d'une étiquette donnant le nom de genre, d'espèces, le nom d'auteur, la famille, etc.

LECTURES SUR L'HISTOIRE NATURELLE

Fourmis, abeilles et guêpes, *Études expérimentales sur l'organisation et les mœurs des sociétés d'insectes hyménoptères,* par Sir John Lubbock, membre de la Société royale de Londres. 2 vol. in-8° avec gravures dans le texte et 13 planches hors texte, dont 5 coloriées. . . . . . 12 fr.

Le grand naturaliste anglais, Sir J. Lubbock, qui est en même temps un des personnages importants du monde politique et financier de Londres, a publié sous ce titre le récit des curieuses expériences qu'il poursuit depuis quinze ans concuremment avec ses travaux préhistoriques.

On y trouvera notamment les détails les plus surprenants sur l'organisation du travail, les expéditions militaires, l'esclavage, le langage, les affections et les divers sentiments sociaux des fourmis.

Les commensaux et les parasites dans le règne animal, par P.-J. van Beneden, professeur à l'Université de Louvain (Belgique). 1 vol. in-8° avec 82 fig. dans le texte, 3e édit. 6 fr.

Cette étude de différents animaux, faite à un point de vue spécial, est remplie de détails intéressants sur leurs mœurs et leurs habitudes, et de rapprochements ingénieux. Dans une première partie, l'auteur étudie les *Commensaux*, qu'il divise en commensaux libres et commensaux fixes; dans une deuxième partie, les *Mutualistes*, c'est-à-dire ceux qui vivent ensemble en se rendant de mutuels services.

Dans la troisième partie, sont traités les *Parasites*, ainsi divisés : parasites libres à tout âge, dans le jeune âge, pendant la vieillesse ; parasites à transmigrations et à métamorphoses ; parasites à toutes les époques de la vie.

Une table alphabétique contient le nom de 450 animaux environ, cités dans le cours de l'ouvrage.

L'écrevisse, *Introduction à l'étude de la zoologie,* par Th. Huxley, membre de la Société royale de Londres et de l'Institut de France, professeur d'histoire naturelle à l'Ecole royale des mines de Londres. 1 vol. in-8° avec 82 fig. . . . 6 fr.

L'auteur n'a pas voulu simplement écrire une monographie de l'Ecrevisse, mais montrer comment l'étude attentive de l'un des animaux les plus communs peut conduire aux généralisations les plus larges, aux problèmes les plus difficiles de la zoologie, et même de la science biologique en général. Avec ce livre, le lecteur se trouve amené à envisager face à face toutes les grandes questions zoologiques qui excitent aujourd'hui un si vif intérêt.

L'intelligence des animaux, par G.-J. Romanes, secrétaire de la Société linnéenne de Londres pour la zoologie, précédée d'une préface sur l'*Evolution mentale*, par Edm. Perrier, professeur au Muséum d'histoire naturelle de Paris. 2 vol. in-8°, 2e édit. . . . . 6 fr.

L'opinion la plus commune qui soit professée relativement à

l'esprit des bêtes, est exprimée par cet aphorisme : « L'homme seul est intelligent, les bêtes n'ont que de l'instinct. »

A l'examen de cette question est consacré cet ouvrage qui a été composé, presque sous les yeux de Darwin, par un des hommes qui se sont le plus scrupuleusement imprégnés de sa méthode : Georges-J. ROMANES. Sous le titre *L'intelligence des animaux*, il étudie les manifestations de l'instinct ou de la raison chez les différentes espèces, depuis les plus inférieures jusqu'aux grands mammifères, et il rapporte, avec un luxe de détails vraiment remarquable, quantité de curieuses observations.

Quand on voit mis en évidence, chez les fourmis, par exemple, le sens de la direction, la mémoire, les passions, l'existence d'un langage que nous n'entendons pas ; quand on étudie leurs habitudes guerrières, leurs occupations agricoles, leur organisation du travail, leur organisation militaire, on est porté à penser que l'intelligence ne doit pas être niée chez certains animaux.

Cet ouvrage est présenté au public français par M. Edmond Perrier, professeur au Muséum d'histoire naturelle, qui, dans une importante préface, passe en revue les phases successives par lesquelles ont passé les idées des naturalistes et des philosophes relativement aux facultés psychiques des animaux, fait ressortir ce que les idées actuelles ont de définitif, et précise la part bien large qu'elles laissent encore à l'inconnu.

La locomotion chez les animaux (marche, natation et vol), suivi d'une étude sur l'*Histoire de la navigation aérienne*, par J.-B. PETTIGREW, professeur au Collège royal de chirurgie d'Edimbourg (Ecosse). 1 vol. in-8° avec 140 fig. dans le texte, 2e édit. 6 fr.

Introduction à l'étude de la botanique (*Le Sapin*), par J. DE LANESSAN, professeur agrégé à la Faculté de médecine de Paris, député de la Seine, 1 vol. in-8° avec gravures dans le texte. 2e édit. . . . . 6 fr.

Ce livre est une introduction générale à l'étude de la botanique. L'auteur l'a écrit surtout pour faire connaître les grands principes et les traits généraux, mais il rendra aussi service à ceux qui débutent dans l'étude de la botanique, en leur montrant que cette science ne se compose pas seulement de détails arides et fastidieux. En prenant comme sujet l'étude du *Sapin*, auteur n'a pas voulu faire une monographie de cet arbre; il s'est proposé seulement de développer par un exemple spécial les théories les plus importantes de la Botanique.

Les régions invisibles du globe et des espaces célestes, par A. DAUBRÉE, membre de l'Institut, professeur au Muséum. 1 vol. in-8° avec 78 gravures . . . . 6 fr.

Livre écrit pour le grand public, dans lequel l'éminent professeur du Muséum fait l'étude des eaux souterraines, de la formation des roches sédimentaires ou cristallisées, des tremblements de terre, des météorites ou pierres tombées du ciel, etc. Les sources, les eaux minérales, les cours d'eaux souterrains, le rôle minéralisateur de l'eau aux époques géologiques constituent autant de chapitres d'un vif intérêt. Les tremblements de terre et les météorites conduisent M. Daubrée à l'examen de la constitution du globe. En un mot, c'est une excursion dans les régions de l'invisible.

Les volcans et les tremblements de terre, par Fuchs, professeur à l'Université de Heidelberg. 1 vol. in-8° avec 30 gravures et une carte en couleurs, 4° édit. . . . . . . 6 fr.

Les *tremblements de terre* sont, pour certaines régions, une perpétuelle et terrifiante menace, aussi tout ce qui se rattache à ces convulsions terrestres a-t-il au plus haut point le privilège de susciter l'émotion et de passionner la curiosité.

En rattachant à un même sujet les tremblements de terre et les volcans, le professeur d'Heidelberg expose ses idées sur le mode de production de ce phénomène terrestre et sur l'affinité des causes qui le produisent avec celles des phénomènes volcaniques.

On trouvera ensuite dans ce livre un historique détaillé des tremblements de terre connus, des études sur les tremblements de mer, les volcans boueux et les geysers, une description pétrographique des laves, enfin il se termine par une description géographique des volcans, comprenant une énumération complète et tenant compte de toutes les découvertes récentes.

Les glaciers et les transformations de l'eau, par J. Tyndall, professeur de chimie à l'Institution royale de Londres. suivi d'une étude sur le même sujet, par Helmholtz, professeur à l'Université de Berlin. 1 vol. in-8° avec nombreuses figures dans le texte et 8 planches tirées à part sur papier teinté. 5° édit . . . . 6 fr.

Cet ouvrage contient la description des grands glaciers de la Suisse que M. J. Tyndall a visités et étudiés un grand nombre de fois. On y trouve exposées les théories auxquelles ont donné lieu l'origine et la nature des glaciers, la formation de la glace et du givre, la regélation découverte par Faraday, dont M. Tyndall défend les doctrines, tandis que M. Helmholtz soutient celles de MM. James et William Thomson.

ÉMILE BLANCHARD

MEMBRE DE L'INSTITUT, PROFESSEUR AU MUSÉUM D'HISTOIRE NATURELLE

LES MÉTAMORPHOSES, LES MŒURS ET LES INSTINCTS DES INSECTES

Un magnifique volume in-8° jésus, avec 160 figures intercalées dans le texte et 40 planches hors texte, 2° édition. Prix : broché, 25 fr.; relié en demi-maroquin, tranches dorées, 30 fr.

CH. DARWIN

LES RÉCIFS DE CORAIL

Leur Structure et leur Distribution

Un beau volume in-8°, avec figures dans le texte, et 2 planches hors texte. Prix : broché, 8 fr.; demi-rel., tranches dorées, 11 fr.

SIR JOHN LABBOCK

L'HOMME PRÉHISTORIQUE

D'APRÈS LES MONUMENTS ET LES COSTUMES SUIVI D'UNE DESCRIPTION DES MŒURS DES SAUVAGES MODERNES

2 volumes in-8° avec 256 gravures. 3° édition, 12 fr.

PHYSIOGRAPHIE

INTRODUCTION A L'ÉTUDE DE LA NATURE

Par Th. **HUXLEY**, membre de la Société royale de Londres.

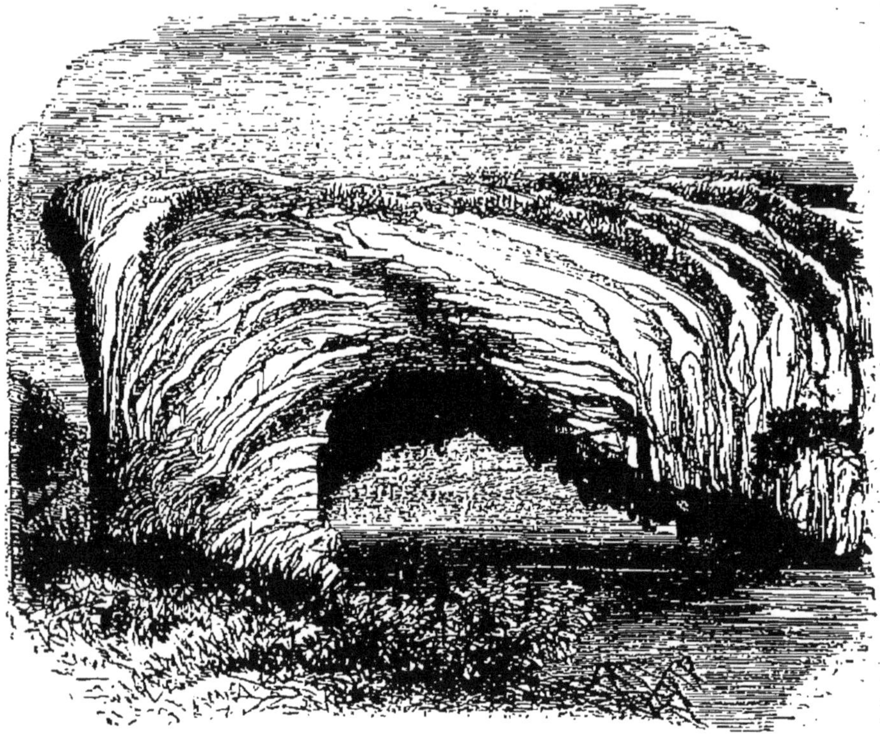

Pont de Travertin, à Clermont (Puy-de-Dôme).

Traduction et adaptation par G. Lamy, maître de Conférences à la Faculté des lettres de Douai. Un beau volume in-8°, 130 figures dans le texte, 2 planches coloriées hors texte. Prix : Broché, 8 fr. ; Demi-reliure, tranches dorées, 11 fr.

MON JARDIN

GÉOLOGIE, BOTANIQUE, HISTOIRE NATURELLE

Par **A. SMEE**, membre de la Société royale de Londres.

Un magnifique volume grand in-8°, avec 130 figures dans le texte, 52 planches hors texte. Prix : Broché, 15 fr. ; Demi-reliure, tranches dorées, 18 fr.